Roger Feraudy
(Da Academia Petropolitana de Poesia Raul de Leoni e
Academia Neolatina e Americana de Artes do Rio de Janeiro)

A FLOR DE LYS

Saint-Germain e os bastidores da Revolução Francesa

A Flor de Lys
Saint-Germain e os bastidores da
Revolução Francesa

Todos os direitos desta edição
reservados à
CONHECIMENTO EDITORIAL LTDA.
Caixa Postal 404
CEP 13480-970 - Limeira - SP
Fone/Fax: 19 34510143
www.edconhecimento.com.br
conhecimento@edconhecimento.com.br

Ilustração da Capa: Cláudio Gianfardoni
Banco de imagens
Projeto Gráfico: Sérgio Carvalho
Revisão: Margareth Rose Fonseca Carvalho
Mariléa de Castro
Paulo Gontijo de Almeida

• Impresso no Brasil • Presita en Brazilo

ISBN 85-7618-085-5

Produzido no departamento gráfico da
Books & Bits
(19) 3038-5161 — contato@booksebits.com

Dados Internacionais de Catalogação na Publicação (CIP)
(Câmara Brasileira do Livro, SP, Brasil)

Feraudy, Roger
A Flor de Lys - Saint-Germain e os bastidores da Revolução Francesa / Roger Feraudy. — 3ª ed. — Limeira, SP : Editora do Conhecimento, 2006.

ISBN 85-7618-085-5

1. Espiritismo 2. Revolução Francesa 3. Romance brasileiro I. Título.

CDD - 133.93

Índice para catálogo sistemático:
1. Romances espíritas : espiritismo : Revolução Francesa 133.93

Roger Feraudy
(Da Academia Petropolitana de Poesia Raul de Leoni e
Academia Neolatina e Americana de Artes do Rio de Janeiro)

A FLOR DE LYS

Saint-Germain e os bastidores da Revolução Francesa

3ª Edição - 2006

EDITORA DO CONHECIMENTO

Obras de Roger Feraudy editadas
pela Editora do Conhecimento

A TERRA DAS ARARAS VERMELHAS
Uma história na Atlântida (1999)

CYRNE
História de uma fada (2000)

A FLOR DE LYS
Nos bastidores da revolução francesa (2001)

O JARDINEIRO
Uma fábula moderna (2003)

BARATZIL, A TERRA DAS ESTRELAS
Nossa herança atlante e extraterrestre (2003)

UMBANDA, ESSA DESCONHECIDA
Umbanda esotérica e cerimonial (2004)

O CONTADOR DE HISTÓRIAS
João Só e a rosa azul (2005)

ERG - O DÉCIMO PLANETA
A pré-história espiritual da humanidade (2005)

UM ANJO ESTÁ NAS RUAS
História fantástica do real imaginário (2006)

A história das civilizações é uma sucessão de abismos em que toneladas de conhecimentos desaparecem.

Humberto Eco

Quando se exclui de uma situação todas as impossibilidades, o que sobrar, por mais improvável que pareça, deverá ser a verdade.

Arthur Conan Doyle

Tremei, porque o povo, depois de ter sido bigorna, pode tornar-se martelo.

François Miron
Representante do Terceiro Estado
1614

Dedicatória

Para a rainha Jacyendy, mãe do rei Ay-Mhoré VII na Terra das Araras Vermelhas, que foi Marie Anne de Bracher nesta história, e minha querida amiga Osmyra A. Lima na última existência, minha gratidão pelas histórias que do plano espiritual me contou sobre a Revolução Francesa, e me auxiliaram a fazer este livro.

Porto Alegre, outubro de 2000

Roger Feraudy

Sumário

Prefácio

Os deuses do Olimpo e adjacências, que povoaram a Grécia antiga, tinham em comum com os mortais uma peculiaridade que deveria nos fazer refletir. Todos — até o todo-poderoso Zeus — estavam sujeitos a um poder maior e inquestionável, que tudo regia. A esse Poder impessoal (nem os antropomórficos helenos ousaram dar-lhe forma), pairando acima dos homens e dos deuses, chamaram de Ananke — ou Necessidade, mas na verdade a origem do Destino.

Nos círculos esotéricos de todos os lugares, se chamava simplesmente A Lei, A Ordem do Universo, a Fisiologia do Cosmo; o Poder que faz cumprir-se aquilo-para-o-que-o-universo-existe. Nada acima dele, que rege os deuses e os homens.

Mas o que tem isso a ver com a Revolução Francesa, ou mesmo o seu lado oculto?

Tudo!

Se Ananke existe, não estamos vivendo numa bagunça cósmica. Cada órgão e célula do organismo universal — galáxia, sistema solar, planeta — tem um propósito, um vir-a-ser, um projeto — como o da árvore inscrito na semente — que deve brotar, cumprir-se; por etapas.

Portanto, a História desta humanidade, longe de uma acidental colcha de retalhos mal cosida de violência e crueldade inconseqüente, é, muito ao contrário, o desenrolar de um projeto pedagógico de crescimento coletivo, com objetivos e etapas planejados bem antes do início do período letivo; antes da primeira ameba. Tinha que ser — ou a bagunça seria inevitável e irremediável (Entregues só a nós mesmos, alguém duvida de como estaríamos — se ainda houvesse algum de nós para contar a história?).

No Projeto Terrestre, uma lição específica foi programada para cada época, civilização, raça e povo. E deve ser aprendida — são as conquistas culturais da consciência de cada povo, raça ou época — dentro de determinados momentos históricos. Com a supervisão do Corpo Docente — os Dirigentes Planetários, instrutores e mestres, que desde sempre acompanham e, de variadas formas, catalisam e auxiliam o desenrolar do Projeto Planetário (São os executores locais da Lei, os braços, a mão e a voz de Ananke).

Esta é a história de um desses momentos cruciais da evolução planetária; e levanta o véu oculto que separa a História conhecida da atuação das Forças Maiores, a serviço do Plano Evolutivo terrestre.

A contribuição desta obra para a construção da História Oculta do planeta, obedecendo a um planejamento espiritual, é desvelar as origens ignoradas da Revolução Francesa, sua condução desde o projeto dos Dirigentes Planetários, através do mestre Saint-Germain, e dar seqüência à saga de um grupo de almas, que evoluem juntas desde a época atlante,[1] retratando um dos momentos culminantes de sua passagem no planeta.

Há duzentos anos atrás, aproximava-se o fim de um grande ciclo de aprendizagem — que chamamos Era de Peixes —, tendo que ser preparado o terreno para os valores do próximo — a Era de Aquário —, e fazia-se necessário catalisar, na consciência coletiva e na estrutura social e política da Escola Planetária, a mudança do eixo de poder. De centralizado, monárquico, elitista, totalitário e individualista, precisava começar a abrir-se para o coletivo: o ensaio da liberdade em todos os sentidos, da igualdade social e econômica, para finalmente realizar o sonho futuro da Fraternidade Universal, que em Aquário construiremos. Os povos do mundo, apesar dos retardatários, já estavam prontos para assimilar esses valores.

O clima estava perfeito; a massa crítica das consciências preparada, e a grande ruptura com o modelo antigo podia ser feita. O mestre Saint-Germain, encarnado na Europa, coordenou dos

1 Vide *A Terra das Araras Vermelhas*, Roger Feraudy, **EDITORA DO CONHECIMENTO**.

bastidores esse projeto — a Revolução Francesa.

Não era preciso que tivesse sido violenta, nem fora o desejado. Mas os homens... Ah! Os homens são homens e não anjos! Paixões humanas entraram previsivelmente em cena. A crueldade forneceu os meios. E o Terror ensombreceu essa que foi a alvorada da Consciência Aquariana na face do planeta. Liberdade, Igualdade, Fraternidade — os ideais de Aquário — foram clamados bem alto na mentalidade coletiva. Mesmo com suas sombras e excessos, sabemos o que significou para a consciência planetária. Sobretudo para as nações do Novo Continente, berço futuro da nascente sub-raça que irá liderar a civilização da Era de Aquário — fraterna, universalista, igualitária.

Se para a História oficial foi um marco, um divisor de águas da Idade Contemporânea, para a História Oculta, o Projeto Planetário em desenvolvimento, foi ainda mais. Foi o prenúncio da Nova Era. Com ela se enterrou definitivamente a hegemonia de um modelo multimilenar e a humanidade como um todo, pelo mundo afora, começou lentamente a redescobrir a singela verdade de que somos todos iguais.

Dois séculos e muitos ensaios depois, as desigualdades ainda imperam. Quase ninguém acha isso bom — pelo menos, ninguém é bem visto dizendo isso. Mas as sementes foram plantadas. Aquário verá a colheita (depois do longo trabalho a fazer).[2]

Mas de que forma — se perguntarão os que lerem (como os leitores de ***A Terra das Araras Vermelhas***) — foi escrita esta obra? Psicografada? Inspirada?

Para os que são familiarizados com o fenômeno da regressão de memória[3] — já exaustivamente pesquisado — não é difícil entender que se pode facilmente convocar, dos arquivos intemporais de nossa própria memória eterna, quaisquer registros. Está tudo ali; todas as nossas inumeráveis vidas, tudo gra-

---

2 Se pensarmos na Europa monárquica, com bolsões de feudalismo, onde voto, democracia, escola pública, direitos humanos e o próprio conceito de cidadania eram inexistentes, há somente 200 anos, podemos dizer que ela foi, não uma, mas "a" revolução. A virada definitiva e irrevogável da humanidade planetária como um todo no rumo da conquista da igualdade, que gradualmente está pavimentando a via de acesso à Fraternidade Planetária.

3 Vide, a propósito, as obras *Viajantes* e *Tempo de Amar,* da psiquiatra dra. Maria Teodora Guimarães, **EDITORA DO CONHECIMENTO**, excelentes depoimentos na matéria.

vado no instante em que ocorreu e disponível para acesso, quando se puder fazê-lo, como arquivos de memória do computador. Quando se revê essas memórias pessoais, é como estar vendo as cenas de novo, e geralmente se revive as emoções correspondentes — o que, com freqüência, é altamente dramático.

Algumas passagens desta obra e de *A Terra das Araras Vermelhas* têm essa origem, considerando que o autor foi personagem marcante em ambas (Não por acaso faz parte de sua programação desta vida trazer à luz essas histórias antigas de seu povo).

Mas, e as histórias coletivas, e alheias?

"O que está em cima é como o que está em baixo" — é o princípio hermético que melhor descreve a estrutura do Universo. Assim como o nosso arquivo pessoal de memória, o planeta (e o sistema, e a galáxia, e o Cosmo) tem o seu próprio arquivo. Tudo, desde o cair de uma folha, foi sempre registrado no que se costuma chamar de Memória da Natureza (os Registros Akhásicos). A chave para o acesso a eles é a sintonia, o que é facilitado quando a pessoa está ligada àquela faixa energética — foi personagem do filme da época. É necessário também uma faculdade especial, como a do autor, que é um sensitivo de tipo peculiar, apto a realizar a operação que se pode qualificar com propriedade de "Leitura do Passado".

Ao mesmo tempo, e como o plano dessas obras obedece a uma programação espiritual, os Mentores responsáveis providenciam o apoio técnico, com entidades amigas e afins do autor, que lhe vão "contando" gradativamente a história,[4] ou facilitando o acesso a esses arquivos antigos, para que possa ver as cenas, que posteriormente irá descrever com suas próprias palavras. A estrutura da obra e a narração propriamente dita pertencem, portanto, à parte da tarefa que cabe ao próprio autor. O resultado é uma narrativa ágil e fluente, que prende o leitor inapelavelmente na trama que entrelaça muitas vidas e dramas cármicos, conectados ao pano de fundo da França revolucionária.

Portanto, esta narrativa é feita sobre fatos reais. Tudo que

4 Como fizeram Nadja, entidade que lhe relatou os fatos de *A Terra das Araras Vermelhas*, Roger Feraudy, **EDITORA DO CONHECIMENTO**, e madame Bracher/Osmyra, que contou alguns dos episódios de *A Flor de Lys*.

aqui é contado aconteceu, realmente, naqueles não tão distantes e tumultuados dias da revolução.

Mas como se pode garantir que tudo isso seja real e não produto da imaginação — bem ou mal-intencionada? Ficção se cria facilmente, quando se é um bom contador de histórias. A única resposta honesta e possível é: Qualquer pessoa com a mesma faculdade de leitura do passado já desperta (e isso não é privilégio de ninguém; um dia todos a teremos) pode acessar esses registros como quem revê o vídeo de um filme.[5]

Com certeza quase todos os participantes, se submetidos à regressão de memória de forma eficaz, recordariam pelo menos alguns episódios marcantes dessas tramas pessoais e coletivas, e o cotejo dos detalhes (não inclusos na obra) de vários depoimentos poderia ser uma comprovação interessante. Para não falar da honestidade intelectual do autor — um espiritualista que não teria a puerilidade de agravar sua contabilidade cármica com ficções tomadas à conta de pesquisa do passado (Iludir a opinião pública é delito de gravidade espiritual máxima, como muitos dos personagens públicos desta história ainda não aprenderam).

No futuro, a História deverá contar com uma ramificação especial da pesquisa científica — a da Leitura do Passado —, e dispor de equipes de pesquisadores sensitivos aptos a realizar buscas nos registros etéricos do planeta. Num futuro ainda mais distante, toda a História, com certeza, será montada sobre essa metodologia fascinante de pesquisa, que se poderia apelidar de Arqueologia Psíquica ou Etérica.

Mariléa de Castro

5 Esta prefaciadora tem o dever de depor sobre a realidade desta história, de que teve a oportunidade de ver por si mesma algumas cenas, e mais algumas não incluídas, que fazem parte de sua experiência pessoal.

Prólogo

Jamais pensei em escrever esta história.

Foi nos idos de 1980 que fui, em Pirassununga, interior do Estado de São Paulo, ao sítio de minha amiga Zélia. Eu a conhecera na casa de nossa amiga comum Osmyra A. Lima (que na existência anterior eu encontrara na França como madame Bracher). Foi lá que ouvi, pela primeira vez, o nome da Ordem da Cruz de Ouro. Ali existia um pequeno templo para orações e trabalhos espirituais e no seu interior, em uma das paredes, acima do oratório, uma bandeira branca, tendo ao centro uma cruz dourada.

Foi-me explicado que ela pertencia a uma Ordem Iniciática muito antiga, com sede em Nantes, na França, denominada Ordem da Cruz de Ouro. O fato é que aquela bandeira, de aparência simples, me fascinou, e por um bom espaço de tempo fiquei admirando-a, enquanto mil imagens passavam pela minha mente. Recordações antigas, fragmentos de cenas muito rápidas, e a nítida impressão de que já havia vivido no tempo em que existira essa Ordem.

Ao longo dos anos, impressionado com essa história de uma ordem iniciática da França, fui encontrá-la através de algumas pesquisas bibliográficas, em plena atividade na época da Revolução Francesa.

Quis saber mais. E então, utilizando o recurso da regressão de memória aos arquivos de meu passado pessoal e da Memória da Natureza, fui levantando alguns fragmentos dessa história, em que eu e algumas pessoas conhecidas vivemos episódios dramáticos, à época da Revolução Francesa, ligados ao trabalho relevante que executou, nos bastidores da revolução, a Ordem da Cruz de Ouro.

Quando a história ficou completa, decidi buscar alguma evidência concreta da existência dessa Ordem e sua atuação à época da Revolução Francesa. Mas como?

Comecei, então, uma pesquisa psíquica. Enfoquei minha consciência no Plano Astral, me deslocando para a cidade de Nantes, e seguindo uma forte intuição, me dirigi em corpo astral para a catedral, situada no centro da bela cidade francesa, às margens do Rio Loire. Fui recebido por uma entidade espiritual, um padre, que me disse nunca ter ouvido falar dessa Ordem Iniciática. Lembro que insisti, e ele de repente se lembrou: quem podia me dar maiores informações seria o idoso padre Andrè Limonge, ainda encarnado e já aposentado, que vivia numa pequena casa, quase ao lado da igreja.

Parti para lá, cheio de esperança. Encontrei o padre Andrè em Astral; não saberia dizer se dormindo ou desprendido. Ele se lembrava perfeitamente dessa Ordem. "Foi há muitos anos", me disse, "que ela existiu aqui em Nantes. E depois foi fundada uma seção em Londres, porém lá não durou muito".

— O senhor, padré Andrè — perguntei — teria algum documento, alguma anotação, a respeito dessa Ordem?

O velho padre custou um pouco a responder. Parecia refletir.

— Sim. Acho que sei onde há algumas anotações a respeito da Ordem da Cruz de Ouro.

Depois de um tempo interminável para mim, o velho prelado fez aparecer em suas mãos um enorme livro de capa dura.[1] Virou com cuidado as folhas amarelas pelo tempo, parecendo que a qualquer momento iam se desmanchar, até que chegou na parte que me interessava.

Li, numa letra miúda, irregular, ainda nítida apesar do tempo decorrido:

"França, Nantes, ano da graça de 1795, 12 de outubro.

Memórias de Laurent de Maubert, diretor da Ordem da Cruz de Ouro".

Havia um relatório completo, desde sua fundação pelo bispo Lassale de Montesquieu, até o diretor Gervaise d'Orsay,

1 No mundo astral, permanecem as cópias perfeitas de todas as criações materializadas no mundo físico, e é dessa cópia do antigo volume, guardada nos registros da Memória da Natureza ou Akáshicos, que se serviu o padre.

finalizando com Laurent de Maubert. Ao término dessas notas, todas as instruções e determinações do mestre conde de Saint-Germain.

Estava com todas as provas de que precisava para poder contar a história.

1

Uma visita muito importante

O padre Laurent de Maubert acabara de cear, quando, de maneira imprevista, materializou-se à sua frente a figura de um homem. Pouco a pouco, a forma, a princípio imprecisa e algo diáfana, tornou-se sólida, e o mestre conde de Saint-Germain, sorridente ante o surpreso padre, perguntou com a voz suave e bem modulada se podia sentar-se.

O prelado, muito embora fosse discípulo do mestre, sempre se surpreendia com essas súbitas aparições; procurando disfarçar ao máximo o assombro, que não passou despercebido aos olhos do conde, curvou a cabeça em reverente cumprimento e, juntando as palmas das mãos em frente ao peito, saudou em voz baixa:

— Salve, mestre! Sua bênção!

O conde colocou a mão direita na cabeça do prelado:

— Paz em teu coração, meu filho. Paz a todos os seres!

O mestre tirou a comprida capa, que cobria parte de seu corpo robusto, colocou-a no braço da poltrona e dando um de seus doces sorrisos, os olhos banhados por suave luz, olhou de frente para seu discípulo, depois sentou-se calmamente, convidando o outro a fazer o mesmo.

— É absolutamente necessário que te acostumes a me chamar pelo meu título, quando estivermos com mais alguém, para que não transpareça minha origem.

— Perdão, mestre! — o prelado deu um sorriso tímido e retificou: — Perdão, conde!

— Assim é melhor.

Já haviam se passado dez anos de convivência entre mestre e discípulo, e nesses longos anos o padre Laurent ainda não havia se acostumado completamente com os modos misteriosos do conde de Saint-Germain, muito embora o mestre tivesse lhe dito, por diversas vezes, que não deveria se preocupar, nem querer maiores explicações para fatos tão insignificantes. Aparecer e desaparecer de um ambiente fechado era um deles; outro grande mistério era o conde vir usando por mais de quatrocentos anos o mesmo corpo.[1]

Não era apenas para o padre Laurent que um grande mistério cercava a figura do conde. Ele e seu criado particular, Roger, que já o servia por longuíssimo tempo, sempre foram alvo das mais criteriosas investigações, sem nada encontrarem de concreto sobre a sua origem, de onde viera e tampouco sua enorme fortuna. Sua aparência sempre jovem intrigava os mais afoitos, que buscavam desvendar tão intrigante mistério. De concreto, apenas sua aparição na corte do rei Louis XIV, seu trânsito livre no palácio real, às vezes aparecendo e desaparecendo de forma inexplicável; sua intromissão nos negócios do Estado no reinado de Louis XV; sua intimidade com o todo-poderoso Cardeal Richelieu; e atualmente sua repentina aparição, no reinado de Louis XVI; e seus repetidos colóquios particulares com a rainha Maria Antonieta.

Tal mistério o padre Laurent nunca entendera; e depois de algumas investigações particulares, não chegando a conclusão alguma, deixou de especular e, hoje, o obedecia incondicionalmente, despreocupado em tentar compreender as atitudes de seu mestre.

O conde ajeitou-se melhor na poltrona e fitando seu discípulo, perguntou:

— Sabes perfeitamente qual é a situação atual?

— Sei, meu senhor — o padre adotou uma postura humilde.

— A realeza perde a cada dia seu poder. A nobreza está deteriorada em suas bases e o descontentamento é geral. O final desta trama toda se avizinha rapidamente.

— Estou sentindo no ar o reflexo de uma tragédia que se aproxima.

---

1 N.A: Os mestres de Sabedoria, quando em corpo físico, encarnados, pela sua pureza, isentos de todos os desejos e emoções, não desgastam seu corpo astral, e principalmente seus veículos inferiores — corpo etérico e corpo denso. Daí o tempo, enorme para nós, em que podem usar esses corpos para os mais diferentes trabalhos.

— Acreditas que estás preparado para aquilo que terá que ser feito?

— Que seja feita a vossa vontade, jamais a minha!

— Ótimo — disse o conde —, vamos aos fatos! Estou aqui em Paris para que possa colaborar, de forma indireta, é claro, com tudo aquilo que irá acontecer e que venho planejando há algum tempo.

— Estou atento e disposto a fazer o que for preciso.

— Ótimo! — repetiu o mestre. — Sabia que podia contar com meu discípulo.

— Só espero poder cumprir a contento tudo que meu mestre, perdão, o senhor conde, determinar. — E o padre escutava atentamente.

— Virão tempos terríveis e devemos estar preparados para enfrentá-los.

— E o que desejais que eu faça?

— Presta bastante atenção, meu filho — o mestre adotou uma postura paternal carinhosa —, pois o que vou relatar é de suma importância. Aproxima-se uma tremenda tempestade e tudo e todos irão sofrer as conseqüências.

— E o que podemos fazer, ou melhor, o que pode ser feito? — insistiu o padre.

— Nada, meu filho, ou quase nada para evitar o pior.

— Como assim, senhor?

— Sabes muito bem, pois inúmeras vezes te alertei sobre a planificação que venho realizando há séculos.

— E que deu margem a inúmeras especulações, não é certo?

— Exatamente! Por esse motivo, tive que adotar certas posturas e atitudes que desnortearam até alguns amigos mais íntimos.

— Como já dissestes que nada há para ser feito, o que ordenais?

O conde sorriu, um sorriso doce e ao mesmo tempo triste.

— Meu filho — começou —, sou um dos responsáveis pelos acontecimentos que advirão, disso tenho certeza, e mais: tudo já foi planificado e elaborado pelos Dirigentes do planeta.

— Será que posso ser de alguma utilidade, senhor? — tornou Laurent a insistir.

— Podes, meu filho; vou explicar por alto uma parte do plano.

O conde fez ligeira pausa, e seu olhar penetrante fitou o

padre Laurent.

— Assim como existem as almas gêmeas, existem também as épocas gêmeas.

— Não entendo, senhor — disse o prelado, aproveitando pequena pausa feita pelo conde.

— A época que se aproxima, que a História denominará de Época do Terror, é um período gêmeo, embora possa não parecer, da época em que o povo atlante, ou melhor, a Sexta Sub-raça atlante, ou acadiana, fez uma de suas migrações para as costas do Baratzil, hoje chamado Brasil.[2] Os seres que encarnaram na época dessa migração e viveram nessa colônia atlante, reuniram-se, depois de inúmeras encarnações, agora, na França, e terão um papel importantíssimo no futuro, na Sexta Sub-raça, Austral-Americana, outra vez na Terra da Cruz de Estrelas. Será ali, precisamente no Planalto Central do Brasil, que planejamos o nascimento da primeira comunidade em estreita correlação com a cidade etérica dirigida pelo Grão-Sacerdote Sa-Hor,[3] comunidade esta que será germe e modelo de outras comunidades que irão substituir as formas de governo atuais.

Houve outra época gêmea, porém, por inúmeras razões que não importam agora, não deu o resultado que esperávamos.

— Seria inoportuno perguntar que época gêmea foi essa?

— Por volta do século XII, época das Cruzadas, tentamos implantar uma nova fórmula de moral religiosa, com exaltação da nobreza da cavalaria. A Ordem dos Templários é um exemplo dessa reforma, bem como a Ordem Rosacruz, criada para modificar conceitos antigos e levantar uma pequena parte do véu oculto.

— Ordem Rosacruz que vós criastes, não é exato? — atalhou Laurent de forma tímida.[4]

— Não vamos agora divulgar meus pequenos segredos — respondeu o conde, entre sério e divertido, e continuou sua explanação: — Como dizia, no Planalto Central do Brasil irá

2 Vide obra do mesmo autor *A Terra das Araras Vermelhas*, **EDITORA DO CONHECIMENTO**, onde é narrada essa migração e a história desse povo, há cerca de 40.000 anos.

3 N.A: Sa-Hor, um mestre atlante, fundador dessa cidade etérica, que possui estreita relação com um dos chacras planetários.

4 N.A: Cristian Rosenkreutz foi uma das encarnações do conde.

nascer, depois da verticalização do eixo terráqueo, o último dos Setenta Servidores,[5] que virão preparar vibratoriamente a vinda de um novo Avatar. Portanto, meu filho, alguns seres, nesta vida, neste país, devem ser preservados, pois eles serão como que ajudantes de ordens daqueles que deterão os destinos dessa comunidade. De acordo com seus carmas, é necessário que eles tenham esgotado todas as vibrações negativas de vidas passadas, para poder, nessa encarnação futura, unidos às suas almas gêmeas, propiciar as vibrações necessárias que, combinadas às do local determinado, possam criar um campo magnético vibracional adequado aos nossos propósitos.

O mestre calou-se e, atento, ficou olhando para o discípulo. Foi o padre Laurent quem quebrou o silêncio:

— Poderíeis dar-me maiores detalhes?

— No momento certo, eu os darei, bem como ficarás sabendo o nome das pessoas que queremos preservar.

— O senhor diz preservar? Será então que haverá muitas mortes? Ou ainda guerras de extermínio?

— Haverá, sim, muitas mortes. Haverá muita dor e sofrimento. O povo, revoltado com tantos privilégios, se sublevará e irá destronar o rei e toda a nobreza. Esses nobres serão caçados, impiedosamente, e mortos através de um instrumento que será inventado para esse fim. Mas quando falo em preservar, refiro-me ao que faremos no sentido de transformar mau carma em bom carma. Evidentemente não falo em preservação à morte física, mas sim garantir que os egos escolhidos para esse trabalho futuro possam ter, nesta vida atual, todas as oportunidades para crescer espiritualmente e atingir um estado propício ao que têm a realizar. Evitar que a morte súbita, antecipada, possa romper o ciclo normal da vida, impedindo que todo o carma daqueles escolhidos para trabalhos futuros se concretize. Esses escolhidos precisam ter, e isso é absolutamente necessário, um desencarne natural. É essa a preservação de que te falo. Preservar o bom carma que cada um deles irá alcançar nesta vida. Preservação espiritual e eleição, não por protecionismo, o que seria absurdo, mas com nosso auxílio, eleição para executar um

5 Os Setenta Servidores são egos de adiantada evolução que, a todo final de ciclo, mudança de sub-raça, encarnam para dar um impulso evolutivo em toda a sub-raça.

trabalho já planejado há séculos. Estou separando o joio do trigo. Um trabalho lento, aproveitando e exaltando o que existe de melhor em cada um daqueles que foram escolhidos para o trabalho do terceiro milênio.

Do próprio caos que se seguirá, da medonha confusão, das mortes e carnificinas, será tirada uma lição que servirá aos propósitos dos Dirigentes do Planeta. Entre todas essas preservações que citei, de forma geral, existirá uma particular, de grande importância. No futuro próximo, irá nascer uma criança que te será entregue. Quero que cuides o melhor que possas desse pequenino ser; ele será muito importante na Inglaterra, servindo aos nossos interesses. No momento, é o suficiente e o que posso te revelar.

— Creio que posso compreender agora o que deverá ser feito — disse Laurent, compenetrado.

— Como disse, saberás no momento exato todo o planejamento e consecução de nosso trabalho. Quero que agora previnas teus dois discípulos e contes muito por alto o que te revelei. Nada de detalhes.

— Assim o farei, mestre. Vosso desejo é meu desejo, vossa vontade, a minha vontade.

— Muito bem, meu filho.

— Só uma pergunta.

— Pois faz, meu filho — e um brilho divertido passou pelos olhos do conde.

— Quando de posse dos detalhes e do nome dos personagens, deverei agir diretamente ou, como sempre, de forma indireta, não intervindo nos destinos cármicos?

— Como já disse, meu filho, no momento exato saberás de todos os detalhes. Só posso te adiantar que como meu discípulo escolhido, terás um importante papel em todo o desenrolar dos acontecimentos.

— Curvo-me ante vossa incomensurável sabedoria e entrego-me totalmente à vossa soberana vontade.

Dito isto, o padre Laurent Maubert ajoelhou-se em frente a seu mestre, que colocando a mão direita em sua cabeça, o abençoou.

Tão misteriosamente como havia aparecido, o conde de Saint-Germain desapareceu como por encanto.

2

O castelo de Nantes

O cidadão Bibot, como era conhecido nos arredores de Paris, sentado numa barrica vazia, na porta do café "Le Rat Mort", chupando um comprido cachimbo de espuma, observava o movimento incessante da massa numerosa e quase maltrapilha, que se deslocava aos gritos de "Liberdade!" e "Abaixo os privilégios!"

Estamos no ano de 1789, e o movimento de insatisfação popular é intenso: aqui e ali, pequenos focos revolucionários já começam a manifestar-se, com toda a sorte de desrespeito à ordem constituída. O prestígio da majestade real perdia força rapidamente, a regência ostentava o vício da vaidade, o clero já não possuía mais a mesma força de outrora, e a história e tradições nacionais já eram ridicularizadas. O povo, no passado submisso, já não era mais o insignificante número de servos, pois uma boa parte já era constituída de artesãos, artistas, homens de letras e pequenos proprietários. A burguesia adquirira uma série de conhecimentos e acumulara riquezas.

A monarquia, separada do clero, não representava o desejo do povo, e envidava grandes esforços para obter numerário suficiente para conseguir forças armadas, soldados mercenários e, assim, deter um poder arbitrário. A administração era despótica; o que se chamava de "corte" era uma infinidade de títulos e funções extravagantes, com enormes remunerações. Também no clero a desordem era geral, porque muitas pessoas gozavam de títulos indevidos, e abadias eram beneficiadas por aqueles que nem eram eclesiásticos. Entre os chamados gentis-homens, também as arbitrariedades aconteciam. Títulos de nobreza eram dados e distribuídos sem o menor critério. Havia gradações entre a classe dos pseudo-nobres: os da espada, os da toga, os nobres da província, e um sem-número daqueles que gozavam, por algum motivo, da preferência da monarquia.

O clero, o parlamento e o rei jamais se entenderam, e não havia absolutamente predomínio de um sobre o outro. O povo era totalmente excluído de qualquer posição no Estado; os impostos eram pesadíssimos; e a classe agrícola era a mais prejudicada, pagando exigências feudais ao fisco real e um dízimo do produto bruto era destinado às classes eclesiásticas.

Ao mesmo tempo que o comércio empobrecia, os grandes proprietários e as indústrias enriqueciam e se igualavam as fortunas. Os negócios nas cidades cresciam e faziam nascer idéias mais arrojadas para a época.

A nobreza tentou por todos os meios dominar a situação novamente, procurando conservar a burguesia inoperante e sem poderes, mas tanto o clero como o povo a impediram. Diminuía a distância entre a classe dominante e a burguesia.

Era este o panorama, em linhas gerais, que encontramos ao começar nossa história.

Os gritos soavam bem altos para o impassível Bibot, sentado na sua barrica:

— Caiu a grande cidadela! A Bastilha já não existe mais!

Bibot sacou do bolso uma fita tricolor, colocou-a rapidamente no alto do chapéu e, tirando o cachimbo dos dentes, gritou com quantas forças tinha:

— Abaixo os privilégios!

Já se dispunha a abandonar seu posto de observação, quando um fiacre parou a pouca distância. Um cavalheiro ricamente trajado apeou e se dirigiu apressado para a porta do café.

— Bom dia, cidadão! — saudou Bibot.

O outro disse entredentes um apressado bom-dia, e mais apressado ainda entrou no café.

Bibot, sem pestanejar, seguiu de perto o cavalheiro e postou-se no balcão da tasca, procurando não perder uma palavra do diálogo entre ele e um homem de avantajada estatura, que já se encontrava sentado nos fundos do café. Falavam um pouco baixo, e Bibot não pôde acompanhar em detalhes todo o diálogo. Uma ou outra palavra solta chegou até ele, dando-lhe a certeza de que fizera muito bem em seguir o gentil-homem desconhecido, muito ricamente vestido para freqüentar lugar tão mal afamado:

— O marquês de Saint-Cyr... a contra-revolução... Triboullet... Père Nicot...

Essas palavras o fizeram ficar em guarda, já antevendo algum proveito pessoal, ou quem sabe alguns francos e prestígio com o Delegado do Povo.

O diálogo foi rápido, e o cavalheiro levantou-se e mais depressa do que veio, dirigiu-se à porta de saída.

— Quem é o cavalheiro que acaba de sair? — perguntou Bibot ao estalajadeiro.

— Não sei, nem me interessa — respondeu com maus modos o dono do café.

Bibot não se deu por vencido:

— E o cavalheiro grandalhão que se encontra na mesa dos fundos?

— Qual o interesse? — dignou-se a perguntar o dono do café.

— Curiosidade apenas.

— Então, muito cuidado com a curiosidade, isso te pode ser muito perigoso.

— Perigoso?

— Sim, homem, aquele é Danton. Já ouviste falar nele, não?

Bibot se encolheu o mais que pôde de encontro ao balcão. Aquele nome começava a se tornar famoso entre a classe menos abastada de Paris, e todos conheciam seus métodos impulsivos e violentos de agir.

André Louis contou os poucos cêntimos que haviam sobrado, depois do enterro de sua mãe. Olhou em torno, vasculhando os cacos de mobiliário que ainda restavam, pois o que representava algum valor fora vendido para fazer frente às despesas inevitáveis do médico, remédios e um enterro decente.

"Talvez essas coisas ainda dêem alguns francos", pensou, "ou quem sabe pagam um mês de aluguel atrasado?"

Passou da idéia à ação e, num instante, as poucas coisas que haviam sobrado no quarto acanhado e pobre passaram às mãos da senhoria, que ávida já rondava o quarto do rapaz.

Andrè Louis saiu de Paris com uma pequena mochila às costas, a caminho da província, em busca de abrigo com seu único parente vivo: seu tio, irmão de seu falecido pai, Auguste, senhor do castelo de Nantes, como era conhecido pelos arredores.

Castelo! Mais parecia uma velha mansarda abandonada, com alguns torreões desabando e paredes carcomidas pelo tempo de abandono. De majestoso, apenas a enorme porta de madeira maciça e entalhada com várias figuras, tendo ao centro o brasão da família, hoje completamente decadente. Foi essa a primeira impressão que Andrè Louis teve do castelo (ainda conservava esse nome) do seu tio.

A recepção foi fria e o velho baronete recebeu o sobrinho quase na soleira da porta. Olhou o rapaz de alto a baixo, com olhar perquiridor, e não deve ter feito uma avaliação muito favorável. Andrè Louis era parecidíssimo com seu irmão, com quem brigara no passado, e com o qual até então, mesmo depois de sua morte, não havia se reconciliado, devotando-lhe mesmo ódio profundo, coisa que o tempo não arrefecera.

— Com que então — perguntou depois de uns minutos de silêncio — és mesmo meu sobrinho, filho daquele inútil do Andrè?

— Sou, tio — limitou-se a responder Andrè Louis, sofreando a cólera que começava a lhe subir à cabeça.

— Bem, rapaz — o outro evitou chamá-lo pelo nome — aqui apenas posso te dar uma cama quente e duas refeições por dia, que terás que pagar com teu trabaho.

— Para mim está ótimo.

Auguste continuou sem tirar os olhos do sobrinho:

— Tenho um quarto; não é lá grande coisa, mas servirá muito bem para quem não tem nada — disse de modo brusco, examinando com o olhar a pequena mochila que o sobrinho depositara no chão.

— Serve para mim, senhor — Andrè Louis agora evitou o tratamento familiar de tio.

— O quarto fica ao lado da cavalariça; vai até lá e procura Hubert, meu empregado. Ele te alojará da melhor maneira.

O impessoal e frio diálogo havia terminado. Nenhuma palavra de boas vindas, nenhum abraço ou qualquer manifestação de afeto ou de calor humano. O senhor de Nantes havia cumprido, pelo menos ele achava, com sua obrigação de dar um teto e abrigo para quem nada lhe significava.

Andrè Louis curvou ligeiramente a cabeça e já se dispunha a sair da presença de seu tio, quando foi obstado pelo baronete.

— Outra coisa, rapaz — o tom de voz era glacial — farás as refeições com os empregados, na cozinha. Vais trabalhar nas cavalariças e no meu canil, tratando dos meus cães de raça. Espero, para teu próprio bem, que gostes dos animais — o baronete fez pequena pausa. — Outra coisa: de maneira alguma terás permissão para entrar no castelo e não quero, ouviste bem, que dirijas a palavra a minha filha.

Andrè Louis abaixou a cabeça, procurando esconder uma lágrima que teimava em descer pelo seu rosto, agora vermelho de raiva. Dominou-se, porém, e rodando nos calcanhares, foi em demanda do tal Hubert e das cavalariças do tio.

Além de Hubert, moço franzino, rosto macilento e cheio de espinhas, que fazia o trabalho externo do castelo, Auguste ainda tinha uma empregada, Lizette, gorda e sempre alegre na cozinha, e uma menina, Collete, que a ajudava a manobrar as panelas e caldeirões. Dois empregados dentro da casa, um já bastante velho, que fazia as vezes de mordomo, e outro ainda moço, de maneiras refinadas, um pouco afeminado, que ajudava a castelã, madame Margueritte, ou apenas Margot para o baronete. O castelo de Nantes já vira tempos melhores, quando Auguste tinha mais de vinte homens e umas doze mulheres a seu serviço, porém agora os habitantes do castelo contentavam-se com apenas esses poucos serviçais.

— Não ligues para o velho — disse Hubert, fazendo uma careta —; ele rosna, mas não morde.

Andrè Louis riu. Achou o rapazinho simpático e, mau grado sua situação subalterna e a fria recepçao que tivera, pela primeira vez naquela casa, sentiu um pouco de calor humano e solidariedade.

Hubert arrumou as poucas coisas de Andrè Louis numa caixa de madeira, já carcomida pelo tempo, e depois levou-o às cavalariças e ao canil para lhe ensinar o serviço.

Já por um ano Andrè Louis trabalhava no castelo. Poucas vezes via seu tio ou mesmo falava com ele, a não ser fortuitas vezes, sobre assunto pertinente ao trabalho com os cães e cavalos. Margueritte, algumas vezes, lhe dirigiu a palavra, e o jovem órfão notava uma ponta de ternura na sua voz. Embora de modos altivos e postura sempre superior, a castelã nunca maltratava ou se dirigia de maneira irritadiça a qualquer empregado, e Andrè Louis se julgava um deles, ou melhor, seu tio fazia questão de ignorar seu parentesco. Quanto a Suzette, sua prima, Andrè Louis sempre notou que a moça, embora silenciosa, pois quase não lhe dirigia a palavra, nutria uma forte simpatia por ele.

Foi numa tarde fria, no final do inverno, quando Andrè Louis, ajoelhado no chão da cavalariça examinava uma égua, prestes a dar à luz, e afagava a crina do animal com palavras de encorajamento.

Aquela voz soou bem atrás de suas costas:

— Ela está doente?

O rapaz virou-se e deu com Suzette que, de pé, olhos espantados, lhe fazia essa pergunta.

— Não, Suzette, ela vai ter um cavalinho.

— Cavalinho?

— É, prima. Não te preocupes, a égua só vai ter um filhinho.

A moça enrubesceu com o tratamento íntimo de prima. Depois sorriu e, timidamente, disse:

— Obrigada... pri... primo — o "primo" custou um pouco a sair.

Uma sombra tapou por instantes a claridade dentro da baia. Auguste, de pé, chicote numa das mãos, olhava irado para os dois.

— Já para casa! Rápido! Rápido!

Suzette, lívida de susto, saiu correndo, enquanto o baronete, gaguejando de ódio, se dirigiu a Andrè Louis:

— Tu... tu, rapaz. Já não te avisei? Já não te disse para não dirigir a palavra a minha filha? — e juntando a palavra ao gesto, vibrou o chicote com quantas forças tinha sobre o rosto do rapaz, que com um movimento rápido e soerguendo-se, recebeu o golpe em cheio no antebraço e, perdendo o equilíbrio, caiu de costas, estatelando-se no chão.

O baronete, antes de sair, voz irada, ainda berrou descontrolado:

— Que seja esta a última vez!

3

Rua dos Ursos

Rua dos Ursos, número quarenta e sete. Foi nessa casa assobradada que se conspirou, escreveram-se inúmeros panfletos e abrigaram-se os primeiros revolucionários. A Rua dos Ursos, antiga Estrada da Virgem, que no remoto passado foi a Rua dos Gansos, fica a poucos quarteirões do antigo Mercado Les Halles, no terceiro *arrondissement* — ou distrito — de Paris.

Nesse número situava-se a residência e laboratório de alquimia de Gervaise d'Orsay, expoente das ciências ocultas, astrólogo e mago, reinando no seu mundo especialíssimo e, porque não dizer, conduzindo os destinos de muitos personagens, que depois vieram a se constituir em importantes peças da revolução que mudou completamente os destinos de todo o Ocidente.

Vamos encontrar Gervaise em seu laboratório no subsolo da residência, executando criteriosa operação alquímica, quando foi interrompido por seu criado Gilbert, que fazia as vezes de auxiliar, quando operações mais complicadas precisavam ser feitas.

— O padre Laurent, senhor — disse entreabrindo a pesada porta de madeira envernizada e entalhada com signos zodiacais —, deseja vê-lo.

— Faça-o entrar — respondeu, sem tirar os olhos do tubo de ensaio, apoiado numa trípoda de metal.

— Espero não estar incomodando — e o padre sentou-se sem cerimônia numa cadeira ao lado da comprida mesa de mármore.

— Em absoluto — disse Gervaise, apagando a chama que

alimentava sua experiência —, mas passemos ao escritório contíguo. Lá estaremos mais à vontade.

Os dois instalados, o padre Laurent começou a contar as novidades.

— Estou vindo do salão de madame Bracher...

— E como vai nossa boa amiga Marie Anne? — interrompeu Gervaise.

— Muito bem! — o outro não se molestou com a interrupção de seu amigo. — O trabalho que vem fazendo em seu salão tem sido dos melhores.

— Seu salão foi sempre muito bem freqüentado.

— Tanto pela nobreza como por todos os intelectuais do momento.

— É verdade, e isso tem sido muito importante para nossos planos.

— Algum recado de madame Bracher para mim?

— Sim — disse Maubert —, o conde esteve em pessoa no seu salão e, por esse motivo, estou aqui para passar-te as últimas recomendações.

— E quais são?

— Infelizmente o conde de Saint-Germain acha que será inevitável o derramamento de sangue.

— Queres dizer que os movimentos pacíficos abortaram completamente?

— Completamente! — e o padre suspirou.

— É a última conclusão do conde?

— Sim, Gervaise, a última.

— Jamais pensei que seus planejamentos falhassem.

— Não foi bem uma falha — justificou o prelado — as linhas gerais, o arcabouço do plano, foram perfeitos. É necessário que se acabem os privilégios odiosos, é necessário que os direitos humanos estejam acima dos direitos de alguns em detrimento da grande maioria. O planejamento de nosso mestre visava à liberdade. Liberdade de expressão, liberdade para gerir sua própria vida, liberdade para trabalhar e ser o dono de seu próprio destino. Igualdade de direitos, no sentido amplo do termo, e fraternidade entre todos, esta é a real proposta preconizada pelo conde de Saint-Germain.

— Um sonho que, se realizado, seria uma verdadeira utopia — disse Gervaise pensativo.

— Na reunião bastante seleta nos salões de madame Bracher, onde além de mim estiveram presentes Gérard e Honoré, o mestre fez algumas recomendações.

— Quais foram? — Gervaise inclinou-se para a frente em sua poltrona, interessado.

— O conde tem especial interesse em alguns poucos nobres.

— Como assim? Não entendo.

— Nosso mestre afirma que muito em breve começará uma época de terror e os nobres serão perseguidos pelos revolucionários, presos e mortos.

— Mas isso não se encontrava nos planos preliminares.

— É verdade, mas segundo o mestre, é um mal necessário. Se por um lado haverá mortes, abusos e excessos, por outro, benefícios futuros advirão; benefícios esses que mudarão completamente o panorama sócio-econômico do país.

— Especificamente, o que devemos fazer? — perguntou Gervaise, fisionomia apreensiva.

— O mestre deseja que vás para Nantes. Lá irás tomar posse da direção da Ordem da Cruz de Ouro. O atual diretor te espera com todas as instruções.

— E os futuros nobres que a Ordem terá que proteger?

— No momento certo saberás de tudo. A idéia inicial é que aqueles que serão protegidos vão para lugar seguro, na Inglaterra. Deverás, depois de fazer o teu trabalho em Nantes, providenciar a mudança de uma parte da Ordem para Paris.

— Quando devo partir?

— O mais breve possível. Os acontecimentos se precipitam e já se sente no ar o cheiro da revolta popular.

— Como foi a última reunião?

— Muito boa; além de Gérard e Honoré estiveram presentes Rouget, Danton, François, Élise e mais uns quatro jovens estudantes de que agora não me ocorrem os nomes.

— Élise?

— Sim, aquela jovem muito rica que possui um salão de artes lá para os lados de Montparnasse. Foi fundado nessa ocasião um partido político que denominaram de "Montanha". Danton foi eleito presidente.

— A propósito de Gérard — disse Maubert — o conde, nessa ocasião nos salões de madame Bracher, ofereceu a esse jovem uma grande soma em dinheiro para que ele comprasse uma tipografia e imprimisse um jornal. Ele e Honoré ficaram entusiasmados e prometeram ao conde que pagariam esse empréstimo em curto prazo.

— E o conde?

— Deu um de seus enigmáticos sorrisos, antes de se retirar.

— Gérard perguntou, logo que pôde, a madame Bracher, quem era esse seu amigo tão pródigo em oferecer dinheiro para desconhecidos.

— E madame Bracher? — perguntou Gervaise, entre curioso e divertido.

— Madame Bracher disse encerrando o assunto: "É um grande amigo da família e, entre outras coisas, muito, mas muito rico".

— Engraçado — disse Gervaise —, na última reunião aqui em casa, nem Gérard nem Honoré tocaram nesse assunto.

O padre Laurent de Maubert deu por encerrada sua visita, e depois dos efusivos abraços entre os dois, pois eram muito amigos, despediram-se.

Uma semana após essa conversa entre os dois discípulos do conde de Saint-Germain, Gervaise rumou para Nantes, tendo antes dado todas as instruções para seu filho Jean Phillipe, a quem ensinara tudo sobre a ciência da alquimia e da astrologia, tendo-o instalado em sua casa e lhe dado posse inteira do laboratório, deixando de contrapeso seu serviçal, Gilbert.

Um homem postado na esquina da Rua dos Ursos observava atentamente a casa de Gervaise. Ora se aproximava, ora se afastava, sempre oculto pelas sombras da noite.

Quando o padre Laurent se retirou, o homem estranho, olhando para todos os lados, aproximou-se mais da entrada da casa. Nesse exato momento, Gilbert assomou à porta lateral da residência, dando de cara com o estranho.

— Senhor Triboullet! — exclamou espantado. — Vinha por acaso visitar o senhor Gervaise?

4

Os salões do marquês de Saint-Cyr

Jean Phillipe se preparava com esmero para o banquete no palácio do marquês de Saint-Cyr, que lhe encomendara uma carta astrológica. Sua fama havia crescido por entre os nobres de Paris, depois que se instalara na Rua dos Ursos.

Jean Phillipe era alto, corpo atlético de proporções harmoniosas, cabelos negros e ondulados, descendo pela nuca e sempre um pouco revoltos; olhos negros, penetrantes, e rosto alongado e sério, porém, quando sorria, tornava-se menos grave, aparentando simpatia e um ar quase juvenil. As pessoas que com ele privavam, em especial as mulheres, diziam tratar-se de um jovem encantador.

Jean Phillipe, ajudado por Gilbert, vestiu uma sobrecasaca preta, abotoada até o peito, onde se via uma camisa bordada com punhos de renda. Uma estola de seda branca completava o vestuário do jovem astrólogo, dando-lhe o tom de sobriedade tão necessário à sua profissão.

Ou porque Antoine, marquês de Saint-Cyr, respeitasse os adivinhos, termo que empregava com certa afetação, ou porque os conhecimentos ocultos sempre o houvessem impressionado, deu ordens expressas para que seu convidado entrasse nos seus salões pela porta principal.

— Providencia, Triboullet, para que Jean Phillipe não use a porta lateral reservada aos serviçais, entendido? — dissera o marquês, não dando tempo para o outro responder.

E havendo dado suas ordens a Triboullet, que fazia as vezes de secretário, cúmplice ou homem de confiança, rodou nos calcanhares sem mesmo olhar para seu submisso *factotum*.

O marquês Antoine de Saint-Cyr já se encontrava entrado em anos. Era de porte volumoso, um pouco baixo, o que era compensado por sapatos especialmente feitos para ele, de solado duplo e saltos. Rosto redondo, de bochechas flácidas e cabelos ralos, sempre cobertos por peruca empoada, olhos de aparência sinistra, ligeiramente estrábico, e boca de lábios finos, que quando raramente ria ou sorria, deixava à mostra dentes tortos e mal cuidados. Mãos gordas, sempre suarentas, agitavam-se quando falava na voz rouca e desagradável ao ouvido.

Triboullet recebeu Jean Phillipe no portão dos jardins do marquês e, conforme ordens recebidas, levou-o para um gabinete contíguo ao grande salão, profusamente iluminado e já repleto dos convivas que desfilavam sua elegância.

— Boa noite, marquês! — saudou o rapaz.

Saint-Cyr estava de pé no meio da sala. Em pé recebeu seu convidado, sem a menor intenção de convidá-lo a sentar-se, e naturalmente esperando que essa entrevista fosse a mais breve possível.

— Trouxeste minha encomenda?

Jean Phillipe desabotoou a sobrecasaca e entregou, sem uma palavra, um rolo de papel preso por fita escarlate.

— Bem detalhada?

— Como sempre faço, o melhor possível. Temo que os presságios não sejam de seu agrado.

— Por que?

— Os astros indicam em seus trânsitos algumas dificuldades.

— Pessoais?

— Políticas!

— Não sou um homem dado a incursões políticas — o marquês segurava o rolo de papel nas mãos sem intenções de abri-lo.

Foi Jean Phillipe quem perguntou:

— Quer alguma explicação sobre as casas ou seus planetas natais?

— Em outra ocasião irei te procurar, agora estou, como deves ter visto, com a casa cheia de convidados. Pede a Triboullet para te servir no que necessitares — e o marquês, com sua natural falta de educação e menosprezo por aqueles que julgava inferiores, saiu do gabinete deixando Jean Phillipe sozinho.

Não se sabe de onde, irrompeu pela saleta Triboullet, que,

serviçal como sempre, conduziu o convidado do marquês para os jardins do palácio. Talvez fossem ordens do seu senhor, o fato é que Jean Phillipe se viu servido por vários lacaios de libré, com o brasão do marquês bordado no peito e nas costas de seus suntuosos uniformes. O rapaz começou, depois de servido, a perambular pelos jardins, observando os inúmeros pares que exibiam suas esplendorosas vestimentas.

O assunto parecia ser um só, a recente tomada da Bastilha pelo povo e a prisão de seu governador, Jourdan de Launay. Podia-se notar as fisionomias preocupadas dos convivas, em flagrante contraste com os rostos alegres dos serviçais. Esse fato marcante na história da Revolução Francesa foi precedido pela recusa do rei em abdicar de seus privilégios, o que redundou na convocação dos Estados Gerais, articulada pela nobreza, que pensava poder, pela grande maioria, fazer prevalecer seus pontos de vista. Outro fator importante foi a péssima safra do ano anterior, colheita deficitária, que levou ao agravamento da situação; a fome grassava entre a população, já bastante espoliada pela nobreza.

Os Estados Gerais, convocados a 5 de maio de 1789, não deram o resultado esperado pelos nobres. O Terceiro Estado, que havia duplicado o número de seus deputados, conseguiu que a votação fosse realizada por cabeça, e não mais pelas ordens do clero e da nobreza. A oposição do Terceiro Estado e as ordens privilegiadas transformavam os Estados Gerais em assembléia nacional constituinte e seus deputados, representantes da burguesia, que falavam em nome do povo, conseguiram submeter a monarquia ao seu controle. O rei, ao qual se havia aliado a nobreza, tentou um golpe de força, ordenando a concentração de tropas mercenárias, mas o povo revoltado neutralizou essa manobra, em 14 de julho de 1789, com a tomada da Bastilha.

Esses assuntos eram debatidos por todos, e notava-se em alguns, principalmente nas mulheres, que um certo temor começava a tomar conta de suas despreocupadas vidas.

Jean Phillipe dirigiu-se ao salão principal, quando avistou, ao longe, a baronesa de Saint-Croix, acompanhada por uma jovem muito bonita. As duas também pareciam observá-lo com algum interesse.

A marquesa de Saint-Cyr ostentava um belíssimo vestido de renda azul-claro, ornado com fitas de cetim do mesmo tom.

Completando sua beleza, um colar de safiras enfeitava-lhe o colo alvo, e trazia os louros cabelos em cachos simétricos, que desciam como filetes dourados pelos ombros nus, tendo a valorizá-los um diadema de pedras da mesma cor do colar. A marquesa Marie-Louise era alta, bem alta para uma mulher, talhe esguio e bem proporcionado. Rosto oval quase perfeito, olhos claros, azulados e sonhadores, que brilhavam em contraste com sua face muito clara. Os lábios vermelhos e bem desenhados deixavam, entreabertos, ver-se dentes brancos e simétricos. A marquesa Marie-Louise tinha um sorriso e um rosto angelicais.

A baronesa, que a acompanhava, era mais cheia de corpo, mais baixa, e vestia-se com bastante sobriedade, porém, sua fisionomia alegre, num rosto redondo, emoldurado por cabelos cor de cobre, encaracolados e bastante fartos, faziam dela uma mulher atraente. No todo, Heliodora despertava imediatamente simpatia por suas maneiras afáveis e gentis.

— Heliodora, quem é o rapaz tão interessante perto da porta? — perguntou Marie-Louise.

— Um velho conhecido — respondeu a baronesa — e um grande alquimista e astrólogo notável. Já o consultei várias vezes; é simplesmente prodigioso em seus vaticínios. O meu marido o tem em alta conta e grande estima.

— É nobre?

— Não, minha filha, sua nobreza vem do seu caráter. Nesse ponto esbanja nobreza.

— Vejo que o conheces bem intimamente.

— De certo modo sim. Somos, como já te disse, velhos amigos.

— Tem um porte fidalgo e é muito bonito — disse Marie-Louise em voz baixa, mais para si mesma.

— Gostarias de conhecê-lo?

— Gostaria — disse a marquesa e tomando o braço de Heliodora, encaminharam-se na direção de Jean Phillipe.

Em contraste com o burburinho da festa, no silêncio do gabinete particular do marquês de Saint-Cyr, este mantinha uma conversa reservada com seu auxiliar Triboullet.

— É como lhe digo, marquês, os sans-culotte a cada dia detêm maior poder, e a bancada dos deputados do Terceiro Estado aumenta em número e prestígio.

— E Danton? Algum recado?

— Nada, senhor.

— Mas ainda podemos contar com ele?

— Com alguma reserva.

— Por que?

— Não acho Danton confiável.

— Tens alguma prova para afirmar tão categoricamente?

— Inúmeras, marquês.

Antoine, marquês de Saint-Cyr, quando saiu de suas reflexões, foi para perguntar:

— E a casa da Rua dos Ursos?

— Continua sendo um covil de conspiradores.

— Que agora são deputados, todos com imunidades.

— Que não podem ser molestados.

— Mas vigiados.

— É verdade — disse Triboullet.

— Vigiados, observados e quem sabe até mesmo massa de manobra para os meus propósitos. Tens sob vigilância a casa do alquimista?

— Tenho, senhor. Além de eu próprio me ocupar dessa tarefa, tenho dois homens de minha confiança fazendo esse trabalho.

— Podemos confiar neles?

— Sim, marquês, além de serem de total confiança, são extremamente ambiciosos.

— Ambição em subalternos é de grande valor — disse Saint-Cyr com um sorriso sinistro.

— E o jovem astrólogo? Alguma recomendação?

— Não — respondeu o marquês. — Por enquanto só observação discreta.

— Com todo respeito, senhor, não entendo.

— O que não entendes, Triboullet?

— Convidar esse rapaz para sua festa e ainda encomendar-lhe uma carta astrológica.

— É necessário que se tenha algum convívio com os sans-culotte.

— Outra vez lhe pergunto com o máximo respeito: de que

lado se encontra o marquês?

— Do meu, Triboullet, do meu.

Já era tarde da noite quando Gervaise, dando descanso aos cavalos, apeou à frente da hospedaria ***A Garça Real*** para cear e dormir ainda uma noite antes de chegar a Nantes, que se encontrava a sessenta quilômetros de distância.

Depois de entregar seu coche, tirado por dois cavalos, ao menino encarregado de os desatrelar e alimentar, Gervaise pediu um quarto, um banho e uma refeição, nessa ordem. Depois do banho, dirigiu-se ao salão da hospedaria e sentou-se numa mesa de fundos, pedindo uma jarra de vinho e alguma coisa quente para comer.

— Temos um belo carneiro assado — disse o estalajadeiro, que veio servir pessoalmente seu hóspede.

A mesa de Gervaise ficava na penumbra, pois o salão era muito mal iluminado; ele quase não era notado pelas poucas pessoas que, àquela hora, encontravam-se na hospedaria.

Mal Gervaise dera a primeira dentada no assado e tomara um gole de vinho, a porta foi aberta abruptamente, deixando entrar o vento frio da noite, e um rapaz ainda bem jovem, que olhando para todos os lados, ficou parado no meio do salão, indeciso.

Do lado de fora da taverna, ouviu-se algum tempo depois barulho de cascos, patinhando na lama, e vozes altas, desencontradas. Uma delas chegou bem nítida aos ouvidos de Gervaise: — Ele só pode estar aqui!

O jovem também ouviu, pois torceu as mãos, em grande desespero, dando dois passos para a frente e alguns para trás, completamente desorientado.

Gervaise sentiu de imediato que havia uma sintonia agradável nas vibrações do recém-chegado. Enfocou sua visão extrafísica e sentiu que o rapaz estava sendo vítima de uma grande injustiça. Não perdeu mais tempo: decidindo-se, soergueu-se da cadeira para que a pouca luz pudesse iluminá-lo.

— Aqui, meu jovem — gritou —, depressa!

Foi o bastante. O rapaz, rápido, dirigiu-se à mesa de Gervaise, que o fez sentar-se ao seu lado, cobrindo-o com sua longa capa, que lhe encobriu grande parte do rosto.

— Toma um gole de vinho — disse Gervaise —, estás tremendo de frio.

O outro não disse nada, tomou um grande gole e procurou se encolher num canto da parede.

— Estás fugindo? Cometeste algum crime?

— Não, senhor — gaguejou o rapaz —, juro que não.

Quatro homens de má catadura entraram na estalagem. O que vinha na frente, segurando uma lanterna ainda acesa, e todos armados com grossos porretes.

— Entrou alguém aqui nesse momento? — perguntou o que parecia chefiar o bando.

O estalajadeiro deu um breve olhar para a mesa de Gervaise. Foi um movimento bem rápido de cabeça e, depois, esfregando as mãos, como para dizer que estava feliz de ter mais quatro fregueses, respondeu sorridente:

— Ninguém, meus senhores.

Os senhores ainda deram uma olhada para os quatro cantos da estalagem e se retiraram, dando-se por satisfeitos.

O jovem sentando ao lado de Gervaise deu um suspiro de alívio.

— Graças a Deus! — conseguiu dizer.

— Calma, meu rapaz. O perigo já passou, toma mais um gole de vinho e come um pouco desse assado. Depois me conta tua história. Mas a propósito, meu jovem: qual é teu nome?

— Andrè Louis, senhor.

O Calendário da Revolução - Decretado pela Convenção em 1792, só foi abolido por Napoleão 13 anos depois.

5

A Ordem da Cruz de Ouro

Élise de Montfort mandou o cocheiro parar o fiacre na esquina da rua, próximo ao Louvre, àquela hora deserta e mal iluminada. Esperou, encolhida nas almofadas do veículo, pois a noite estava fria. Não precisou, para sua satisfação, esperar muito; passos soaram no silêncio da madrugada, e Honoré, sobraçando várias folhas de jornal, encostou ao lado do fiacre.

Élise ainda era jovem. Bonita, esguia, de corpo bem feito e proporções harmoniosas. Havia um leve jeito masculino em suas maneiras, que lhe dava uma certa graça, porém sua voz era doce e o sorriso largo despertava confiança e tinha um encanto natural.

A moça desceu do fiacre, dispensando a condução.

— Já me esperavas há muito tempo? — perguntou Honoré, depositando no chão os jornais que trazia e que deviam estar muito pesados.

— Não, cheguei há pouco.

— Então, vamos ao trabalho, pois ainda não estamos tão ricos para termos distribuidores.

— Um dia se chega lá! Afinal, o jornal *O Povo* ainda será, em futuro próximo, a folha de maior tiragem do país.

Honoré riu:

— Garanto que Gérard também pensa assim.

Agora foi a moça quem riu. Um riso sonoro, quase musical. O outro a acompanhou, satisfeito.

As folhas foram divididas entre os dois, e os jovens começaram a descer a Rua des Pyramides, em direção à Avenue de l' Opéra, enfiando os jornais por baixo das portas de determinadas casas, ou jogando por cima dos muros de outras, que estavam designadas para receber os panfletos que eles chamavam de jornais.

Na primeira página — havia apenas duas — lia-se a manchete: "A MONARQUIA ABSOLUTA É SUBSTITUÍDA PELA MONARQUIA CONSTITUCIONAL".

Enquanto, junto com Honoré, Élise distribuía os volantes, pensava nos meses de clandestinidade do jornal, nas dificuldades para sua distribuição, enfrentando todos os perigos e repressões, que ainda não haviam acabado de todo, na tipografia clandestina da Rua dos Ursos, e a dificuldade para sua impressão. Mesmo nesses dias, em que a oposição burguesa estava bem mais forte, ainda havia dificuldades para a divulgação e distribuição de *O Povo*. A tipografia já estava situada em local apropriado, mas mesmo assim, inúmeras vezes sofrera alguns atentados de policiais truculentos, e ainda ligados às ordens do clero e da nobreza.

Já chegava ao final a distribuição dos jornais, quando, numa viela perto do velho mercado, uma carruagem tirada por quatro cavalos parou perto dos dois jovens. Um homem atarracado desceu, escondendo parte do rosto sob um grande chapéu mole. A casa de Danton ficava a poucos metros dos dois panfletários, e o homem corpulento para ali se dirigiu em passos apressados. Bateu à porta de modo peculiar: duas batidas breves, seguidas de uma pausa e mais três batidas espaçadas. A porta quase que imediatamente se abriu para o homem que entrou rápido, e se fechou às suas costas.

— Reconheces esse homem? — indagou Honoré.

— Não tenho a menor idéia de quem seja.

— É nada mais nada menos que o marquês de Saint-Cyr.

— Saint-Cyr!

— O próprio!

— Mas ele não é um dos maiores perseguidores dos revolucionários? Não foi ele quem mandou para a prisão e para os porões de tortura vários estudantes e todos aqueles que ele julgava fazerem oposição à classe dos privilegiados?

— Acho que ele vem fazendo, esse tempo todo, um jogo duplo.

— Jogo de interesse, dizes; o lado que vencer estará bom para ele.

— Exatamente! Jean Phillipe deve ser informado sem demora dessa dúbia posição do nosso solerte marquês.

Gervaise foi recebido em Nantes na sede da Ordem da Cruz de Ouro, pelo seu próprio dirigente, Monsieur Bonnard, que transferiu para ele, conforme ordens recebidas, o poder material e espiritual. Gervaise empossado, reuniu seus doze membros em sessão privada para debater sobre os destinos da Cruz de Ouro.

Esta Fraternidade oculta e iniciática era antiquíssima, de orientação universalista, originária da Pérsia, dos templos de Zoroastro, cuja religião guardava muitas semelhanças com as crenças védicas. Pregava principalmente a união entre os homens e a unificação de todos os credos e religiões, tendo por máxima "não existe maior religião que a verdade". Naquela conjuntura, a Ordem, seguindo diretrizes diretas do conde de Saint-Germain, estava empenhada também na preservação de algumas pessoas da nobreza que teriam importante papel no futuro. Em Paris, o padre Maubert e alguns discípulos já faziam parte da Ordem, embora sem uma sede própria, coisa que depois das determinações de Gervaise foi providenciada.

Embora o discurso do novo diretor não pudesse chegar até nós e também não fosse impresso, todos os doze membros o qualificaram de inspiradíssimo, profético e altamente esclarecedor. Pena que a História não tivesse tomado conhecimento do que Gervaise d'Orsay colocou, com sua visão premonitória, sobre os acontecimentos futuros que sufocariam a França num mar de sangue; mas, felizmente, ressurgindo do caos, levaria ao mundo inteiro a mensagem de liberade, igualdade e fraternidade.

Do muito pouco que a história de Revolução Francesa tomou ciência, foram as medidas práticas que Gervaise adotou para o pleno funcionamento da Ordem da Cruz de Ouro.

Dos doze membros fixos, todos detendo as duas primeiras iniciações, seis seriam transferidos para Paris, em local já previamente assentado pelo padre Laurent de Maubert. Esses seis membros, junto com ele próprio, se constituiriam numa facção da Ordem, cuja senha de reconhecimento seria "Flor de Lys", e obedecendo ordens superiores que viriam através dele, Gervaise, seriam postos em ação. Proteger, ocultar e transferir para a Inglaterra aqueles que estariam debaixo da proteção da Ordem. Nesse país, um membro de grande influência política, sir Étienne Dubois, lorde inglês, filho de pais franceses, se encarregaria de encaminhar todos os nobres evadidos, em parceria com um grande banqueiro inglês.

Gervaise terminou sua elocução dizendo que não precisava alertar seus membros da necessidade do sigilo absoluto.

Recuando no tempo, vamos encontrar Andrè Louis com Suzette, antes de seu encontro com Gervaise na hospedaria "A Garça Real".

O rapaz afagava os longos cabelos de Suzette, sussurando-lhe algumas palavras de carinho. Já por seis meses ele e a prima se encontravam às escondidas, por detrás das cavalariças. Um grande amor nascera entre os dois e, agora, inseparáveis, não podiam mais viver um sem o outro.

A moça, chorosa, aconchegou-se nos braços de seu primo.

— Estou com muito medo, Andrè — choramingou.

— Não tenhas medo, amor, acharemos uma solução; não chores que me partes o coração.

— O que faremos? Ai! Andrè! Estou apavorada.

— Não há motivo para desespero. Te prometo, acharei uma saída. Verás que ainda seremos muito felizes, te prometo, meu amor — disse Andrè Louis com uma ponta de insegurança na voz.

— Para onde iremos? Não temos ninguém a quem recorrer.

— Calma! Suzette, eu darei um jeito. Fica descansada.

— Mas meu amor, daqui a uns dois meses o primeiro sinal de gravidez já será notado.

— Eu sei, amor, eu sei — afirmou Andrè Louis, abraçando-a com mais força e dando tapinhas amorosos na cabeça da prima.

O fato é que os dois primos haviam se apaixonado perdidamente e agora, com o fato consumado, não sabiam o que fazer. Contar para o pai seria suicídio, o baronete de maneira alguma iria aceitar tal deslize da filha. Com sua mãe, Margueritte, ela não podia contar, era por demais submissa ao marido, o tirânico baronete de quem tinha muito medo. Nesse impasse, os dois desesperados amantes não encontravam nenhuma saída.

— Só existem duas soluções — disse Andrè Louis, depois de uns momentos de silêncio.

— Duas soluções? Quais? — disse a moça esperançosa.

— Nem sei se são soluções, porém não temos escolha.

— Fala, Andrè, pelo amor de Deus!

— A primeira seria contar tudo para tua mãe; espera, deixa eu terminar — disse o rapaz, ante a menção de Suzette falar qualquer coisa — sei que ela teme meu tio mais que tudo, mas, quem sabe, com algum jeito tua mãe não poderá, sabendo da existência de um neto ou uma neta, amolecer o coração de teu pai?

— Acho improvável. A mãe é totalmente dependente da vontade do pai. Isto sem falar no medo que ela tem dele.

— A segunda saída, e esta a mais desesperada de todas, é fugirmos o mais depressa que pudermos.

— Fugir para onde, Andrè?

— Não sei, fugir, simplesmente.

— Mas se não temos lugar algum para ir! Não conhecemos ninguém. Esta é uma solução mais inviável ainda que a primeira.

— Eu sei, Suzette, eu sei, mas que podemos fazer? Talvez longe daqui eu arranje um trabalho e um lugar para que possas ter o bebê em paz.

— Não, não sei não — e a moça deixou que as lágrimas descessem livres pelo seu rosto, contraído pelo desespero.

Andrè Louis ajeitou melhor Suzette em seus braços e deixou que ela chorasse à vontade.

Quanto tempo ficaram abraçados os dois jamais souberam. Depois de um tempo interminável em que, em silêncio, desfilaram pelas suas mentes planos e mais planos, todos sem a menor solução prática, chegaram ambos à conclusão que o menos perigoso seria Suzette contar tudo para sua mãe e esperarem um milagre. Era uma solução extrema, que poderia desencadear uma tragédia, mas talvez fosse a única saída para os dois jovens, que ainda acreditavam no amor, e que ele poderia consertar qualquer coisa.

Andrè Louis beijou Suzette com carinho. Conforme haviam combinado, a moça, depois de falar com sua mãe mandaria um recado através de Collete.

Ah! A confiança dos amantes nos fados, as esperanças que o amor alimenta, e dá no fundo dos corações apaixonados a certeza das coisas impossíveis! A ilusão de que o amor tudo vence ainda existia em Suzette e Andrè Louis.

A liberdade de imprensa, numa gravura da época.

6

O conde René de Vincennes

Placa indicativa da atual Rua dos Ursos.

Jean Phillipe, impaciente, deambulava pela sala de visitas de sua residência. Esperava a baronesa de Saint-Croix com sua amiga Marie-Louise, que vinham lhe fazer uma consulta. Haviam marcado para as quatro horas da tarde e já haviam se passado mais de vinte minutos da hora aprazada, e a cada movimento do grande ponteiro do relógio ele se impacientava, achando que as duas damas não viriam mais; aliás não era pelas duas senhoras que Jean Phillipe ansiava, mas pela jovem marquesa, objeto do seu interesse.

Quando soou a sineta do portão principal, e Gilbert anunciou as duas damas, nosso astrólogo deu um suspiro de alívio.

— Desculpa-me o pequeno atraso — disse a baronesa sorrindo —, mas vim como prometi. E trouxe minha particular amiga Marie-Louise, pela qual tenho grande estima e considero como minha filha.

Jean Phillipe tomou a mão da baronesa e beijou-a. Depois, sem uma palavra, dirigiu-se à jovem marquesa, beijando com algum ardor a ponta de seus dedos finos e delicados.

— É uma grande satisfação receber-vos — disse Jean Phillipe — e seus olhos pousaram por alguns momentos nos sonhadores e belos olhos azuis de Marie-Louise.

A marquesa teve um leve estremecimento, notado por Heliodora que, sempre sorridente, dirigiu um olhar encorajador para o rapaz.

— Marie-Louise queria muito conhecer seu gabinete de trabalho. Está bastante curiosa e gostaria de ver seu destino nos astros — disse.

— Interessa-se pelos movimentos dos astros, madame? — perguntou Jean Phillipe, sem tirar os olhos de Marie-Louise.

A marquesa enrubesceu e, devolvendo o olhar do rapaz, conseguiu em voz baixa responder:

— Gostaria... gostaria, senhor... gostaria muito de uma consulta. Não é este nome que se dá a uma entrevista com um astrólogo?

Jean Phillipe notou o embaraço da marquesa. Foi Heliodora, sempre muito prática, quem resolveu quebrar o formalismo que havia entre os dois.

— Vamos, meus filhos, deixemos as etiquetas para os salões do marquês — e Heliodora, dando o braço aos dois jovens, sem cerimônia, como pessoa íntima da casa, desceu as escadas que conduziam ao laboratório do astrólogo.

— Que interessante tudo isso — disse Marie-Louise, olhando para todos os lados.

Jean Phillipe apressou-se em mostrar todos os aparelhos de alquimia, abrindo e fechando gavetas para expor seus conteúdos, e armários que também foram vasculhados.

Marie-Louise, encantada, seguia o jovem astrólogo com visível interesse, perguntando muito e querendo saber dos mínimos detalhes. Heliodora deixou os dois à vontade, sentando-se a um canto do laboratório, parecendo muito interessada na leitura de um manuscrito. Quando a baronesa resolveu prestar atenção nos dois jovens, viu-os sentados um em frente do outro, olhos nos olhos, totalmente perdidos.

— Ei, meninos — disse Heliodora rindo — voltem para a Terra!

Marie-Louise corou, envergonhada, e Jean Phillipe levantou-se e sentou-se, não sabendo onde colocar as mãos.

— Marie-Louise gostaria que fizesses seu mapa astrológico — continuou a baronesa, em socorro ao embaraço que involuntariamente provocara.

— Gostaria que eu fizesse seu mapa? — inquiriu Jean Phillipe, ainda embevecido, sem tirar os olhos da moça.

A marquesa, ainda vermelha, balbuciou qualquer coisa na língua ininteligível daqueles que começam a cultuar Eros em suas emoções iniciais. O rapaz deve ter entendido, pois rapidamente tomou as mãos de Marie-Louise entre as suas e beijou-as.

— Poderia, meu caro amigo, mostrar para minha amiga uma de suas prodigiosas experiências? — pediu Heliodora, tirando os dois de dentro da redoma de seu encantamento.

— Prodigiosas, madame! São apenas algumas pequenas experiências que faço no mundo invisível — e Jean Phillipe, modesto, não tirou os olhos da marquesa.

— Gostaria muito de ver essa experiência — disse Marie-Louise.

— Antes, quero mostrar para madame — disse, dirigindo-se à marquesa — o que podem tanto a Astrologia como a Alquimia fazer de interessante para quem quer conhecer um pouco do futuro.

Jean Phillipe abriu um grande livro de capa de couro, que estava em cima da mesa de mármore e, virando algumas páginas, encontrou o que queria. Ocupando toda a folha, desenhado em tinta preta, o círculo zodiacal com as doze casas numeradas, mas sem qualquer signo, tendo no seu interior outro círculo.

Marie-Louise, curiosa, acompanhava com interesse os movimentos do rapaz, enquanto a baronesa, freqüentadora assídua do laboratório de seu amigo, permanecia em sua poltrona, afastada dos dois jovens.

— Depois farei o mapa astrológico completo da marquesa. Agora, depois de saber a data e a hora do seu nascimento, achando seu signo, vou fazer o cálculo para encontrar seu ascendente e poder, já de momento, dizer alguma coisa. Poderia, marquesa, me dar esses dados?

Marie-Louise pediu com os olhos auxílio da baronesa.

— Sabe, Heliodora, qual foi a hora em que eu nasci?

— Foi à noite, me lembro bem; eu e meu marido estávamos

presentes. Foi por volta de nove e meia, isso mesmo! O relógio carrilhão da sala contígua a seu quarto marcava precisamente essa hora — disse a baronesa.

De posse desses dados, Jean Phillipe começou a fazer contas; depois, dando-se por satisfeito, desenhou no papel cheio de cálculos a roda zodiacal com os signos de Marie-Louise em cada uma das doze casas, seguido de perto pela marquesa, curiosíssima.

— O que são esses símbolos? — perguntou Marie-Louise.

— São os signos zodiacais nas suas doze casas.

— Casas?

— Sim, madame! Cada um desses espaços numerados tem trinta graus, perfazendo um total de trezentos e sessenta, por onde passam todos os sete planetas sagrados.

— Perdoe-me tantas perguntas, mas como leiga no assunto, não conheço nada do que está me falando.

— Isso é normal — disse o astrólogo com um sorriso encorajador —; pode perguntar à vontade.

— E essas casas? O que representam?

— Cada uma delas tem uma relação importante e uma significação para o consulente. Veja aqui — disse Jean Phillipe, apontando para a casa número um. A marquesa aproximou mais seu rosto do rapaz para ver melhor.

O astrólogo sentiu seu perfume e pareceu sentir seu coração, que batia mais apressado. Por um momento Jean Phillipe se perturbou, o que foi notado por Heliodora, que deu um risinho.

— Esta casa representa a personalidade da pessoa. É a casa que indica o temperamento, a maneira de agir. A casa dois é a dos valores e bens. A três é a casa do intelecto, dos estudos, dos irmãos e do ambiente mais próximo. E assim por diante.

— Existe... existe alguma casa do... do amor? — perguntou Marie-Louise, corando.

— Sim, a casa cinco. É a casa dos amores, a casa do coração. As casas são muito importantes em um horóscopo. Na casa um, temos o Ascendente, que representa o eu da pessoa; na casa sete, o Descendente, que representa o outro, as parcerias; na casa quatro, o Nadir ou Fundo-do-Céu, que simboliza as origens, a família, o lar; e na casa dez, o Meio-do-Céu, que indica a realização no mundo. Além de sua colocação na carta natal, temos a passagem posterior e contínua dos planetas sobre as casas dessa carta — o que chamamos de Trânsitos. Isso tudo configura a história, que podemos ver, daquele que nos consulta.

— Que interessante! — disse Marie-Louise, afastando-se um pouco do outro. — Com esses dados, já pode me dizer alguma coisa?

— Bem... — o astrólogo estava reticente. Foi a baronesa Heliodora de Saint-Croix que, prática, resolveu a situação.

— Fala sobre o amor, Jean Phillipe. Nós, mulheres, sempre nos interessamos por esse tema.

Marie-Louise, voz sumida, pediu tímida para o astrólogo:

— Alguma coisa, senhor... alguma coisa sobre essa casa. — A marquesa evitou dizer a palavra amor.

— De acordo com o que vejo em seu mapa, embora ainda não esteja completo, a senhora encontrou ou vai encontrar muito em breve um grande amor.

— Bravos! — exclamou a baronesa. — Bravos!

Os dois jovens, muito sem jeito, deram um sorriso amarelo e depois, como dois namorados, caíram na risada.

Jean Phillipe pegou o papel que continha os dados da marquesa, escreveu com a pena molhada em tinta preta vários signos, circundando o nome da moça, dobrou o papel em quatro e acendeu sete velas de cera, colocando-as em volta do papel. Pediu o mais absoluto silêncio e, colocando as mãos espalmadas sobre a folha dobrada, entrou em profunda meditação. Podia-se notar que o ar do laboratório estava eletrificado, pois tanto a baronesa quanto a marquesa tiveram vários arrepios. Aquilo durou alguns minutos. De repente, como se mão invisível tivesse apagado a série de velas que iluminavam o ambiente, o laboratório ficou na semi-obscuridade, apenas aclarado pelas sete velas. Faíscas coloridas atravessaram a sala. Jean Phillipe, saindo de sua imobilidade, tocou com a ponta de um dos dedos o papel dobrado, assim permanecendo por algum tempo. Afinal, saindo de sua concentração, dirigiu-se às duas senhoras.

— Madames, sinto que há um espírito ligado a uma das senhoras que deseja se comunicar.

— Meu Deus! — exclamou Marie-Louise, com algum nervosismo.

A baronesa de Saint-Croix permaneceu calada.

— Um momento! — disse o astrólogo, entreparando. — O espírito deseja falar com a marquesa — disse depois de uns segundos de reflexão.

— Meu Deus! — repetiu a marquesa.

— É seu pai, senhora.

— Meu pai?

— Sim, madame, seu pai. Mas não tenha medo; só peço absoluto silêncio para não interromper a cadeia magnética da comunicação. Vou chamar Gilbert para me auxiliar na experiência.

— Meu pai virá até aqui? — a aflição da marquesa era flagrante.

— Não há nada a temer, marquesa. É uma experiência que chamamos de materialização, através de uma substância nervosa. Essa substância é que modela e proporciona o aparecimento do espírito entre nós.

— Já vi, querida, essa experiência várias vezes. Não há perigo algum. Vem sentar-te aqui a meu lado e fica quietinha que nada de mal irá acontecer — disse a baronesa, abraçando a seu lado Marie-Louise.

O criado de Jean Phillipe entrou silenciosamente na sala e fechou os reposteiros, ficando outra vez o ambiente mergulhado em completa obscuridade. Acendeu três velas, que colocou dentro de uma lanterna de folha com vidro vermelho, o que deu uma tênue claridade, depositando sombras claras e escuras nas paredes.

O astrólogo pediu o máximo de silêncio, explicando que a coloração vermelha da lanterna é que possibilitava qualquer fenômeno de materialização, que na luz comum das velas não se efetuava. Depois que Gilbert acomodou as damas em suas poltronas, que circundavam a mesa de mármore, Jean Phillipe sentou-se numa cadeira de frente para as duas. O astrólogo adotou uma postura solene e, depois de algum tempo em profunda meditação, onde podia se ouvir sua respiração, Gilbert, em voz compassada e grave, perguntou:

— Há alguém em particular que deseja ver ou mesmo falar, marquesa?

Marie-Louise, ante a solenidade da ocasião, com voz insegura, conseguiu responder:

— Meu pai, conde de Vincennes, se for possível.

Jean Phillipe, alheio em profunda concentração, começou a exsudar, através dos orifícios nasais, auditivos e pela boca, uma fumaça espessa, que começou a se acumular ao lado dele, modelando pouco a pouco uma figura masculina. Era de um homem alto e magro, rosto anguloso e olhos claros como os de Marie-Louise. Vestia uma sobrecasaca rosa claro, toda bordada, meias de seda e sapatos com pequenos saltos, de cor vermelho vivo. Peitilho branco, bordado em rendas, por baixo da sobrecasaca.

— Quem vem do reino dos mortos? — inquiriu Gilbert, enquanto a marquesa, visivelmente amedrontada, se encolhia quase nos braços de Heliodora.

— René, conde de Vincennes — respondeu com voz sumida a figura ao lado de Jean Phillipe.

— A que vens?

— Ver minha filha e dizer que abandone o mais depressa que puder o criminoso de seu marido, o marquês de Saint-Cyr.

— Criminoso?

— Minha filha — disse em grande agitação que produziu um impacto em Jean Phillipe, que começou a tremer —, este bastardo poderá levar-te junto com ele à completa ruína ou talvez à própria morte.

Marie-Louise não pôde conter um grito de aflição, o que provocou um redemoinho na sombra que modelava a forma do conde e Jean Phillipe foi lançado contra a parede, caindo no chão com todo o peso do corpo. Imediatamente, a chama da lanterna se apagou e o que era o conde René, transformado em fumaça, desapareceu quase instantaneamente.

Gilbert, que auxiliava a experiência, abriu os reposteiros, deixando entrar a luz no laboratório, enquanto pressuroso acudia seu amo, ajudando-o a levantar-se.

Marie-Louise, aflita, tomou as duas mãos de Jean Phillipe entre as suas, mas vendo um sorriso amplo no rosto do rapaz, tranquilizou-se, enquanto a baronesa de Saint-Croix a abraçou com um estranho sorriso nos lábios.

Parece que havia sido combinado, pois mal todos se

recompunham no laboratório, a sineta no portão do jardim soou e, depois que Gilbert foi atender, adentrou pelo laboratório o barão Fabrice de Saint-Croix.

Era tarde de noite e Gérard ainda não acabara de compor o artigo para o próximo número de *O Povo*. Na manchete, algo explosiva, e que iria explorar ao máximo, dizia: "VOTADA A DECLARAÇÃO DOS DIREITOS DO HOMEM — HOJE TEMOS AFINAL LIBERDADE E IGUALDADE CIVIL".

Gérard leu com satisfação as letras negras que afinal iriam ser entregues, junto com seu jornal, aos parisienses.

Era alto, robusto, tez morena, cabelos negros encaracolados, olhos escuros e expressivos num rosto largo, de nariz aquilino e boca rasgada, que lhe dava um ar quase cômico quando ria.

Tão absorto estava em seu trabalho, que não notou quando Honoré entrou na tipografia. Vinha o jovem esbaforido e foi logo, de forma veemente como era sua natureza, que sem preâmbulo anunciou:

— Está correndo pela cidade o boato alarmante de que o rei foi preso em Varennes.

— O rei está preso? — respondeu com outra pergunta Gérard, tirando os olhos dos tipos.

Era o dia dez de agosto de mil setecentos e noventa e dois.

7

Um diálogo muito difícil

Robespierre.

O barão Fabrice de Saint-Croix recebeu o emissário de Chartres em seu palacete na Rua Faubourg Saint-Honoré. O barão possuía informantes de sua confiança em várias cidades da província.

Fabrice era alto, magro, rosto comprido, sempre bem barbeado, olhos claros e penetrantes e um sorriso afável que demonstrava ser um homem bondoso. Vestia-se com afetada elegância, própria da época, maneiras finas e delicadas, jamais alterando seu tom de voz e, quem com ele privava, fosse seu igual ou subalterno, considerava-o homem de grande paciência.

— Dize, Gaston, as novidades de Chartres — pediu o barão, mandando o outro sentar-se.

— Inúmeras, senhor, não só em Chartres como também de Rennes e Nantes. Seus informantes dessas cidades irão com certeza dar-lhe o relatório completo.

— Boas ou más notícias?

— Depende do ponto de vista. Para os sans-cullotes, penso serem muito boas. Para o senhor, barão, não sei o que dizer.

— Pois dize, Gaston, dize. Sou um homem paciente e muito bom ouvinte. Quanto ao julgamento das notícias, me reservo o direito de analisá-las sozinho.

— Bem, em Chartres, um jovem advogado, Maurice Bagnolle, se não estou enganado em seu sobrenome, fez um explosivo discurso em praça pública, exaltando o poder do Terceiro Estado e conclamando o povo a lutar contra os reacionários do clero e da nobreza.

— Falatórios sem grande importância — aparteou o barão.

— Perdão, senhor, creio ser mais grave do que parece. Uma multidão, depois do discurso do jovem advogado, invadiu o palácio da Justiça e o Fórum e estabeleceram um governo provisório em Chartres. Os indecisos tomaram posição favorável aos sans-cullotes e a bancada de deputados revolucionários cresceu muito depois desse fato.

— Isso deve ter dado algumas conseqüências na própria Assembléia, em Paris — disse o barão, agora pensativo. Pequena ruga lhe sulcara a testa.

— Tem mais, senhor. Chegam de Nantes, Reims e Tours notícias alarmantes.

— Piores do que essas, Gaston?

— Sim, barão. O rei tentou se evadir para o estrangeiro e foi detido em Varennes.

— Preso? — o barão quase deu um pulo de sua poltrona.

— Detido, senhor. Mas já foi mandado de volta a Paris e continua executando suas funções.

— É inacreditável a situação a que chegamos — disse Fabrice, agora visivelmente preocupado.

Gaston continuou firme em sua poltrona, muito sério, encarando seu senhor. Parecia querer dizer alguma coisa. Foi o barão de Saint-Croix quem facilitou as coisas.

— Queres me dizer algo mais, Gaston?

— Sim, Excelência. Temo pelo senhor e pela baronesa. Os ânimos estão muito exaltados e a nobreza perdeu as rédeas da situação. Não sei o que poderá acontecer; segundo minhas fontes, as províncias quase todas estão em ebulição.

— Obrigado, Gaston. Passa no meu secretário, que já tem aquela tua remuneração quinzenal combinada. E olha, qualquer outra notícia importante, não precisas permissão para me falar. Podes vir a qualquer hora. Vou dar as necessárias instruções aos meus empregados.

Suzette levou bem mais de uma semana para procurar sua mãe e lhe contar toda a verdade sobre seu estado e sua situação desesperadora.

Quando afinal se decidiu, já apresentava sinais de gravidez, pelo tamanho da barriga, que demonstrava com clareza os cinco meses decorridos. Com medo da mãe, que temia, e do pai, de quem tinha verdadeiro terror, a moça resolveu, movida pelo desespero, enfrentar primeiro a mãe, em quem depositava algumas esperanças, e só depois então o pai, esperando talvez um milagre. Foi nesse estado de ânimo, o mais temeroso possível, que Suzette bateu à porta do quarto de Margueritte.

— Posso entrar, senhora? Sou eu, Suzette — e empurrou a porta devagar.

— Entra, minha filha — disse Margueritte, que sentada numa banqueta, penteava seus longos cabelos.

— Precisava falar-te, mãe.

— Fala, filha, fala — e a baronesa continuou de costas para a porta e para a filha.

— Mãe... senhora... — Suzette não sabia como começar.

A senhora de Nantes virou-se para a filha, encarando-a nos olhos. Suzette baixou a cabeça, não olhando para a mãe.

— Senta-te aqui — disse Margueritte, chegando para um dos lados da banqueta. — O que te aflige tanto? — perguntou a Suzette, que agora torcia as mãos, lívida de medo e sem saber o que dizer.

— Vem, filha, senta aqui ao meu lado — tornou a repetir o convite.

A moça sentou-se ao lado da mãe e sem conseguir encará-la, começou titubeante, voz quase sumida:

— Mãe, queria que entendesses...

— Entendesse o quê? Fala, minha filha.

A moça começou a chorar. Margueritte procurou acalmá-la, afagando seus cabelos. Foi por entre soluços que Suzette começou novamente:

— Mãe! Ó mãe! — e agora chorava alto, copiosamente.

Margueritte, visivelmente preocupada, procurou por todos os modos e meios entender a aflição e o choro da filha.

— Não te aflijas, filha, conta para tua mãe o que te desespera tanto.

Pouco a pouco Suzette, ante a voz carinhosa da mãe, fato pouco comum para a castelã, que de modo geral era sempre fria e impessoal, pareceu acalmar-se.

— Mãe — conseguiu dizer — uma desgraça. Ah, mãe! Uma desgraça! — e o choro convulsivo voltou novamente.

— Que desgraça, filha? Que desgraça pode ter te afetado dessa maneira?

— Uma desgraça — e a moça só conseguia repetir essa palavra.

— Fala, minha filha. Desabafa com tua mãe. Tudo nesta vida tem jeito, e na tua idade, o que pode ser tão ruim assim?

— Uma desgraça — tornou a repetir Suzette.

Margueritte tentou novamente, com palavras suaves, fazer a filha dizer o que a fazia sofrer tanto.

— Se não falares o que sentes, como poderei ajudar-te?

— Mãe, estou grá... grá... grávida — a palavra custou a sair.

Margueritte quase pulou da banqueta. Não queria acreditar no que ouvia, mesmo assim perguntou:

— O que?

— Grávida, mãe.

O tom de voz da outra foi frio e cortante:

— Como aconteceu essa... essa coisa? — perguntou, tirando a mão da cabeça da filha.

— Foi... foi... — os soluços sufocaram o resto da frase.

— Como foi? Quem foi? — a castelã levantou-se e agora encarava a filha, que ainda sentada na banqueta, chorava, tapando o rosto com as mãos.

— Responde, anda, responde, quem foi? — e sacudiu a filha pelos ombros. — Quero saber agora, quem foi, infeliz?

— Ele não teve culpa... — conseguiu falar Suzette, por entre soluços altos.

— Meu Deus! — disse Margueritte.

— E agora, mãe? E agora? — Suzette torcia as mãos de desespero.

— Agora... agora... — não terminou a frase.

— Me ajuda, mãe... me ajuda...

— Como posso te ajudar? Não sei de que maneira. Não sei...

— Deve haver alguma maneira.

— Dize-me quem foi — perguntou outra vez Margueritte, voz cheia de ódio, ignorando a súplica da filha.

— O que faço agora, mãe? Me ajuda! — gritou desesperada.

A mãe ignorou seu grito e seu desespero.

— Ele não teve culpa, mãe — novamente defendeu.

— Ainda proteges quem te fez tanto mal?

— Não estou protegendo, mãe... estou... estou...

Margueritte cortou o resto da frase, e irada, outra vez sacudiu a filha, que inerte, não teve a menor reação.

— Vou ter que contar tudo para teu pai.

— O pai não! O pai não!

— Sim, teu pai.

— Ele vai me matar.

— Não creio. No mínimo vai te internar em um convento para esconder essa vergonha.

— O pai não! Pelo amor de Deus, mãe!

— O que posso fazer? Tu enlameias nosso nome te envolvendo com alguém, na certa sem eira nem beira, e agora queres o quê? Teu pai vai saber de tudo.

Enquanto mãe e filha travavam esse difícil diálogo, passos furtivos foram ouvidos do lado de fora. Margueritte, rápida, abriu a porta, mas o corredor estava completamente vazio.

— Retira-te para teu quarto e fica lá até eu mandar te chamar. Não temos nada para falar enquanto não me disseres quem foi que te infelicitou.

8

Pai e filho

Madame d'Églantine, Duquesa de Montpellier, como gostava de ser chamada, depositou a fina xícara de porcelana de Sèvres na mesinha de mogno finamente entalhada em lâminas de ouro ao seu lado e encarou madame Bracher.

— Estive ontem com Jean Phillipe. Suas previsões são notáveis!

— Concordo, Gabrielle, de fato esse jovem saiu a seu pai.

— Depois que o apresentei às pessoas certas e propaguei seus dotes astrológicos, ele tem se destacado e criado muita fama.

— Eu soube mesmo — disse madame Bracher — que a corte inteira de Paris o consulta quase que diariamente.

— Não só de Paris, Marie Anne; me disseram que alguns notáveis da Inglaterra já estiveram em seu gabinete de trabalho. Também me contaram que várias personagens importantes da Hungria, Romênia e Suíça, aqui estiveram só para consultar seus vaticínios.

— Tudo isso me alegra muito, pois gosto muito dele e, com imenso prazer, vejo Jean Phillipe crescer tanto assim.

Madame d'Églantine serviu-se de outra xícara de chá. As duas amigas permaneceram em silêncio durante uns minutos, sorvendo a quente e reconfortante beberagem, quando, interrompendo-as, a criada de quarto de madame Bracher veio anunciar que se encontrava na antecâmara um cavalheiro que insistia em ser recebido.

— Estás esperando alguém, Marie Anne?

— Não. Vai ver quem é, Giselle, e o que deseja.

Pouco depois a criada voltou.

— O cavalheiro chama-se Triboullet, secretário do marquês de Saint-Cyr, e solicita a graça de ser recebido pela senhora.

— Faze-o entrar — e dirigindo-se a madame d'Églantine: — Não te incomodas, não é, minha amiga? — E sem esperar resposta, mandou que o trouxessem à sua presença.

Gervaise deixou que Gilbert saísse da sala para continuar o interrompido diálogo com seu filho.

— É como te digo, Jean Phillipe. Pela situação atual, é muito perigosa tua posição.

— Eu sei o que faço, pai — a resposta do rapaz não foi impertinente, nem tampouco desrespeitosa.

— Sei disso muito bem, filho, mas tua ligação com praticamente todos os fidalgos da corte te torna suspeito de contra-revolucionário.

— Aos olhos dos sans-cullotes.

— Epíteto que cabe muito bem em nós dois.

— Mas em posição muito privilegiada com toda a nobreza.

— Que perde força e prestígio a cada dia.

— Será, pai, que o Terceiro Estado conseguirá tudo que quer?

— Se não conseguir tudo, pelo menos deterá um pouco o crescimento dos privilégios.

— Isso será o bastante? Isso não nos levará a uma revolução sangrenta?

Gervaise parecia meditar, imerso em seus pensamentos. Quando saiu fora deles, encarando o filho, com tristeza na voz disse:

— Acho que já estás preparado para saber de toda a verdade.

— Se é um segredo teu, guarda-o no fundo de teu coração.

Gervaise olhou seu filho demoradamente. O que viu foram límpidos olhos que refletiam nobreza e sinceridade. "Aí está" — pensou — "meu filho, um homem reto de caráter, probo e sincero, que sabe o que faz e o que quer. Deve saber de tudo, pois se algo me acontecer, será o continuador de meu trabalho. Creio que o mestre, o conde, aprovará esta minha decisão".

Estes pensamentos passaram muito rápidos pela mente de Gervaise que, sorrindo, colocou afetuosamente as duas mãos nos ombros de Jean Phillipe.

— Como não ignoras, venho mantendo durante estes anos alguns contatos com o conde de Saint-Germain, que tem me instruído para que eu possa atingir um estágio mais avançado em minha evolução espiritual. Junto com o padre Laurent de Maubert, temos trabalhado muito pela Ordem da Cruz de Ouro, e agora recebemos instruções precisas quanto ao nosso comportamento em face da situação atual. Aproxima-se velozmente um período de grande conturbação social; a nobreza perderá seus privilégios, o clero ficará impotente e o reinado terminará no nosso país por entre levantes populares e muito derramamento de sangue; inocentes inevitavelmente sofrerão as consequências.

— Não podia imaginar, pai, que a situação tivesse chegado a tal ponto.

— Chegou. A Ordem, que atualmente está sob minha direção, terá um importante papel a desempenhar. Quero que fiques sabendo de tudo.

— Temes pela tua segurança pessoal?

— Não é esse o caso, mas sabes muito bem que a Ordem sempre foi suspeita por condenar, às vezes de forma clara, os odiosos privilégios do clero e da nobreza.

— Então, pai, estou certo quando penso que este crescimento todo do Terceiro Estado levará o país a uma revolução?

— É inevitável. Quero que fiques alerta e não te exponhas muito. Sei que em face do teu trabalho deves ter contato com a classe dos nobres, porém te advirto novamente: tem cuidado, meu filho!

Gervaise parecia preocupado e foi medindo bem as palavras que se dirigiu a Jean Phillipe.

— Se eu faltar, quero que sigas sem discutir ou questionar tudo aquilo que for determinado pelo padre Laurent de Maubert. Prometes, filho?

— Prometo, pai. Mas não te aflijas tanto, pois tenho certeza de que nada te acontecerá.

— Pelo menos, fiho, já que não podes prescindir dos teus clientes nobres, mantém-te sempre neutro e cuidado com as palavras.

Jean Phillipe abraçou seu pai com carinho.

— Não tenhas receio. Sei cuidar de mim.

— Disso tenho certeza. Meu receio é outro.

— Outro?

— Sim, Jean Phillipe. Esse teu relacionamento com a marquesa de Saint-Cyr é muito perigoso.

— Que perigo pode haver no amor?

— No amor em si, não, tampouco na marquesa. Mas em seu marido, que além de canalha, está dos dois lados, aí é que reside o perigo. Tanto faz o jogo dos nobres como o dos burgueses revolucionários. A rigor, ele não está de lado algum, simplesmente a causa que defende é a dele mesmo. Uma pessoa escorregadia em seus atos. Tem muito cuidado com ele, sobretudo se ele desconfiar que tens um envolvimento com sua mulher. Não sei o que poderá fazer.

— Será que ele tem tanta força e prestígio assim?

— Tem. O acesso aos altos escalões da corte e aos revolucionários de prestígio o fazem um dos homens mais importantes do momento.

— Vou tomar cuidado — disse Jean Phillipe para tranquilizar o pai, mas intimamente achando que eram infundadas as preocupações de Gervaise.

— A propósito, pai, já que a Ordem veio para Paris, já podes voltar para cá, onde afinal, sempre foi tua casa.

— Não, meu filho, quero apenas que me cedas um cômodo na parte superior.

— A casa toda.

— Não, Jean Phillipe. Apenas um quarto. Não quero despertar suspeitas nem dos fidalgos nem dos revolucionários.

— Não entendo, pai; és amigo de Danton e de um sem número de revolucionários e, pelo que me consta, tens também vários amigos entre os nobres do reino. Não entendo, pai.

— Depois te explicarei detalhadamente qual é o plano da Ordem. Agora, precisas saber apenas que quando começar a perseguição a toda a nobreza, teremos que proteger alguns fidalgos escolhidos.

— Escolhidos por quem?

— Pela Ordem, meu filho.

— Ainda não consigo entender.

— Eu e o padre Laurent obedecemos ordens.

— Mas não és tu quem dirige a Ordem da Cruz de Ouro? E então, pai?

— A direção da Ordem é uma outorga provisória, mas acima dessa outorga, acima do seu diretor que no momento é teu pai, existe uma direção, para muitos invisível, que é do meu mestre.

— Teu mestre é o conde de Saint-Germain, correto?

— Certo, filho; dele emanam todas as instruções que eu e o padre Laurent, seus discípulos diretos, obedecemos incondicionalmente.

— Queres dizer, pelo menos no momento, que não vais usar o laboratório?

— Sim.

— Nem vais atender consulentes, nem fazer experiências ocultas?

— Exato. O laboratório agora é teu. É teu não provisoriamente, mas em definitivo. Não pretendo mais me envolver com Alquimia e Astrologia.

— Por que, pai?

— Seguindo as instruções que recebi, tenho outros afazeres mais importantes para cumprir. Porém, Jean Phillipe, quero que continues com aquilo que te ensinei; quero que não interrompas tuas experiências e atividades alquímicas e astrológicas. Torno a repetir: tem muito cuidado com teu envolvimento com a marquesa e procura sempre a neutralidade com os consulentes da nobreza.

— Fica descansado, meu pai. Vou seguir todas as tuas instruções.

Gervaise abraçou o filho com carinho. Uma sombra, porém, por um lapso de segundos toldou seus olhos e sentiu no peito um aperto no coração.

Do lado de fora da residência, agora de Jean Phillipe, dois homens embuçados observavam atentamente o portão da casa.

9

O convento das carmelitas

Onde será a reunião? — perguntou Élise, dirigindo-se aos rapazes que, no café da então Rue de l'Opéra, haviam se encontrado para deliberar sobre o próximo encontro do grupo de revolucionários.

— Na sede de *O Povo* — respondeu Christian.

— Por que não na casa de Jean Phillipe? — tornou a perguntar Élise.

Foi Henri quem respondeu, consultando com os olhos Gérard, que permanecia calado:

— Jean Phillipe acha que sua casa está sendo vigiada.

— Isso pode ser muito perigoso — aparteou Jacques.

Além dos três filhos da baronesa de Saint-Croix, Jacques, Henri e Christian, reuniam-se, no Café Carroussel, Gérard, Honoré e François, deputado da Montanha.

— Danton virá ao encontro?— perguntou Honoré.

— Disse que viria — respondeu Gérard —; também Desmoulins me garantiu que não perderia nossa reunião.

— E Jean Phillipe? Também virá? — indagou Christian.

— Este é certo — disse Élise.

Os sete jovens ainda conversaram por bastante tempo, sentados nas cadeiras na calçada, local preferido por eles, pois instalados na rua sentiam-se mais protegidos de inconvenientes ou da polícia de repressão da corte.

Auguste Lemonard, baronete de Nantes, como fera enjaulada, andava de um lado para o outro na sala pequena para suas passadas largas, batendo com fúria com o chicote, que não abandonava nunca, nas botas altas de couro cru.

Margueritte havia lhe contado o sucedido com Suzette, e impedira que o marido corresse para o quarto da filha e cometesse alguma violência. Conhecia perfeitamente o gênio incontrolável de Auguste e, sabendo disso, tentou convencê-lo, sem conseguir, a se acalmar e pensar no assunto com mais tranqüilidade. Foi em vão. Em vez de se acalmar, o baronete quase chegou às raias da loucura, de tanto ódio, jurando que descobriria o malfeitor que infelicitara sua filha e, conseqüentemente, sua família.

— Léonard! — berrou o baronete, chamando o serviçal mais velho e entreparando em seu deambular pela sala.

— Senhor! — disse o criado, atendendo de pronto aos gritos de seu patrão.

— Léonard! Tens sempre sob teus olhos esse menino, como é mesmo seu nome...?

— Robert, senhor.

— Dize-me, sabes se esse Robert tem permanente contato ou mesmo se o tens visto falando de maneira suspeita com minha filha?

O outro pareceu pensar um pouco.

— Não, senhor, o trabalho dele é quase sempre na parte inferior do castelo. Os aposentos superiores são sempre eu mesmo quem os arrumo, junto com a menina Collete.

Auguste fitou seu empregado nos olhos, querendo ver se eles traduziam alguma coisa ou revelavam qualquer segredo. Léonard sustentou seu olhar. Depois de algum tempo, o baronete, talvez satisfeito com o exame, ordenou:

— Manda-me aqui Lizette e depois, passado algum tempo, o rapazinho Hubert.

Tanto Lizette quanto Hubert não adiantaram nada ao impaciente e exasperado Auguste. Quando Andrè Louis chegou à sua presença, encontrou o baronete sentado em uma poltrona, cenho carregado, e não esperando o sobrinho se aproximar, foi logo perguntando com voz alterada:

— Tens estado ultimamente com minha filha Suzette?

— Não, senhor, tuas ordens foram muito claras: "Não dirijas a palavra a minha filha e nunca entres no castelo" — respondeu o rapaz, voz calma, compassada, olhando o tio nos olhos.

Auguste sustentou o olhar de Andrè Louis e, batendo com o chicote nas botas, fez a segunda pergunta:

— Sabes por que razão te chamei à minha presença?

— Não sei, senhor — a voz do rapaz não tremeu, e continuou no mesmo tom baixo e respeitoso.

— Quero que me digas, e a verdade será bem melhor tanto para ti como para mim. Torno a perguntar: tens te encontrado com Suzette?

— Já disse, senhor, depois daquele inocente encontro na cavalariça, em que a senhorita Suzette me perguntava interessada sobre a saúde da égua, nunca mais a vi — os olhos de Andrè Louis brilharam de ódio reprimido, mas sustentou sua posição, e por momento algum sua voz tremeu.

— Responde, rapaz — e o baronete se inclinou para a frente em sua poltrona, rosto e voz ameaçadores — estás me falando a verdade? Porque se não estás, e isto é fácil de descobrir, tu te arrependerás pelo resto de teus dias. Podes ir — e com um gesto o baronete despediu o sobrinho.

Andrè Louis permaneceu imóvel em sua frente.

— Senhor... senhor, eu gostaria...

O outro o interrompeu de forma abrupta:

— Gostarias nada, já te falei o que queria. Fora da minha vista. Vai, vai — disse irritado o senhor de Nantes.

Andrè Louis não disse mais nada, curvou ligeiramente a cabeça, e dando meia volta se retirou.

— Pela conversa que Léonard ouviu e depois me contou — disse Hubert, quando à noite os dois estavam instalados no quartinho acima das cavalariças — tanto a mãe como o pai de Suzette já sabem que ela está grávida. Parece que o baronete Auguste vai interná-la no Convento das Carmelitas, a poucos quilômetros de Paris.

— Onde fica essa convento?

— Em Campiègne, ao Norte de Paris.

— Muito longe daqui. Preciso, assim que puder, ir para Paris. Quem sabe, mais perto do convento, terei possibilidade de vê-la.

— Acho muito difícil, Andrè.

— Meu Deus! Tenho que arranjar um meio qualquer de tirá-la de lá.

— Estás louco, meu amigo. Não tem como. Ela deve estar muito bem vigiada.

— O que faço, Hubert?

— Nada, Andrè. Não há o que fazer.

— Mas deve haver um jeito. Para tudo tem sempre um jeito.

— Nesse caso, lamento dizer, não tem jeito, nem maneira de tirá-la desse convento. Aquilo é uma verdadeira fortaleza.

— Queria ao menos saber como ela está, ter alguma notícia.

— Nesse caso, acho que posso resolver teu problema.

— Como, Hubert? Não me deixes nessa aflição.

— Tenho uma prima, Adelaide, que trabalha na cozinha do convento, como ajudante da irmã cozinheira.

— O que poderá ela fazer por mim?

— Calma, meu amigo. Ela poderá te trazer notícias, quem sabe algum bilhete. Tu também poderás, por intermédio dela, mandar algumas linhas.

— Farias isso por mim, Hubert?

— Faria.

— Não sei como posso te agradecer, meu bom amigo.

— Dando-me tua porção de pudim no almoço de amanhã — disse Hubert, rindo, no que foi acompanhado por Andrè Louis.

O Convento das Carmelitas Descalças, de Campiègne, a 76 quilômetros de Paris, fundado em 1562, ainda conservava seu estilo primitivo, com grandes muralhas escuras, o velho portal de madeira trabalhada, a silhueta sombria que se destacava do panorama bucólico ao redor, e sua quietude só interrompida pela sineta um pouco estridente que anunciava os entregadores de compras necessárias ao dia-a-dia do convento.

Visitas? Raríssimas: do bispo do condado, quando os portais se abriam. No mais, os pouquíssimos visitantes eram atendidos pela portinhola aberta ao lado da pesada porta.

Era ali, nesse claustro, que Suzette já habitava por três meses. Nenhuma visita do pai ou de sua mãe; e nesse longo tempo, apenas um bilhete de Andrè Louis. Poucas palavras escritas, embora o rapaz tivesse mandado vários bilhetes, que se extraviaram, ou a prima de Hubert não teve ocasião ou coragem para entregá-los. A moça, segundo ordens de seu pai, que pagara a peso de ouro sua permanência no convento, era para ser a todo momento bem vigiada e proibida de receber visitas de quem quer que fosse.

Numa das poucas vezes em que a madre superiora se dignou entrar em sua cela, foi para lhe comunicar que seu pai havia dado ordens precisas sobre o destino da criança que iria nascer. Devia ficar no convento quando ela saísse.

Desse dia em diante, Suzette não tocou mais em nenhum alimento. Desesperada, não queria mais viver.

A freira encarregada de cuidar dela, irmã Marie, tentava todos os dias convencê-la a se alimentar. Naquele dia, como de hábito, entrou na cela da moça.

— Por que não tomas teu caldo, minha filha? — disse com doçura, afagando os cabelos de Suzette.

A outra soergueu-se um pouco na cama rústica e com olhos tristes encarou a irmã, que sentada a seu lado procurava convencê-la a comer.

Já havia se passado quase trinta dias e Suzette, além de uns goles de água, nada tinha ingerido. Sem esperanças, sem uma palavra amiga de sua mãe, e sem nenhuma notícia de Andrè Louis, e pior, sem saber se ele estava morto, pois desconfiava que seu pai havia descoberto quem era o pai de seu filho, Suzette já não se importava mais com nada. Seu desespero aumentou quando soube que sairia do convento sem levar seu filho. Desse momento em diante, decidiu que era melhor morrer.

— Minha filha, a madre superiora já chamou o médico. Se insistires em não comer, ele irá prescrever remédios ruins e até algumas sangrias. Não seria muito melhor evitar tudo isso?

Suzette permaneceu calada. Irmã Marie, com a gamela de folha nas mãos, procurou fazer a moça beber alguma coisa.

— Só um pouquinho, minha filha, o caldo deve estar bem

gostoso.

Suzette cerrou os lábios e deitou-se, arfando pelo esforço de soerguer-se da tarimba. Estava fraca demais, até mesmo para falar. Fechou os olhos, enquanto as lágrimas rolavam pelo seu rosto emagrecido.

Irmã Marie desistiu e, colocando a gamela de sopa na mesinha ao lado da cama, saiu silenciosa da cela de Suzette, fazendo o sinal da cruz.

O médico, velho facultativo que atendia volta e meia as necessidades do convento, já devia estar acostumado com esses casos de mocinhas grávidas ali internadas, e não querendo comer a fim de morrer. A grande maioria apenas encenava, e depois voltava atrás quando as coisas começavam a ficar mais graves. O velho médico tinha olho clínico para esses casos. Viu que o estado de Suzette era grave, sentiu que a moça iria até o fim, ou seja, queria de fato morrer e, então, rápido, tomou as providências ao seu alcance, que eram nessa época muito poucas, e avisou a madre superiora que ela tinha um grande problema nas mãos.

A madre superiora fez o óbvio para uma religiosa: encheu o convento de missas e orações e mandou chamar o bispo confessor.

Quando, depois dessas providências inócuas, a madre superiora e o bispo entraram na cela de Suzette, encontraram a moça agonizando. A superiora do convento tentou levantar sua cabeça e introduzir um cordial nos lábios selados de Suzette. Tudo em vão. A moça por segundos pareceu superar o torpor em que se encontrava e, dizendo palavras inarticuladas, abriu desmesuradamente os olhos, que se se fixaram na parede oposta da cela, falando:

— Andrè Louis... Andrè, meu amor... Já vou ao teu encontro... já... — e caiu para trás, morta.

Triboullet foi introduzido até a presença de madame Bracher. Vinha com ordens precisas do marquês de Saint-Cyr, trazendo um leque de finíssimo tecido, bordado em fios de ouro, que madame esquecera no seu palacete por ocasião da última recepção. A devolução do leque era um mero pretexto para que seu serviçal observasse cuidadosamente o salão de madame Bracher e anotasse quem visitava a velha senhora. O marquês já estava de posse das informações de que nos salões dela, quase todas as tardes, eram recebidos alguns grupos que conspiravam contra o rei e toda a nobreza da França. Saint-Cyr precisava de algumas provas e, assim, matava dois coelhos com uma só cajadada. Acusava madame Bracher de revolucionária e ainda mandava prender seus convidados, para ele, seus cúmplices na intriga e conjura revolucionária.

— Boa tarde, senhoras — cumprimentou, fazendo profunda reverência —, sou Triboullet, secretário do marquês de Saint-Cyr, que me pediu que aqui viesse para devolver o leque que madame esqueceu no último sarau do marquês.

Esse pequeno discurso foi feito sem ser interrompido por madame Bracher.

O outro abriu uma caixa de couro marroquino que trazia e exibiu o leque para ela.

Madame estendeu a mão, segurando-o e abrindo-o, exibindo toda a sua beleza. Enquanto ela estendia o leque para a Duquesa apreciá-lo mais de perto, Triboullet esquadrinhava com os olhos todos os cantos do salão, a essa hora completamente vazio.

— Agradece ao marquês em meu nome. Dize-lhe que fico muito grata pela gentileza.

— Mas é belíssimo o seu leque, Marie Anne — disse madame d'Églantine.

— Presente do meu finado marido.

Madame Bracher parecia absorta, entregue aos seus longínquos pensamentos, e teve um leve estremecimento quando a voz de Triboullet a fez voltar à realidade.

— Madame, peço outra vez desculpas pela minha intromissão sem ter avisado previamente — e inclinou a cabeça, reverenciando as duas senhoras.

— Obrigada, senhor Tri... Tri...

— Triboullet, madame — e afastando-se, o serviçal, secretário ou cúmplice do marquês de Saint-Cyr saiu do palacete de madame Bracher.

10

Reaparece o conde

Dolores Garcez gostava de alimentar Gérard, com quem vivia há muitos anos, com especialidades típicas de sua terra, a Espanha. Destapou a panela de barro, que há horas fumegava, e aspirou o aroma, estalando a língua de prazer. Depois dirigiu-se para a escada que dava para o andar térreo e a tipografia do jornal, e chamou:

— Gérard! Meu amor, o almoço está pronto.

O moço subiu a escada, limpando as mãos no avental.

— Que temos hoje de gostoso?

— Paella de frutos do mar.

— Hum! É gostoso demais!

— Espero que gostes, amor; também espero que tenhas hoje um pouquinho de tempo para mim — disse, sentando-se no colo do rapaz.

— Claro, meu docinho, como poderia não ter tempo para o meu amor?

— Mentiroso! — e Dolores enfiou os dedos nos fartos cabelos castanho-escuros de Gérard, beijando-o na boca.

— Afinal, tu me chamaste para almoçar ou para quê?

— As duas coisas, seu bobo — Dolores riu, levantando-se rápida e indo buscar a panela que exalava um perfume que impregnou o cômodo inteiro.

Dolores era alta, bem feita de corpo, morena clara, fartos e longos cabelos negros que emolduravam os olhos castanhos escuros, num rosto oval de maçãs salientes e lábios rubros e carnudos.

Gérard comeu em silêncio, bebericando seu copo de vinho,

com Dolores sentada quieta à sua frente. O moço entreparou entre uma garfada e outra, falando:

— Por que nunca comes junto comigo?

— Prefiro fazer outras coisas junto contigo — disse com malícia, abrindo um grande sorriso, que deixou à mostra seus dentes brancos, de simetria perfeita.

Gérard também pôs-se a rir e, puxando Dolores para sua cadeira, a colocou no colo.

Esses almoços das quartas-feiras, dia em que Gérard tinha folga no jornal à tarde, quase sempre acabavam assim. Muitos abraços, beijos sem conta e, depois, bem depois, os dois se amavam por vezes a tarde inteira.

— Hoje vou ter que comer e sair.

Dolores fez um muxoxo.

— Logo hoje, amor!

— O que tem de tão especial o dia de hoje?

— Tem frutos do mar e tem...

Gérard não deixou Dolores completar a frase, beijou-a demoradamente.

— Tenho que passar na casa de Jean Phillipe — disse — e avisá-lo da reunião aqui em casa amanhã.

— Isso é mais importante do que eu?

— É — disse rindo Gérard e, tirando-a do colo, desceu rápido as escadas, despindo o avental e ganhando a rua.

Estamos exatamente no ano de 1791. Os acontecimentos haviam se precipitado. Mudanças radicais estavam na ordem do dia. A oposição dos Montanheses contra os Girondinos era agora aberta e duas facções atuavam dentro do mesmo partido, o partido dominante, a Montanha. Uma extremista, a outra dos indulgentes. O Terceiro Estado, de que era composta a Assembléia Constituinte, havia crescido bastante; era agora ocupada por 749 deputados. À direita sentavam-se os Girondinos, com 160 deputados, entre burgueses liberais e federalistas das províncias, que almejavam deter a revolução em seu estágio burguês. Chefiados por Brissot — daí chamarem-se os "brissotins" — secundado por Verniaud, Gaudet, Petion e Roland, seus principais deputados.

À esquerda da Assembléia, sentavam-se os Montanheses — a Montanha — com 140 deputados, comandados pelo chamado Triúnviro, composto por Robespierre, Marat e Danton. A Montanha era bastante dividida, uma mistura de idealistas e aventureiros. Seus principais deputados eram Desmoulins, Saint-Just e Fouchet, Couthon e D'Herbois, que combatiam acirradamente os Girondinos.

No centro, sentavam-se os deputados da Planície, também chamada de *O Lodaçal*, composta por 449 deputados, os oportunistas agrupados em torno de Sièyes, Cambecérès, Boissy e D'Anglas.

Deixemos os deputados da Assembléia digladiando-se e demonstrando que esse era o conturbado panorama político do país, e vamos até os salões de Marie Anne de Bracher, que acabava uma longa reunião, onde se havia apresentado a nata dos intelectuais e artistas de Paris.

Depois que seus convidados se retiraram, e os criados apagaram as últimas velas nos candelabros de cristal do grande salão, madame Bracher permaneceu sentada em sua poltrona favorita, em completa penumbra.

O vulto de um homem se destacou diante da tênue claridade de uma janela aberta à sua direita.

— Assustei-a, madame? — perguntou Saint-Germain, sem cerimônia, sentando-se em uma cadeira à sua frente.

— O senhor nunca me assusta, conde. Sua presença é sempre um prazer.

— Estou vindo de Versailles diretamente para cá.

— Algo importante?

— Sim, muito importante. Tive uma longa conversa com a rainha, mas parece que agora ela não me dá ouvidos.

— E a princesa?

— Marie-Thérèse, princesa de Lamballe? Acho que esta também não me ouve mais.

— Mas em que essas duas podem não o ter ouvido ou obedecido?

— Em tudo, madame, em tudo!

— Tudo é um pouco vago, conde.

— Já avisei sobre o que nos reserva o futuro. Graves acontecimentos irão desabar sobre toda a França.

— O conde se refere a esta revolução?

— Sim, cara amiga, esta revolução, como diz, não poupará ninguém.

— Mas a rainha, a princesa? Ambas estão resguardadas pela própria posição do reino. Afinal, o que os nobres podem temer?

— Tudo, madame, tudo! — o conde de Saint-Germain deu um suspiro e continuou: — O próprio rei não estará em segurança.

— Com o devido respeito que tenho ao senhor, não há um pouco de exagero em tudo isso?

— Jamais errei ou erro qualquer predição — respondeu o conde. — Madame, também está em perigo.

— Eu, senhor? Danton e Desmoulins freqüentam o meu salão, são meus amigos. Tenho conhecidos que privam da intimidade do meu salão, tanto na burguesia como na nobreza.

— Esses dois também vão cair em desgraça; vejo para eles um futuro funesto. Gostaria que não se expusesse tanto e logo que pudesse saísse de Paris.

— Não posso, senhor, meus amigos dependem de mim.

— Esse trabalho deve ser feito pela Ordem da Cruz de Ouro.

— A Ordem, conde, através do padre Maubert e Gervaise, seu diretor, está encarregada de transferir para a Inglaterra aqueles que foram determinados pelo senhor.

— Mas tornou-se muito perigoso, madame, ocultar em seu palacete os futuros evadidos.

— É uma ordem?

O conde de Saint-Germain tomou as duas mãos de madame Bracher e fitando-a nos olhos disse com todo o carinho:

— Minha filha, perdoe minha preocupação, mas a vida dos que me são caros é sagrada. É um pedido que lhe faço — e o conde beijou as mãos de sua amiga, que tanto estimava.

— Agradeço, conde, e meu coração se enche de amor pelos cuidados de meu mestre.

— Querida filha — o conde adoçou a voz, seus olhos banhados de luz brilharam na semi-obscuridade da sala —, insisto em meu pedido. Deixe que a Ordem faça todo o trabalho.

— Eu pergunto com toda a humildade: posso agora abandonar meus amigos? Os poucos amigos a que dou abrigo, protegendo-os em minha casa?

— Pode, madame.

— Será que devo?

— Deve, madame — insistiu o conde.

— Se eu me negar?

— Minha filha — o conde voltou a usar o tratamento carinhoso —, infelizmente sei o que irá acontecer.

— E eu posso saber?

— Mesmo para mim, é difícil de dizer.

— Conde, encarecidamente peço ao senhor essa graça. Se algo de tão mau assim irá me acontecer, creio que deveria, ou melhor, gostaria de saber.

Saint-Germain ficou calado por alguns minutos. Quando falou, o fez com profunda tristeza na voz.

— Louis e Maria Antonieta serão mortos, decapitados.

— Eles teriam essa ousadia?

— Teriam muito mais! A princesa Marie-Thérèse, Jeanne Du Barry e outros nobres eminentes seguirão pelo mesmo caminho.

— Meu Deus! Mas isso é monstruoso!

— Madame, a senhora também não ficará incólume; e eu precisaria que minha amiga, por razões cármicas, não desencarnasse tão cedo.

— Se este meu mundo, este mundo em que vivo e amo, desaparecer, junto com meus amigos, por que deverei fugir para preservar minha vida? Se tudo quanto é belo e digno tem que desaparecer, querido mestre, não desejo mais viver, e ver ruir esta sociedade, que é tudo quanto tenho e quanto alimentei em todos estes anos.

As lágrimas agora rolavam soltas pelo rosto da velha senhora.

O conde de Saint-Germain não disse mais uma palavra. Pousou sua mão direita na cabeça de madame Bracher e abençoou-a.

— Paz no seu coração — disse o conde, em voz quase sumida.

— Paz a todos os seres — respondeu madame Bracher.

O criado de Marie Anne adentrou o salão e anunciou:

— Madame, o deputado Danton pede licença para vê-la. Pede perdão pelo adiantado da hora, mas diz que o assunto é muito grave.

O conde de Saint-Germain, oculto pela sombra do reposteiro, colocou o dedo indicador nos lábios, pedindo silêncio.

— Faça-o entrar — disse madame Bracher.

Quando Danton, com seu passo militar cadenciado, entrou no salão, o conde não mais se encontrava.

11

Fuga para Paris

Danton, revolucionário indulgente.

O emissário do Mosteiro das Carmelitas de Campiègne chegou a Nantes com a notícia da morte de Suzette e seu filho. Foi como se o mundo desabasse na cabeça de Auguste.

— Como pode ter acontecido uma coisa dessas? — perguntou arrasado.

— Ela negou-se a comer, senhor — respondeu o emissário no portão do castelo, rodando o chapéu nas mãos.

— Não quis comer! Como, não quis comer?

— Não sei, senhor, o recado da madre superiora foi apenas esse.

— Detalhes, imbecil! Quero detalhes! — o baronete não se continha, rubro de cólera.

— Só sei dizer, senhor — o pobre homem, humilde, só conseguiu repetir o recado —, que morreu de fome, meu senhor.

— Mas ninguém impediu? É inacreditável uma coisa dessas!

— A superiora, senhor, manda dizer que a menina negou-se a comer, não tocou mais em um só alimento e ninguém conseguiu fazê-la mudar de idéia. Nem o médico que foi chamado conseguiu alguma coisa. Negou-se a comer — era só o que conseguia repetir o pobre homem.

O baronete despediu maquinalmente o emissário do convento e, entrando no castelo, deixou-se cair pesadamente em uma poltrona.

Os gritos que se seguiram foram terríveis. Auguste, desorientado, pelo castelo, ameaçando céus e terras; sua mulher chorando e arrancando os cabelos, debatendo-se de encontro aos móveis e as paredes e os criados, mudos de espanto, correndo de um lado para outro.

A notícia rápida chegou às cavalariças. A reação de Andrè Louis, quando Hubert chegou com os detalhes da tragédia, foi por etapas, antes de explodir de forma violenta. Primeiro o rapaz ficou calado, sentado, cabeça entre as mãos. Pouco a pouco, foi sacudido por soluços, que começaram baixos e depois foram aumentando de intensidade e volume, até terminarem num grito de desespero. Então Andrè Louis, como que impulsionado por uma mola, levantou-se de um salto, e pegando um cajado que servia para escorar a porta, quando ventava muito, olhos esgazeados, pescoço intumescido de ódio, berrou sacudindo a mão nua crispada:

— Onde está ele? Onde? Onde?

— Ele quem? — perguntou o espantado Hubert.

— O canalha, o canalha do pai de Suzette! — e sem esperar resposta, saiu correndo em direção à porta principal do castelo.

Andrè Louis, com o grosso cajado ferrado em uma das pontas nas mãos, entrou correndo pela porta escancarada.

— Aqui, patife! A mim! Aparece, celerado! — e bateu com toda a força no móvel mais próximo.

Auguste, sem entender a causa do barulho e a gritaria, seguida de pequena discussão entre Léonard e seu sobrinho, apareceu na porta do salão térreo, ainda aturdido com a notícia sobre a filha.

— O que está acontecendo aqui? Que barulho é esse?

Andrè Louis, rilhando os dentes de ódio, levantando o cajado, enfrentou seu tio, que surpreso com a ousadia e a invasão, entreparou à sua frente.

— Canalha! Porco assassino! Tu, verme sem entranhas, mataste tua própria filha! Dize que não! Dize uma palavra apenas e te desanco com este porrete, cão assassino! — gritou com quantas forças tinha, avançando em direção a Auguste, que recuou um passo.

— Que... que... gaguejou o baronete, amedrontado, ante a atitude de Andrè Louis, que até aquele momento sempre se mostrara calmo e submisso.

— Eu a amava, assassino! Mataste meu amor e meu filho! Apodrece no inferno! Tua alma jamais terá salvação!

Margueritte assomou à porta do salão e, não entendendo nada, ficou parada, lívida de espanto.

— Bastardo! Bastardo! — e o baronete não completou a frase. Andrè Louis desferiu violenta pancada na cabeça de Auguste, que cambaleou, o sangue escorrendo de um dos lados do crânio.

O rapaz, com o cajado de encontro ao peito do tio, empurrou-o para trás. O baronete, meio inconsciente pela pancada, caiu de costas, de encontro a uma poltrona. Andrè Louis, com um dos pés, chutou com força as pernas de Auguste, que caiu no chão.

— Devia matar-te! Matar-te, ouviu bem?

Margueritte deu um grito e correu na direção de seu marido.

— Faze alguma coisa! — pediu aos gritos ao criado, que imóvel observava toda a cena.

Andrè Louis jogou o cajado, que ainda conservava nas mãos, para um lado, e olhando para Margueritte, que segurava a cabeça ferida de Auguste, exclamou, gritando, repleto de ódio:

— Se este verme se atravessar em meu caminho, esmago-o como se esmaga uma mosca! — e saiu.

O baronete foi carregado para seu quarto, enquanto Margueritte providenciava a vinda de um médico da cidade, que ficava a poucos quilômetros da propriedade.

Felizmente Auguste tinha a cabeça dura e resistiu bem aos golpes do seu sobrinho, salvo pequena dor de cabeça, que no dia seguinte, logo pela manhã, desapareceu.

Tão logo pôde sentar-se na cama, a bem da verdade ainda meio tonto, chamou sua mulher, pedindo que mandasse Léonard sem demora à sua presença.

— Procura na vila o ferreiro Jounot e diz que venha aqui ao castelo o mais depressa que puder. Tenho um serviço para ele.

Jounot era um homem de compleição avantajada, fisionomia rude, testa fugidia, que demonstrava pouca inteligência e muita força bruta. Ou porque o baronete pagava bem, ou porque era conhecido como homem vingativo, o fato é que Jounot atendeu prontamente à chamada, e veio com o próprio Léonard até o castelo de Nantes.

— Tira as botas para não enlamear toda a casa — disse Léonard com ar superior, ainda na porta de entrada. — Meu senhor vai receber-te em seus aposentos — e seguiu na frente para mostrar o caminho.

— Jounot — disse Auguste tão logo o ferreiro entrou no quarto —, tenho cinco luíses de ouro para ti e um para cada um dos três homens que irão fazer o serviço junto contigo.

— De que se trata, patrão? — o outro nem pestanejou.

— Conheces aquele rapaz que trabalhava com Hubert nas cavalariças?

— Sei, patrão, Andrè Louis.

— Esse mesmo. Ele me ofendeu profundamente. Quero que reúnas três homens de tua confiança e saias sem demora à procura desse homem. É preciso que ele, da maneira mais discreta possível, seja surrado a cacete, mas sem ser morto. Quero que depois da surra ele seja trazido até aqui ao castelo, vivo, entendeste, Jounot?

— Entendi, patrão.

— Metade do dinheiro Léonard te dará agora. A outra metade, depois do serviço feito.

O ferreiro entendeu perfeitamente e se deu pressa em executar o trabalho pedido.

Andrè Louis, desde a véspera, já ganhara a estrada, em direção à cidade mais próxima, Angers. Dali seguiria para Paris, procurando achar algum trabalho nas fazendas que encontrasse pelo caminho.

Aconselhado por Hubert, havia reunido suas poucas coisas numa mochila que ajeitou nas costas. "O baronete Auguste é vingativo", dissera seu amigo, "na certa ele vai querer se vingar e, se bem o conheço, vai chegar às últimas conseqüências. Arruma tuas coisas e pé na estrada, que é o que de melhor podes fazer".

Andrè Louis aceitou o conselho e, o coração cheio de dor e de ódio, começou sua penosa caminhada. É quando vamos encontrá-lo na hospedaria *A Garça Real*, em companhia de

Gervaise, que depois de ajudá-lo a se ocultar, ainda lhe deu algum dinheiro para que pudesse seguir com um pouco mais de conforto para Paris.

— Um dia, quem sabe — disse Andrè Louis, no dia seguinte, despedindo-se de Gervaise na porta da hospedaria — ainda lhe pago esse grande favor e a ajuda que me oferece.

— Quem sabe, meu jovem amigo, quem sabe? — respondeu Gervaise, abraçando Andrè Louis e ajudando-o a subir na carruagem puxada por seis cavalos, que fazia o percurso até Les Mans.

— Até um dia, senhor!

— Até um dia! — respondeu Gervaise, com um estranho sorriso nos lábios, enquanto a carrugem sumia numa curva da estrada.

12

Encontros amorosos

Jean Phillipe esperava Marie-Louise, naquela tarde de fim de inverno, em sua residência. Mandara Gilbert, como era de hábito, preparar uma variada refeição, com as coisas que sabia que a marquesa preferia. Duas vezes por semana, aquela situação acontecia. A espera das duas horas da tarde, as ordens dadas a Gilbert sobre o lanche, e as determinações para que não fosse incomodado por quem quer que fosse, em hipótese alguma, o sofrimento da espera, a dúvida que sempre pairava em seu espírito: será que ela viria? Teria acontecido alguma coisa? O medo de perdê-la, por terem descoberto o amor que havia acontecido entre os dois.

Toda semana essas expectativas pairavam na mente de Jean Phillipe. Toda semana a mesma angústia, o mesmo medo invadia seu coração apaixonado, e o jovem astrólogo sofria por antecipação.

O fato é que já durava alguns meses esse amor louco e apaixonado entre os dois jovens. O prestimoso auxílio da baronesa de Saint-Croix e de Jacques, cocheiro de Marie-Louise, havia sido fundamental. A baronesa Heliodora, como amiga íntima da família do marquês, dava ampla cobertura ao romance dos dois, inventando saraus, chás com vários amigos e também encontros imaginários com ela própria.[1] Quanto a

1 Sem saber, a baronesa de Saint-Croix refazia assim a teia cármica. Reconduzindo Jean Phillipe a Marie-Louise, selava entre os três a amizade espiritual que reparava o acontecido na Terra das Araras Vermelhas (vide ***A Terra das Araras Vermelhas***, **EDITORA DO CONHECIMENTO**) — muitos milênios antes — quando acabou noivando

Jacques, o cocheiro da marquesa, esse sim, era peça fundamental para a locomoção secreta de Marie-Louise, além de ser de uma dedicação a sua senhora que tocava as raias da veneração.

Enquanto o amor crescia entre os dois, o desejo de ficarem juntos aumentava e as dificuldades cresciam naturalmente. Pouco a pouco, também, a discrição diminuía e os dois cada vez ficavam menos cuidadosos e mais vulneráveis.

Jean Phillipe ainda se lembrava de seu terceiro encontro com a marquesa. Fora no palacete da baronesa. Naquela manhã, ele recebera um bilhete de Heliodora, convidando-o a comparecer sem falta a um chá na sua residência. "Alguém muito importante", dizia a missiva, "o espera impaciente".

Jean Phillipe não faltou, é claro, a essa entrevista. Lá, a baronesa deixou a sós os dois namorados, que puderam trocar à vontade suas juras de amor.

Outros encontros aconteceram, sempre com Heliodora de anjo da guarda; depois, os dois tornaram-se mais afoitos e mais ansiosos, não se importando muito com as conveniências e a cautela, passando a se encontrar na casa de Jean Phillipe, entregando-se sem reservas ao amor. Já não podiam mais viver um sem o outro; o amor dos dois tomou proporções, segundo Heliodora, muito perigosas. O medo da baronesa tinha algum fundamento. O marquês de Saint-Cyr parecia já estar desconfiado de alguma coisa, pois as constantes saídas de sua mulher já começavam a intrigá-lo e se tornar motivo de preocupação do ciumento Antoine. Não era sem razão que Jacques já fora chamado algumas vezes pelo marquês, sendo alvo de várias perguntas.

Por essas razões, Jacques, nessa tarde, deu várias voltas na carruagem que conduzia a marquesa, e parou a alguma distância do portão da casa de Jean Phillipe.

Marie-Louise foi ao encontro do jovem astrólogo, que já esperava na sala de estar do andar térreo.

— Demoraste, amor — disse Jean Phillipe, tomando-a nos braços e beijando-a com carinho.

---

com ele, que ficara desmemoriado, após a trágica perda de sua amada, que era Marie-Louise. Sua índole generosa e espontânea, que perdura na presente existência, é um exemplo de como as colheitas cármicas e a programação de nossos destinos podem ser cumpridos de forma suave, sem tragédias e novas complicações diante da Lei, quando a consciência espiritual desperta.

— Enfrentei algumas dificuldades — respondeu Marie-Louise.

— Dificuldades?

— Antoine anda desconfiado. Queria me trazer em sua carruagem até a residência de Heliodora.

— A situação está ficando insustentável.

— Precisamos encontrar o mais rápido possível uma solução.

— Concordo, amor, mas acho que devemos aguardar o momento mais favorável.

— Está demorando muito, amor — disse Marie-Louise, aconchegando-se nos braços de Jean Phillipe. — Já não estou agüentando mais a convivência com aquele bruto. Não vejo a hora de vir de vez para a tua companhia.

— Calma, meu amor, vamos fazer a coisa certa, sem precipitação, para que quando vieres de vez morar comigo não haja o menor perigo.

— Eu sei, meu amor, mas com tua ausência eu perco as forças, fico vulnerável demais. Tenho medo de tudo, principalmente do marquês. A impressão que tenho é que sou vigiada de perto, que sou uma prisioneira, e ele a qualquer momento vai me prender de verdade e, então, nunca mais irei te ver — e Marie-Louise prorrompeu num choro baixo e sentido.

Jean Phillipe procurou consolá-la com palavras de carinho, beijando com toda ternura seus olhos, afagando seus cabelos e apertando-a nos braços.

— Psiu! Não te desesperes, iremos encontrar uma maneira sensata de poderes vir para minha companhia. Irei encontrar, o mais depressa possível, um jeito de neutralizar o marquês, de modo que ele não possa fazer nada contra nós — disse sem convicção Jean Phillipe, querendo animar sua amada.

Gilbert cortou o colóquio entre os dois namorados, entrando na sala com os morangos frescos e a garrafa de champanha encomendada pelo seu patrão.

— Perdão, senhor, mas cansei de bater antes de entrar. Parece que não ouviu — disse o criado, desculpando-se.

Jean Phillipe nem olhou para Gilbert. Continuou abraçado com a marquesa e limitou-se a dizer:

— Obrigado, Gilbert. Põe em cima da mesa.

Antoine, marquês de Saint-Cyr, olhou demoradamente para Triboullet, impassível à sua frente.

— E então? O que tens para me dizer?

— Senhor, Jacques deixou-a no final da Rua dos Ursos.

— Ela entrou na residência do astrólogo?

— Não sei ao certo, senhor.

— Como não sabes, imbecil? — o marquês ficou rubro de cólera.

— No momento em que ela desceu da carruagem, houve uma grande aglomeração na rua. Parecia uma manifestação ou um protesto, e ela se perdeu no meio da multidão. E eu não a enxerguei mais.

— Procuraste direito, grande idiota?

— Procurei, senhor, mas não fui feliz em minha procura.

— Serás muito infeliz se não me deres conta da marquesa — disse Antoine, impaciente.

— Senhor — disse tímido Triboullet — existe nessa rua uma modista famosa, madame Henriette. Todas as senhoras da corte visitam essa dama para encomendar seus trajes. Quem sabe...

O marquês interrompeu Triboullet com maus modos:

— Quem sabe é muito vago. Quero respostas precisas. Foste verificar se a marquesa entrou nessa casa?

— Fui, meu senhor. A criada de madame Henriette me disse que uma senhora havia entrado há poucos momentos na residência de sua patroa.

— Disse quem era?

— Não, meu senhor, mas tudo indica que fosse a senhora marquesa.

— Suposições! Meras suposições! — o marquês chegava às raias do desespero e, furioso, dardejou um olhar malévolo para seu servo.

— Tenho quase certeza, senhor.

— Quase nunca foi certeza — e o marquês, furioso, ia dizer ou fazer alguma coisa, quando foi interrompido por um lacaio que veio anunciar que um cavalheiro desejava falar-lhe com urgência.

— Quem é? — perguntou Antoine.

— O senhor Fabre d'Églantine.

13

Danton

Georges Jacques Danton saiu nos braços do povo do Campo de Marte, depois do inflamado discurso que precedeu a inssurreição de 17 de julho de 1791, provocada por Maximilien de Robespierre, na época seu amigo e com o qual dividiu o Triúnviro, que contava ainda com Marat. Este acontecimento do Campo de Marte foi como que uma preparação para que, em outubro desse ano, fosse instalada em Paris a primeira reunião da Assembléia Legislativa.

Consciente de que a revolução estava caminhando conforme seus planos e que mais cedo ou mais tarde os Montanheses liquidariam de vez com os Girondinos e, em especial, com Brissot, chefe encarniçado dos Brissotins, só faltava aos sonhos revolucionários de Danton a conivência do deputado extremista Hébert, que detinha sob sua influência uma facção enorme dos montanheses.

Do Campo de Marte, Danton seguiu pelo cais Branly, atravessou a Ponte de l'Alma, atingindo o Cours de la Reine, e dali já estava na Praça da Revolução, na Rue de Rivoli, e no seu passo cadenciado, na Avenida de l'Opéra, onde chegou sem maiores problemas ao palacete de madame Bracher. Já era tarde da noite, mas Danton se fez anunciar e, em seguida, estava na presença de sua amiga Marie Anne.

— Boa noite, madame; perdoe-me o adiantado na hora, mas o assunto é extremamente grave e diz respeito à senhora.

— Boa noite, senhor Danton — madame Bracher não se perturbou —, o que pode ser tão grave assim, para que o ilustre deputado desperdice seu tempo vindo tarde da noite visitar — e frisou o visitar — sua velha amiga?

O outro permaneceu impassível e sentando-se, embora não fosse convidado, encarou com um sorriso no rosto grande e largo madame Bracher.

— Madame, não sou homem de rodeios. Gosto de ir direto ao assunto.

— Pois faz isso, amigo Danton.

— Como não ignora, sou um seu amigo dedicado. Já dei inúmeras provas de minha fidelidade à nossa amizade.

— Disso não tenho dúvidas.

— Pois bem, madame, como disse, indo direto ao ponto, sei que vem ocultando alguns fidalgos em sua residência. Não foram muitos, porém alguns de suma importância para o Partido, pois são declarados inimigos de nosso país.

Madame Bracher ficou ruborizada, o que foi notado pelo outro. Danton, ante o silêncio de madame Bracher e, notando seu embaraço, prosseguiu:

— De mim, como sabe, não tem nada a temer, porém não posso responder por Desmoulins ou mesmo por Marat. Sabe, madame, que eles tendem um pouco para o lado do deputado Hébert, que é notoriamente extremista.

— Senhor Danton — disse finalmente madame Bracher, depois de uns minutos de silêncio em que parecia estudar as reações do deputado —, apenas dei abrigo para alguns amigos mais chegados. Dever de amizade e hospitalidade.

— Deveres que podem comprometê-la profundamente.

— Senhor Danton, agradeço seu interesse e cuidados com minha pessoa. Não sabia que era tão querida assim pelo senhor — e um breve sorriso divertido passou pelos lábios da velha senhora.

Danton levou alguns minutos calado. Quando interrompeu seu mutismo, foi para fazer nova advertência:

— Quando tudo acontecer, ou melhor, se precipitar, nada poderei fazer e nada poderá salvá-la. Como seu amigo e admirador, mais uma vez a advirto: tenha cuidado, madame!

— Torno a lhe agradecer, senhor Danton. Tomarei cuidado.

— Não só cuidado, como também não oculte mais ninguém em sua casa.

Madame Bracher não disse nada. Despediu-se de seu amigo revolucionário com um afetuoso abraço, prometendo que levaria em conta seus conselhos.

Triboullet percorreu a pé toda a Rua Faubourg Saint Honoré, parando nos portões do palacete da Duquesa d'Églantine, fazendo-se anunciar em nome do marquês de Saint-Cyr.

— Madame, trago importantes notícias do marquês Antoine.

— Estou atenta — disse a Duquesa, mandando o outro sentar-se.

— O marquês avisa a senhora que já entrou em contato com seu irmão.

— Senhor Triboullet, não quero saber dos negócios do meu irmão Fabre, aliás há bastante tempo não o vejo.

— Desculpe-me, madame, mas o marquês diz que é absolutamente necessário que tome conhecimento dos negócios dele com o seu irmão.

— Que negócios podem ter algum interesse para mim?

— Todos os interesses, madame — disse Triboullet.

— Não vejo nenhum, senhor!

— Madame, seu irmão, muito bem relacionado junto aos deputados do Terceiro Estado e também dos fidalgos do reino, deseja partilhar sua influência com a senhora.

— Para quê preciso de sua influência?

— Para protegê-la, madame.

— Proteger-me de quê? Diga-me, senhor Triboullet.

— Seu irmão fez uma pequena fortuna junto com meu patrão...

Madame d' Églantine o interrompeu de modo abrupto:

— Não me interessa a fortuna de meu irmão, tampouco a de seu patrão. Como disse, senhor, não vejo nem quero ver meu irmão.

— Madame — disse Triboullet, sem se incomodar com a interrupção — a fortuna do seu irmão, seu prestígio e suas ligações políticas, seriam muito bons e importantes para a senhora.

— Seja bem claro, senhor. Quero explicações diretas, sem subterfúgios. De que maneira podem me afetar as tais transações entre Fabre d'Églantine e teu patrão?

— Vou ser bastante claro e sucinto como madame deseja. A fortuna acumulada por seu irmão e meu patrão é muito importante para sua segurança. É desejo do marquês de Saint-Cyr que saiba que ele está inteiramente a seu dispor.

— Que perigo é esse, senhor Triboullet?

— Todos os nobres correm agora perigo na França.

— Perigo?

— Sim, madame. O marquês e seu irmão querem ajudá-la a sair do país.

— Minha fortuna também é muito grande, senhor. Não preciso do dinheiro de ninguém, muito menos de meu irmão.

— Nós sabemos, madame, mas seu irmão, o Duque d'Églantine, e o marquês, com o dinheiro acumulado, puderam comprar alguns deputados e também investir em títulos rentáveis na Inglaterra. Seu irmão aconselha que também invista todo seu dinheiro nesses títulos.

— Que deputados são esses? Ou também é segredo?

— Nenhum segredo para madame. Temos como nosso aliado e amigo um dos mais importantes deputados do Terceiro Estado, o senhor Danton, que é também muito amigo de madame Marie Anne de Bracher.

— Madame Bracher?

— Sim, Duquesa, sua amiga.

Madame d'Églantine parecia impressionada com as últimas revelações de Triboullet.

— O senhor... ou melhor, meu irmão acredita que eu corra realmente perigo?

— Sim, madame, essa é também a opinião do marquês de Saint-Cyr. Como a Duquesa não ignora, o rei e a rainha são prisioneiros de seu povo, a Constituinte é quem governa. Daí é um pulo para acabar, ou coisa ainda pior, com os fidalgos e todos os seus privilégios. O marquês acha que a senhora devia sair o quanto antes de Paris.

— Sair de Paris? Meu Deus! Para onde iria?

— Para Londres, madame; eu posso me encarregar, junto ao Duque d'Églantine e ao marquês de Saint-Cyr, dos papéis necessários para a viagem, o investimento junto ao banqueiro inglês e as providências quanto à saída de madame de Paris.

Madame d'Églantine permaneceu calada, pensando. Foi o

outro quem novamente tomou a palavra.

— Posso agora mesmo entrar em contato com o Duque Fabre d'Églantine e o marquês de Saint-Cyr. É só a senhora determinar.

— Espera! Preciso pensar um pouco — disse a Duquesa, uma ruga de preocupação a lhe sulcar a testa. — Entrarei logo em contato com o senhor ou com o marquês.

Triboullet exultou. Havia usado o nome do marquês de Saint-Cyr e do deputado Danton a conselho de Fabre d'Églantine, mas o que os dois queriam realmente era se aproveitar do dinheiro da Duquesa para proveito próprio. O que Triboullet queria mesmo era posteriormente deixar o próprio Duque fora de seus planos e sozinho ficar com toda a fortuna da Duquesa.

— Perfeito, madame, vou acionar o deputado Danton — disse Triboullet. — Ele é peça importante na engrenagem toda.

Danton chegou à residência que ocupava na Rua de l'École de Medicine, que então chamava-se Rue des Cordelliers, tarde da noite. O deputado, depois que passou a ocupar o Triúnviro, junto com Marat e Robespierre, na Constituinte, instalou-se em todo o andar superior do prédio de dois andares em que agora morava.

— Chegou tarde, cidadão deputado — disse a concierge, esfregando os olhos de sono e abrindo a porta.

— É, cidadã, um pouco tarde! — e entrou, subindo as escadas que davam para os seus aposentos.

Um homem de baixa estatura, vestido com grande afetação, demonstrando mau gosto evidente, embora suas vestes fossem de boa qualidade, aproximou-se o mais que pôde, sem ser visto, da porta do deputado, a ponto de ouvir claramente as saudações trocadas entre os dois.

— Paciência! — exclamou entredentes o desconhecido, ajeitando o chapéu alto, encimado pelo crachá tricolor. — Não foi ainda desta vez que pude ouvir tudo que foi dito. Mas já sei de onde vens e para onde vais — monologou o homenzinho, enquanto se afastava a passos rápidos, apesar do pequeno tamanho de suas pernas, da casa do deputado Danton.

14

Monsieur Guillotin

Um sans-culotte

Como era tradicional nas profissões, à época, o ofício de carrasco, em Paris, era exercido pela família Sanson, passando de pai para filho.

Charles Henri Sanson já havia ensinado seus rudimentos ao filho Henri quando este, adolescente, morreu de cólera, deixando seus pais profundamente abalados. Desgostosos de tudo, Charles e sua mulher, Olga, deixaram Paris, retornando para a província de onde ela era originária. Olga era de origem materna russa, como seu irmão Nicolau. E foi para este que legaram a pequena casa da Rua Suflot e a profissão de carrasco, que assim permaneceu na família.

Foi a contragosto que Nicolau Blanchard, um homem bondoso e pacífico, recebeu sua nomeação; aceitou-a como uma provação inevitável, rogando a Deus que o ajudasse e perdoasse pelo que deveria executar.

Era Nicolau Blanchard — Père Nicot para os íntimos — continuador da tradição dos Sanson, que seguia apressado naquela manhã do ano de 1792.

O carrasco de Paris, temido por todos, que o cumprimentavam à distância, procurava na Rua Pontieu a casa do doutor Josef Ignace Guillotin, médico e deputado influente do Partido da Montanha.

Havia sabido que o doutor Guillotin inventara um aparelho especial para execuções, que tinha sido muito discutido na Assembléia Constituinte e ficado para, em uma próxima votação, ser adotado pelo Tribunal Revolucionário. Daí a pressa de Père Nicot para ver com seus próprios olhos tal instrumento do doutor Guillotin.

A casa do outro ficava quase ao final da rua, e Père Nicot acionou a aldrava de bronze da maciça porta.

O próprio médico atendeu à porta a visita e, mau grado seu, teve um pequeno arrepio ao deparar com o carrasco de Paris. A bem da verdade, eram raros aqueles que não estremeciam ao se depararem com Père Nicot. Não que sua aparência fosse sinistra, pelo contrário; o carrasco tinha um sorriso afável e um ar bonachão e, quem não soubesse quem era, poderia confundi-lo com um inocente burguês deambulando feliz pelas ruas de seu bairro.

Mas o doutor Guillotin sabia de quem se tratava e, assim, procurou atendê-lo no menor espaço de tempo e com toda cordialidade possível.

— Bom dia, doutor. Posso entrar um momento?

— Entra, entra, Père Nicot. Em que posso servir-te?

— Soube, cidadão doutor, que tem um invento notável, que está por ser apreciado na Assembléia pelos nobres cidadãos deputados para ser finalmente usado para aliviar um pouco o sofrimento daqueles condenados à morte.

— É verdade, Père Nicot. Fico um pouco admirado com os sentimentos de humanidade que demonstras.

— Por que, doutor? Embora sendo um carrasco, posso ter sentimentos de piedade.

— É natural, Père Nicot. Desculpa-me se te ofendi. Não foi essa, de maneira alguma, minha intenção — disse o doutor Guillotin, preocupado.

— Poderia, senhor, deixar-me ver esse aparelho? — perguntou Père Nicot, ignorando a insinuação anterior do médico.

— Claro; afinal, deve ser tu mesmo quem irá manobrar muito em breve minha invenção.

Monsieur Guillotin levou o carrasco para o interior de sua residência. Atravessou vários cômodos, sempre seguido por Père Nicot, até atingirem um pátio interno onde se encontrava o aparelho, que estava montando com sua reluzente lâmina afiada, em posição na parte superior.

— Como funciona, cidadão doutor?

— É muito simples: basta baixar a trava que sustenta a lâmina, que então correrá pelos trilhos laterais, descendo com alguma velocidade.

— Poderia ver funcionando? — Père Nicot estava realmente curioso.

O médico pegou um melão que estava num cesto ao lado, e o colocou na base do aparelho, na frente do orifício circular que serviria para a entrada do pescoço do condenado.

— Destrava a lâmina — disse, dirigindo-se ao carrasco.

Père Nicot, meio sem jeito e algo temeroso, retirou a trave que impedia a lâmina de descer pelos trilhos laterais. A faca, denominação dada pelo próprio carrasco, desceu com grande velocidade e com um golpe seco separou o melão ao meio, caindo uma de suas partes no cesto abaixo.

— Deus meu! — exclamou Père Nicot, espantado.

— Viste como é fácil? E será sem nenhum sofrimento para os condenados à morte — disse o doutor Guillotin com ar triunfante.

— De fato, cidadão doutor, uma invenção prodigiosa. Quando será posta em pleno funcionamento?

— Assim que a Assembléia aprovar. Penso que não irá demorar muito.

Père Nicot despediu-se do doutor quase maquinalmente, com os pensamentos mais desencontrados e avaliando os prós e contras que poderiam advir para sua profissão. Nesse estado de espírito, quase não reparou que um homem se postou à sua frente, impedindo-lhe a passagem pela calçada estreita.

Era Honoré, das poucas pessoas que não o evitavam, geralmente por medo ou talvez respeito pela sua profissão. Honoré, pelo contrário, não só gostava de conversar com o carrasco, como apreciava fazer gracejos e prolongar, sempre que o encontrava, o tempo em sua companhia.

— Olá, mestre Nicot — saudou o jovem alegremente. No mundo da lua hoje?

O carrasco entreparou, saindo de dentro de seus pensamentos. Gostava também do jovem jornalista e, bonachão, cumprimentou o outro, com um grande sorriso no rosto largo.

— És tu, Honoré? É sempre bom te ver.

— Quantos pescoços entregaste à corda hoje? — Honoré fez a pergunta que sempre fazia ao encontrar o carrasco de Paris.

— Nenhum, Honoré, nenhum! E olha, muito em breve não haverá mais corda alguma.

— Vais te aposentar, Père Nicot? Não acredito! — E Honoré, alegre, deu uma risada.

— Não, meu jovem amigo.

— Não entendo.

— Já vais entender porque não terei mais o prazer de colocar em teu pescoço uma gravata de corda.

— Ufa! — desabafou Honoré, alisando com a mão direita o pescoço e, ainda rindo — Deus me livre de tuas gravatas de cânhamo!

Père Nicot também riu. Muito pouca gente falava com ele. Havia como que um temor mórbido de sua pessoa. Com Honoré, não. Podia rir e conversar à vontade. Rir, então, era coisa que raramente fazia. Estimava de fato o jovem jornalista e com ele se sentia completamente à vontade.

— Vou te dar a grande notícia para teu jornal — disse. — Inventaram um aparelho para cortar cabeças.

— Cortar cabeças? Como assim, Père Nicot?

— O cidadão doutor deputado Guillotin inventou um aparelho composto de uma faca afiadíssima, na parte superior, que desce em dois trilhos laterais até atingir o pescoço do condenado, separando a cabeça do corpo — terminou o carrasco sua atrapalhada descrição do novo invento. — Podes dar essa notícia em teu jornal em primeira mão.

— Vou dar, Père Nicot, vou dar! Agora mesmo ia para a redação de *O Povo*. Vou aproveitar essa tua informação. Obrigado, meu amigo.

— Aparece lá em casa um dia desses para um copo de vinho. Leva Gérard contigo.

Os dois homens se despediram e cada um seguiu em sua direção.

Já entardecia quando Père Nicot chegou a sua rua. Habitava uma casa baixa, caiada de branco, com dois pequenos cômodos que achava suficientes para seu conforto. A casa era isolada das demais e, os poucos transeuntes, que às vezes passavam pela pequena rua, sempre que possível a evitavam. Foi, pois, com surpresa que Père Nicot avistou, nas suas proximidades, um rapaz ainda jovem encostado no muro.

— Esperando alguém? — perguntou Père Nicot, aproximando-se.

O rapaz tirou a mochila das costas antes de responder.

— Procuro Père Nicot; conhece, senhor?

— Sou eu, meu rapaz.

— Me mandaram procurá-lo.

— Quem mandou?

— O dono da casa de vinhos da esquina.

Père Nicot mediu o rapaz de alto a baixo com olhar prescrutador. O proprietário da casa de vinhos devia na certa ter feito uma brincadeira de mau gosto com o pobre rapaz, pensou Père Nicot.

— Sabes por acaso, meu jovem, o que faço para viver?

— Sei, senhor.

— Tens certeza?

— Tenho; o senhor é o carrasco de Paris.

— Mesmo sabendo quem sou, não tens medo de mim?

— Por que teria?

Père Nicot não respondeu e, olhando bem dentro dos olhos do rapaz, que sustentou seu olhar, fez, depois de algum tempo de silêncio, nova pergunta:

— O que desejas de mim, meu jovem?

— Um prato de comida e um pouco d'água. Não como há dois dias.

— Entra — limitou-se a dizer Père Nicot. — A propósito, como te chamas, meu rapaz?

— Andrè Louis, meu senhor.

Nesse mesmo fim de tarde, Heliodora, baronesa de Saint-Croix, recebeu uma visita inesperada.

— Jean Phillipe — disse, recebendo o rapaz — aconteceu alguma coisa com Marie-Louise?

— Não, madame, nada aconteceu. Preciso falar com toda a urgência com o barão.

Heliodora notou grande preocupação na voz de seu amigo astrólogo.

— Impossível, Fabrice está em Chartres. Só volta daqui a três dias.

— Meu Deus! — exclamou aflito Jean Phillipe. — Então temos que tomar medidas extremas. Infelizmente vou ter que colocar a senhora a par do que está acontecendo.

Foi a vez de a baronesa se alarmar e, tomando as duas mãos de seu amigo entre as suas, de maneira decidida, o que lhe era peculiar, pediu:

— Fala tudo, meu amigo. O que está acontecendo?

Jean Phillipe ficou calado por alguns instantes. Depois, encarando a baronesa nos olhos, decidiu-se:

— Madame, tanto a senhora como seus filhos correm grande perigo. É necessário que saiam o quanto antes de Paris.

— Não posso, teria que consultar meu marido.

— Não há tempo para isso. Faça o que encarecidamente lhe peço. Depois falarei com o barão para explicar tudo. Acho que ele também deveria seguir o mesmo caminho que a senhora.

— Mas o que houve? O que está acontecendo?

— Seus três filhos foram denunciados como traidores perante o Tribunal Revolucionário. Nesses casos, geralmente a família inteira fica envolvida.

— Mas eles não tinham e não seguiam os ideais revolucionários?

— Tinham e seguiam, madame, mas quem inventou essa mentira toda tem outros interesses em jogo.

— Quem poderia ter feito uma coisa dessas?

— O Duque Fabre d'Églantine.

— O irmão de madame d' Églantine?

— Esse mesmo. Naturalmente em conluio com o marquês de Saint-Cyr e o próprio Danton.

— Com que propósito?

— Fabre d'Églantine, porque está totalmente falido. Assim, como tem trânsito permanente com o Triúnviro da Montanha, em especial o deputado Danton, denuncia os fidalgos como traidores e depois faz chantagem, afirmando que tem poderes junto aos revolucionários para perdoá-los, ou então, meios e modos de tirá-los do país. Soube que já usou desse recurso com a própria irmã. Não se espante se receber a visita de Triboullet, seu intermediário para esses negócios sujos, prometendo-lhe várias imunidades.

— Meu Deus! — exclamou a baronesa — Que quadrilha!

— O marquês de Saint-Cyr tem outros propósitos. Ele quer a qualquer custo se tornar um elemento de grande expressão entre os revolucionários. O homem influente, e amigo íntimo de Danton, Robespierre e Marat. Aspira tão somente à influência política, de vez que fortuna possui em quantidade. O deputado Danton ambiciona um pouco mais. Além de querer ser o principal nome da Revolução, quer muito dinheiro para aumentar ainda mais sua fortuna. Tem vários acordos com o marquês, no que se refere à parte financeira, e vários negócios excusos com d'Églantine e um banqueiro na Inglaterra. Esses homens, madame, é que no momento detêm o poder e fazem o jogo de ameaças com propósitos menos confessáveis.

— E esse Triboullet? Não é o homem de confiança do marquês?

— É, madame, ou era, mas agora trabalha para ele mesmo. Faz da traição seu principal instrumento de trabalho.

— Que corja, Jean Phillipe!— foi o que conseguiu dizer a baronesa, espantada com tanta velhacaria e ainda, bastante receosa com a situação.

— Temos que nos apressar, madame. Sai agora à noite uma carruagem de posta para Calais. Já tenho um elemento de confiança nesse porto para embarcá-los para a Inglaterra — disse incisivo Jean Phillipe. Notava-se por suas palavras que ele também estava apreensivo e tinha bastante pressa de tirar seus amigos de Paris.

— Não posso, meu amigo; como vou fugir sem o conhecimento de meu marido?

— Madame, o tempo urge. Deve fazer o que peço. Já estou de posse de um salvo-conduto para que saia de Paris com segurança, juntamente com seus filhos.

A baronesa agora torcia as mãos de desespero. Não sabia o que fazer. Foi Jean Phillipe quem outra vez a chamou para a realidade.

— Madame, se a senhora e seus filhos forem presos, nada mais poderemos fazer. Meu pai ficará completamente impotente. Reúna o máximo de dinheiro que tiver e, pelo amor de Deus, fuja sem mais demora.

A baronesa estremeceu e, endireitando-se na poltrona, tomou a decisão que achou mais acertada.

— Vou embarcar meus filhos nessa carruagem para Calais. Eu fico, Jean Phillipe. Vou esperar meu marido, depois veremos o que fazer.

— Pressa, madame! É imprescindível que não se perca mais tempo e...

Foi interrompido pelo lacaio da baronesa, que avisou:

— No saguão de entrada o senhor Triboullet espera pela senhora.

Heliodora e Jean Phillipe se entreolharam com espanto, pela presteza do desenvolvimento da chantagem.

Era o princípio do ano de 1793.

15

À margem da revolução

As prisões dos fidalgos aconteciam com mais freqüência, depois que haviam sido criados por Danton o Tribunal Revolucionário e o Comitê de Salvação Pública.

A nova invenção, a guilhotina, assim chamada em homenagem ao seu inventor, começava a funcionar ativamente, instalada na Praça da Revolução, atual Praça da Concorde. Era a época do Terror em Paris. Na Assembléia Constituinte se decidia a sorte do rei. Os extremistas, comandados por Hubert, queriam sua morte e os indulgentes de Danton optavam pela manutenção do rei no poder, controlado pelos deputados da Assembléia.

Em 21 de janeiro de 1793, o rei Louis XVI foi guilhotinado e sua mulher, a rainha Maria Antonieta, encarcerada na Conciergerie, após a execução do rei. Mais tarde, em outubro desse mesmo ano, também foi para a guilhotina.

Este era o estado de frenética ebulição em que se encontrava Paris. Ninguém tinha mais segurança, ninguém podia dizer que voltaria à noite para casa, tampouco afirmar se estaria vivo ou preso no dia seguinte.

O marquês de Saint-Cyr, acompanhando o que acontecia em Paris, ou seja, estado de completa insegurança, também em seu palacete levava os seus ocupantes ao estado de grande intranqüilidade.

Primeiro, porque já estava bastante desconfiado das freqüentes saídas de sua mulher, segundo porque a marquesa o evitava à noite com freqüência, alegando os mais diversos motivos. Irritado com esse estado de coisas, Antoine, que era por natureza prepotente e autoritário, estava ainda pior, ao ponto de todos tremerem de medo em sua presença, inclusive os próprios cães, que eram inúmeros pelo palacete, que ao ouvirem os passos do marquês, começavam logo a ganir, murchando as orelhas e encolhendo os rabos.

A marquesa Marie-Louise, ignorando esse clima depressivo dentro do palacete, preparava-se para sair, dessa vez em visita à sua amiga Heliodora, que passava por momentos difíceis. Jean Phillipe havia lhe contado o que acontecera com seus filhos e de que modo conseguira fazer com que eles saíssem do país.

Marie-Louise nem bem acabara de colocar uma comprida capa de veludo nos ombros, quando a porta de seus aposentos foi aberta bruscamente.

— Onde vai, madame? — e o marquês, assomando à porta de seu quarto, em voz autoritária, fez a pergunta.

Marie-Louise, que depois de sua ligação com Jean Phillipe se tornava bem mais confiante, com voz segura, sem a menor vacilação, respondeu, virando-se e encarando seu marido:

— Vou visitar Heliodora. Como não ignora, senhor, seus três filhos e sua única filha, Angélique, foram para a Inglaterra.

O marquês, cenho carregado, elevou a voz, agora irritado.

— Alguma seus filhos fizeram, para fugir como criminosos.

— De fato — a marquesa não se alterou — eles cometeram o crime de nascerem fidalgos. Não esqueça, senhor, que nós também nascemos em berço de ouro.

— Cuidado com as palavras, senhora!

— Por que? Vai me denunciar para seus amigos revolucionários?

A marquesa enfrentava de igual para igual seu marido. O outro se surpreendeu com a atitude dela, outrora tão cordata e submissa. Por alguns momentos não soube o que dizer. A reação de Marie-Louise só aumentou sua raiva e impaciência.

— Já que está com o firme propósito de visitar a baronesa — conseguiu afinal dizer, controlando-se —, vá na minha carruagem e com meu cocheiro.

— Alguma razão especial?

— Sim, é menos perigoso.

— Como, perigoso?

— Meus amigos revolucionários — e frisou o "amigos

revolucionários" — vendo-a em minha carruagem, com meu brasão, na certa não a molestarão.

— Preferiria ir na minha carruagem, com meu cocheiro Jacques.

— Não preferiria coisa nenhuma — respondeu o marquês com maus modos —; se quer sair, será nas minhas condições — e dando meia-volta, saiu do quarto.

Marie-Louise suspirou de alívio, por ver terminado um diálogo que parecia interminável e difícil. Quanto mais evitasse sua presença, pensava a marquesa, melhor para seu bem-estar e tranqüilidade.

Precisava tomar uma decisão importante e ninguém melhor que sua amiga, em quem confiava plenamente, Heliodora, para aconselhá-la. Quanto mais o tempo passava, mais aflita Marie-Louise se tornava. Sua silhueta já estava comprometendo. Grávida de sete meses, não conseguia mais disfarçar a barriga, que crescia a cada dia. Não havia espartilho que desse jeito, tampouco os trajes bastante folgados que passara a usar, a ponto de quase denunciar seu estado. Marie-Louise necessitava de uma palavra amiga, dos sábios conselhos de Heliodora, porque ela própria não sabia mais o que fazer.

O padre Laurent de Maubert ergueu os olhos dos papéis que examinava e entregando-os a Gervaise, comentou:

— Perfeito, meu amigo; quem fez esses documentos é um artista.

— De grande importância foi o papel que Gérard conseguiu, subornando um delegado do povo. A impressão nele, bem como os sinetes com as assinaturas, foram trabalho de nosso amigo Honoré e da tipografia do jornal *O Povo*.

Os dois amigos, na sede da Ordem da Cruz de Ouro, examinavam vários salvo-condutos, necessários para se sair de Paris, com o sinete do Tribunal Revolucionário e assinatura falsificada dos três membros do Triúnviro, Danton, Robespierre e Marat.

— Está cada vez mais difícil o transporte para a Inglaterra — disse Gervaise.

— Mas de qualquer maneira, temos feito isso com alguma regularidade — disse Laurent, procurando incutir um pouco de ânimo em seu amigo. — E os três filhos da baronesa?

— Três não, quatro. A filha de Heliodora também conseguiu embarcar para Londres.

— E a baronesa, tendo ficado, não corre perigo?

— Por enquanto ainda não. Mais tarde, veremos!

— Soube que o barão Fabrice está agindo junto ao nosso contato na Inglaterra. A conselho meu, o barão já está tomando providências para em futuro próximo poder sair de Paris sem atropelos e sem o menor perigo.

— Estou bastante preocupado — disse o padre Laurent — com o número de fidalgos presos e guilhotinados. Depois da execução do rei, aumentou consideravelmente a quantidade de condenados à morte. E não é só isso, Gervaise, tanto nobres como burgueses, indiferentemente, todos perdem a cabeça no cadafalso.

— É verdade — disse Gervaise, uma ruga de preocupação a lhe sulcar a testa —, depois da fragorosa derrota dos Girondinos, o Triúnviro da Montanha tornou-se mais prepotente ainda. A nossa Ordem toda semana perde para a Revolução no mínimo dez fidalgos. Agora é tarefa das mais difíceis embarcar os poucos que consigo. A propósito, Laurent, o que diz o conde a respeito disso?

— Há tempos não recebo nenhuma comunicação do mestre. Estou começando a não saber mais o que faço.

— Há bastante tempo que já não sei — disse Gervaise, com tristeza na voz.

Houve um prolongado silêncio entre os dois amigos. Foi o padre Laurent quem quebrou o mutismo:

— E madame Bracher?

— Faz o que pode. Ajuda no que é possível. Seus salões estão sob suspeita. Ela se nega a sair da cidade e, ao mesmo tempo, apesar dos conselhos, continua abrigando alguns nobres em seu palacete.

— Soube que o próprio mestre em pessoa a aconselhou a sair de Paris.

— Estou a par desse assunto — disse Gervaise — tanto que acionei nossa amiga Élise de Montfort, que agora oculta os fidalgos que lhe envio em seu salão de artes.

— É bastante corajosa essa menina.

— Corajosa e determinada. Tem o auxílio prestimoso de Honoré e de Constance, sua amiga.

— Para o momento — perguntou o padre Laurent, levantando-se —, quais são as determinações?

— Acho que devemos aguardar até recebermos ordens mais precisas do mestre. Vamos continuar procedendo como temos feito até agora. Essa é a minha opinião.

— Concordo — disse o padre Laurent, abraçando seu amigo antes de retirar-se.

Gervaise, depois de verificar se suas determinações haviam sido cumpridas dentro da Ordem, rumou para a Rua dos Ursos. Precisava falar com urgência com seu filho Jean Phillipe.

Nem chegou a entrar em sua antiga residência. Gilbert, que se encontrava no jardim, recebeu seu ex-patrão.

— Senhor, seu filho saiu já há mais de uma hora.

— Sozinho?

— Sim, senhor Gervaise, me falou que iria à igreja de Saint-Eustache.

— Foi encontrar alguém?

— Não me disse, senhor. Apenas que iria à igreja.

— Curioso — disse mais para si mesmo Gervaise — Jean Phillipe indo à igreja? É bem estranho mesmo.

Fabre d'Églantine era alto e magro, rosto anguloso revestido de barba curta e grisalha, cabelos fartos e ondulados, que trazia descobertos, sem peruca, e amarrados na nuca por fita de veludo azul escuro. Olhos castanhos claros, encimados por sobrancelhas grossas. Vestia-se com esmero, sempre de escuro, contrastando com a pele clara e, embora elegante, jamais usava os trajes coloridos e algo extravagantes, muito em moda nessa época entre os fidalgos. Fabre d'Églantine, Duque de Montpellier, procurava se tornar o mais discreto possível, a fim de não chamar a atenção, principalmente depois que seu amigo Danton foi alçado ao posto de Ministro da Justiça e o colocou como seu secretário.

Entrou no gabinete do marquês de Saint-Cyr, que já o esperava, e com a maior familiaridade atirou-se no sofá mais próximo, sem mesmo observar a etiqueta, comum nesses tempos, dirigindo-se a Antoine na sua voz meio esganiçada e irritante.

— Estive com nosso amigo, o deputado Danton — iniciou o diálogo sem nenhum preâmbulo.

O outro sentou-se à sua frente e perguntou de modo displicente:

— Alguma coisa importante?

— Penso que sim. Eu diria que importante e alarmante.

— Alarmante? — perguntou o marquês ignorando a palavra "importante".

— Danton deseja que saibas que devem ser interrompidas, no momento, as negociatas com a Inglaterra.

— Por quê?

— Danton acha muito perigoso. Se descobrirem que ele está envolvido nesses negócios...

— Como perigoso? Quem iria saber?

— Ele me disse que está sendo vigiado. Que alguém o está seguindo.

— Quem poderia ser? — perguntou o marquês, preocupado.

— Seus contatos descobriram há poucos dias que se trata de um delegado do povo. Um desses delatores do Tribunal Revolucionário, um tal de Ambroise Binoche.

— Binoche... Binoche... Não conheço.

— É essa a situação e devemos, segundo ainda Danton, evitar até procurá-lo.

— Não precisaremos procurá-lo. Posso acionar meu servo de confiança, Triboullet, para fazer o contato.

— A propósito de teu servo de confiança; sobre esse assunto precisamos conversar.

— Sobre Triboullet? — perguntou espantado o marquês.

— Sobre Triboullet! — repetiu o Duque. — Esse teu homem de confiança está usando o teu nome, o meu e o do próprio Danton para fazer chantagens.

— Não é possível! Triboullet não!

— Triboullet, sim! Tenho o testemunho de minha irmã e da baronesa de Saint-Croix, que bem conheces.

O Duque Fabre d'Églantine, então, contou em detalhes para o marquês as tramóias de Triboullet, exigindo que Antoine tomasse providências enquanto ainda era tempo.

16

O barão de Saint-Croix

Jean Phillipe foi em direção a Triboullet, que no saguão do palacete da baronesa de Saint-Croix esperava impaciente por ela.

— Madame saiu — disse o astrólogo. — Vais ter que deixar recado com um dos serviçais, ou voltar noutro dia.

— O senhor não estava com a baronesa? — perguntou Triboullet, mirando Jean Phillipe de alto a baixo.

— Por acaso duvidas de minha palavra?

O outro, acostumado a obedecer, baixou os olhos, não encarando o astrólogo, encolhendo-se em sua insignificância.

Jean Phillipe havia combinado com sua amiga que saísse pela porta dos lacaios, que ficava nos fundos do palacete, e o mais rápido que pudesse, fugisse com seus filhos, num fiacre de aluguel que já a esperava.

— O senhor Ternadier, guarde bem esse nome, estará junto à carruagem da Posta esperando pela senhora, na rua atrás da igreja de Saint-Sulpice.[1] Em Calais, tenho um homem de nossa confiança esperando-os — disse Jean Phillipe, despedindo-se de Heliodora. — Vou agora distrair aquele impertinente lacaio do marquês — acrescentou — enquanto a senhora sai com teus filhos.

Jean Phillipe continuou encarando Triboullet. O servo do marquês não sustentou o olhar do astrólogo e, dando um passo para trás, virou-se para sair.

— Muito cuidado, ouviste bem? Não quero te ver de novo na casa da baronesa! — gritou, alterando o tom de voz.

1 Atualmente, essa é a Rua de Seine, no XVIème arrondissement — distrito de Paris.

O outro entreparou e, vermelho de ódio, conseguiu dizer:

— Cuidado tenha o senhor! Sou, além de homem de confiança do marquês de Saint-Cyr, muito bem relacionado com os deputados do povo.

— Lacaio do marquês, queres dizer! Ora, Triboullet! Se tivesse medo de ameaças, não sairia de casa!

O outro quis dizer qualquer coisa, mas o astrólogo, avançando um passo em sua direção, quase cara a cara, tão perto que podia sentir o hálito de vinho do servo do marquês, disse:

— Sai já! Não voltes nunca mais! Já conheço muito bem as chantagens que vens fazendo. Cuidado! O marquês, teu patrão, é que gostaria muito de saber quais são tuas ações.

O outro empertigou-se e ainda tentando ter um resto de dignidade, gaguejou:

— Senhor... senhor... — o resto da frase morreu-lhe nos lábios.

Jean Phillipe com as duas mãos o agarrou pela gola e com toda a força atirou-o contra a parede. Triboullet, desequilibrado, caiu de costas no chão, enquanto o astrólogo, por cima de seu corpo estirado, saiu calmamente do palacete da baronesa.

Fabrice, barão de Saint-Croix, evitou sair de seu palacete pela porta principal, preferindo a saída dos serviçais.

Já há algum tempo havia abandonado as casacas coloridas de seda e as perucas empoadas, preferindo as sobrecasacas escuras e as botas altas, em substituição aos sapatos de verniz com pequenos saltos e meias de fino tecido, a fim de chamar menos atenção. As ruas de Paris, nessa época, a todo momento eram alvo de distúrbios, residências eram invadidas e carruagens atacadas e depredadas, com seus ocupantes aristocratas sofrendo variadas agressões; principalmente das mulheres enlouquecidas, as famosas cidadãs revolucionárias, desgrenhadas e quase maltrapilhas, mas todas ostentando em um chapéu que não abandonavam, o laço tricolor.

Na esquina de sua rua, Fabrice avistou pequena aglomeração de maltrapilhos, todos armados de espadas, pedaços de pau ou vergalhões de ferro, aos gritos de "Liberdade!", e depois entoando a nova canção revolucionária feita pelo cidadão de Marselha, Rouget de Lisle, depois tornada hino da República.

O barão tomou um fiacre de aluguel que passava, mandando que o cocheiro desviasse, evitando a esquina conturbada e indicando a direção do Campo de Marte, onde se situava a sede da Ordem da Cruz de Ouro.

O porteiro abriu a portinhola ao lado da pesada porta e, sem dizer uma palavra, ficou olhando para o barão.

— Flor de Lys — disse Fabrice, dando a senha de reconhecimento dos adeptos da Ordem. — Tenho entrevista marcada com o senhor Gervaise d'Orsay.

O porteiro se limitou a abrir a porta. O barão atravessou um pátio interno que dava para outra porta, que abriu, percorrendo um corredor comprido, ladeado por várias portas fechadas, até encontrar uma aberta, de frente para esse corredor, que dava para um salão ocupado por inúmeras cadeiras. Atrás de uma mesa, em cima de um estrado, um homem em pé o esperava. Era o diretor da Ordem, o mago e alquimista Gervaise d'Orsay.

— Bom dia, barão. Já te esperava.

— Bom dia, senhor Gervaise — respondeu Fabrice, estendendo a mão, que o outro tomou entre as suas. — É um prazer rever-te e também uma honra privar de tua amizade. Sou infinitamente grato por tudo que fizeste por minha mulher, sobretudo meus filhos.

Gervaise inclinou a cabeça e convidou o barão a sentar-se.

— Entre homens de bem não são necessários agradecimentos. Meu filho Jean Phillipe é quem detém todo o mérito.

— A modéstia também faz parte dos homens de bem — disse Fabrice. — Enquanto viver, serei sempre devedor teu e de teu filho.

— Não fiz nada de mais. Cumpri apenas o meu dever de amizade. Se não pudermos contar com os amigos, com quem contaremos?

Fabrice não respondeu. Olhos úmidos de gratidão, levantou-se e abraçou Gervaise.

Naquela época de relações frívolas, principalmente entre os aristocratas, o barão fugia à regra, pois era um homem sincero, que prezava as amizades, além de ser reto de caráter.

Foi Gervaise que retomou o diálogo.

— Como vai a baronesa?

— Do jeito que é possível, sem os filhos.

— Estão sendo incomodados em sua residência? Correm algum perigo?

— Penso que não, porém já tomei algumas providências para poder sair da França.

— Fazes muito bem, barão. No momento é muito difícil poder ajudar-te, a Ordem está passando por sérias dificuldades.

— Financeiras, senhor? Eu posso, nesse terreno, ser...

Gervaise o interrompeu.

— Não se trata de dinheiro, barão. As dificuldades a que me refiro dizem respeito a investigações que a Ordem vem sofrendo.

— Investigações?

— Sim, barão! Estamos sendo vigiados.

— Sofreram algum tipo de violência?

— Posso dizer que ainda não tivemos que nos defrontar com tal problema, porém, meu amigo, estamos de mãos amarradas, sem poder efetuar as evasões para a Inglaterra daqueles que protegemos.

— Em suma, no presente momento todo o cuidado é pouco.

— Exatamente, barão! Como pode acontecer a qualquer instante uma devassa aqui na Ordem, não estamos ocultando ninguém em nossas dependências.

— E como está sendo feito o... o trabalho? — perguntou afinal o barão, dando o nome de trabalho à proteção e envio para Londres dos nobres perseguidos.

— Élise de Montfort e madame Bracher têm feito este trabalho — e Gervaise também frisou a palavra trabalho.

— Quem é Élise de Montfort? Jamais ouvi esse nome.

— É uma jovem de grande coragem. Quando perdeu sua família, que é de origem nobre, da Normandia, veio para Paris e aqui se instalou. Tem um salão de artes em Monparnasse. Nos tem sido de grande utilidade. Oportunamente irás conhecê-la.

— Não usa seu título de nobreza?

— Não, muito embora, por direito hereditário, pudesse usar, depois do nome, marquesa de Maine.

— No conhecimento da heráldica, esse título, de Maine, é um dos mais antigos e importantes da França — disse o barão, espantado com o desprendimento da moça.

— Coisa a que ela não dá o mínimo valor.

— Então — disse Fabrice depois de uns minutos absorto

em seus pensamentos — o melhor que tenho a fazer é esperar, não me expondo, até poder sair de Paris?

— Exatamente, barão! Quanto aos teus salvo-condutos, deixa por conta da Ordem da Cruz de Ouro. No momento certo, entrarei em contato.

— Eu novamente só posso agradecer — e o barão levantou-se, despedindo-se de seu amigo.

Fabrice atravessou a pé o Campo de Marte, evitando várias vezes os tumultos que encontrava em quase todas as esquinas, e as barricadas que obstruíam determinadas ruas, atingindo com alguma dificuldade a ponte para o outro lado do Sena, chegando onde hoje se situa a Rua Gaulèe. Nesta pequena rua, de aparência calma, o barão dirigiu-se ao número quatorze.

Era uma casa baixa, pintada de amarelo vivo, portas e janelas do mesmo tom, embora um pouco mais forte. O barão bateu à porta com a bengala, com intervalos a cada três toques, por duas vezes, parecendo sinais convencionais. Rumores no interior evidenciaram que havia alguém dentro de casa, e logo a porta se abriu e uma jovem apareceu à entrada, encarando o barão.

— Teus pais estão em casa, menina?

— Quem deseja... — foi interrompida por Fabrice.

— Não estás me reconhecendo? — e sem esperar resposta da outra — Sou o barão de Saint-Croix, amigo de teus pais.

— Oh, barão! Perdão! Mas com essas roupas e em cabelo, como poderia reconhecê-lo? Entre, senhor, vou chamar minha mãe.

Fabrice entrou na sala modesta, com poucos móveis, e sentou-se em uma das duas cadeiras que havia, ao lado de uma mesa de madeira tosca.

Angeline Binoche era alta, cheia de corpo, sem entretanto ser gorda. Rosto redondo, avermelhado, olhos claros e cabelos grisalhos e penteados para trás, fazendo coque. Vestia-se como todas as cidadãs revolucionárias: saia rodada, ampla, até os tornozelos, e blusa de algodão, branca, com um decote quadrado, deixando à mostra metade dos seios fartos e volumosos.

Sentou-se na outra cadeira e, fincando os cotovelos na mesa, saudou o barão alegremente:

— Bom dia, barão! Que bons ventos o trazem até aqui?

— Vim te ver — respondeu de modo galanteador. — Ver também o meu amigo Ambroise. Como vai ele?

— Ótimo, barão! Agora ele é o senhor Ambroise Binoche, delegado do Comitê de Salvação Pública. Meu homem a cada dia está mais importante.

— Fico feliz com isso — disse Fabrice e, tirando do bolso da sobrecasaca cinco luíses de ouro, colocou-os em cima da mesa. — Sei que não precisam mais de minha contribuição semanal, mas compromisso é compromisso.

Angeline, rápida, recolheu os luíses, e dando uma risada, mais rápida ainda, fez as moedas desaparecerem em um dos bolsos da saia.

— Se Ambroise não precisa, eu preciso e muito! O vinho está cada vez mais caro, senhor barão.

O compromisso a que Fabrice se referia já vinha de longa data, quando Ambroise, na saída de Paris, auxiliado por três companheiros, impedira que a baronesa fosse assaltada, ou talvez até morta, na sua carruagem.

— Que novidades tens para me contar, Angeline? — perguntou Fabrice, retomando o diálogo.

— Muitas, barão, muitas!

— Sei que és uma das pessoas mais bem informadas de toda Paris.

Angeline não era insensível aos elogios, e foi sorridente que começou a demonstrar que era realmente muito bem informada.

— Não é para matar o tempo que me misturo na Praça da Revolução com as cidadãs do povo. Assim, fico sabendo de muitas coisas, que além de serem de grande valia para meu homem, ainda sempre me rendem alguns níqueis para o fumo.

— É um bom método — disse Fabrice, concordando.

— Ambroise, que agora é um delegado do Comitê, precisa estar bem informado. O senhor não acha?

— Mas, decerto.

— Para o senhor ver como as coisas mudam. Antigamente, meu homem só conhecia a ralé das ruas; hoje investiga os poderosos aristocratas, donos das grandes fortunas.

— Investiga?

— Conhece o marquês de Saint-Cyr? — perguntou Angeline, em vez de responder.

— Conheço.

— Meu homem está na cola dele. Embora o tal marquês

seja escorregadio como uma enguia, Ambroise já colheu muitas informações.

— Boas informações? — perguntou Fabrice, fingindo-se de desentendido.

— Péssimas, barão. Ele está metido com outro fidalgo, o Duque d'Églantine, e um sujeitinho insignificante, de nome Triboullet. São negócios sujos. Desvio de dinheiro público. Meu homem me disse que o próprio deputado Danton está envolvido.

— Meu Deus! — exclamou o barão, simulando a maior surpresa e indignação.

— Ambroise me disse que logo, logo, vai entregar todos ao carrasco.

— Seu marido sempre foi um patriota.

— No episódio de seus filhos, barão, meu homem nada pôde fazer.

— Eu sei perfeitamente.

— Quando Ambroise chegou ao Comitê, seus filhos já tinham sido acusados, e com ordem de prisão, mas fiquei feliz ao saber que o senhor conseguiu que todos fugissem, e estão agora em plena segurança.

— É verdade.

— Tenho um recado de Ambroise para o senhor. Meu homem manda avisar que não correm o menor perigo em sua residência, mas se possui alguém que queira proteger, faça-os saber que, para a semana que vem, haverá uma invasão das cidadãs do povo em vários palacetes aristocráticos.

— Onde precisamente?

— Nas imediações de La Madeleine — disse Angeline. — Mas, como afirmei, o senhor e a baronesa não correm o menor perigo.

— Podemos ficar descansados, minha amiga?

— Podem.

— Dá minhas saudações ao amigo Ambroise. Outra vez, Angeline, muito obrigado pelo aviso e as informações. Semana que vem volto para saldar meu compromisso — disse Fabrice, levantando-se.

Da Rua Gaulèe, o barão seguiu direto para a Rua dos Ursos. Queria avisar Jean Phillipe do perigo que Marie-Louise corria em sua residência.

17

Père Nicot

André Louis levou seguramente três meses para chegar a Paris, que era sua meta, e que logo se transformou em idéia fixa. Quando chegou a Angers, primeira cidade do longo percurso, destino final da carruagem que tomara perto de Nantes, nosso fugitivo alimentava no fundo do coração dois desejos imperativos. Primeiro, chegar o mais depressa possível a Paris e, segundo, vingar-se de seus tios e de todos os aristocratas que, segundo ele, eram os responsáveis diretos pelos seus infortúnios.[1]

Em Angers, o clima era tenso e pairava no ar um sentimento de insatisfação coletiva. Nas ruas, no interior das casas, e até mesmo nas igrejas, respirava-se revolução. Parecia que a qualquer momento explodiria um levante popular de consequências imprevisíveis. Pelas esquinas, jovens revolucionários faziam discursos inflamados, concitando o povo a pegar em armas contra os inimigos comuns, os fidalgos e as tropas estrangeiras que procuravam invadir a França, inconformadas com a execução do rei e de importantes aristocratas.

Foi nesse ambiente conturbado que Andrè Louis desembarcou da carrugem, que foi logo cercada por pequena multidão, querendo notícias de Nantes.

---

1 Andrè Louis não recordava que, numa remota vida passada, havia pertencido às elites, como Sumo Sacerdote, e abusado do poder para manipular e destruir várias vidas, como se conta em *A Terra das Araras Vermelhas*, de Roger Feraudy, **EDITORA DO CONHECIMENTO**. Nessa vida na França, cumpria-se a Lei do Carma, não punitiva, mas despertadora da consciência. Se Andrè Louis houvesse recebido sua experiência dolorosa sem ódio ou vingança no coração, sua consciência se libertaria do remorso e cresceria mais rapidamente.

O rapaz vagueou sem destino, saboreando os discursos revolucionários, que alimentavam ainda mais seu ódio crescente. Se pudesse, nosso infeliz jovem mataria com as próprias mãos todos os fidalgos de França. Cresciam a cada momento sua impotência e sentimento de frustração, por não poder fazer nada de prático, de positivo, contra aqueles que o haviam infelicitado.

Cansado dos discursos inflamados e com a cabeça mais inflamada ainda pelo ódio acumulado, e sem aparente solução, Andrè Louis se dirigiu a uma tasca próxima para comer alguma coisa que pudesse pagar com o pouco dinheiro que levava.

Ali mesmo arrumou uma enxerga para dormir e um trabalho em troca de alguns níqueis. Os tempos estavam difíceis, e ele considerou uma sorte imensa ter conseguido um canto para descansar os ossos.

Não ficou muito tempo em Angers. Logo que conseguiu juntar alguns luíses, tomou a primeira carruagem com destino a Les Mans e, logo em seguida, rumou para a próxima cidade: Chartres, o estopim de pólvora da Revolução.

Andrè Louis, estupefato com o que acontecia ao seu redor, tão logo saltou da carruagem no centro da praça, viu levas de mulheres desgrenhadas vociferando frases feitas. Discursos veementes de estudantes aos gritos, sempre repetidos na mesma tecla: "Abaixo os aristocratas", oportunistas pregando a violência, e ainda outros direcionando a massa popular para o saque e a invasão das residências que ainda resistiam à fúria da multidão.

Ficou aturdido quando leu no jornal "Père Duchesne" o editorial de Jacques Hébert, violento libelo contra a rainha Maria Antonieta, tachada de inimiga do povo. Ali mesmo naquela praça Andrè Louis ouviu extasiado o discurso do já então deputado Maurice Bagnole, que havia voltado para sua base eleitoral e convocava voluntários para segui-lo até Paris. Sua bancada necessitava de homens livres e inteligentes para fazer frente à Gironda, e talvez derrotá-la, como queria o novo líder que se destacava no Triúnviro, Robespierre.

Andrè Louis bebeu todas as palavras do orador, que naquele momento superou-se a si mesmo. Adotou como se fossem suas as máximas contundentes contra o clero e o nobres, tais como: "Precisamos livrar a França desses fidalgos que exploram e oprimem o povo"; ou ainda: "É impossível conviver mais com os privilégios odiosos"; e caindo como uma luva em sua mente, repleta de ódio, o final do inflamado discurso do deputado Maurice: "Fidalgo bom é fidalgo morto".

Quando o deputado desceu da improvisada tribuna foi cercado por inúmeros cidadãos que procuravam falar-lhe, ou até mesmo tocá-lo, de vez que Maurice era um ídolo naquela região. Andrè Louis também procurou chegar até o deputado; depois de alguns esbarrões, xingamentos, cotoveladas e inúmeros palavrões, se viu frente a frente com Maurice.

— Cidadão deputado — conseguiu a custo dizer — minha admiração não tem limites. Gostaria, se pudesse, servi-lo de alguma maneira, indo com o senhor para Paris — completou timidamente.

Maurice Bagnole olhou bem dentro dos olhos de Andrè Louis e fez uma rápida avaliação. Desde as botas enlameadas às calças rústicas e à camisa de algodão cru, aberta no peito, não chegou a um bom conceito sobre suas qualidades.

— És advogado, meu jovem? — perguntou afinal.

— Não, meu senhor, mas quero ajudar de algum modo a causa da Revolução.

— Se não és advogado, não posso ajudar-te — e virou-se para atender outras pessoas que o cercavam.

— Vim de longe, de Nantes — quase gritou Andrè Louis para ser ouvido ante o vozerio ao seu redor. — Odeio tudo que é fidalgo! — gritou com quantas forças tinha.

Maurice não pareceu ouvi-lo. Continuou falando com aqueles que o cercavam. Um homem ao lado de Andrè Louis o segurou pelo braço.

— Se queres fazer alguma coisa de útil pela Revolução, vai para Paris. Lá é teu lugar, meu rapaz.

— É para onde estou indo — respondeu quase sem olhar para o outro. — Se pudesse acabava com minhas próprias mãos com tudo que é podre e aristocrata na França — esbravejou.

O desconhecido que lhe dirigira a palavra era um homem de meia idade, bem apessoado, vestido com alguma elegância e sobriedade, o que demonstrava tratar-se de pessoa de algumas posses. Olhou admirado, ante as coléricas palavras de Andrè Louis e, em voz pausada, quase paternal, disse:

— Se é essa tua vontade, procura em Paris, na Rua Souflot, o comerciante de vinhos.

— O que disseste? — Andrè Louis virou-se para o autor daquelas palavras, mas este já havia desaparecido no meio da multidão.

O rapaz ainda vagou sem rumo pela cidade, aqui e ali parando para ouvir algum discurso, fazendo hora para pegar a carruagem da posta que à noite sairia para Paris. Contou os poucos luíses que ainda haviam sobrado e, verificando que dava para tomar uma sopa quente e um copo de vinho, dirigiu-se, assobiando uma canção revolucionária, mãos nos bolsos para aquecê-las do frio, para a estação da Posta, que ficava no outro lado da cidade.

A viagem para Paris correu sem incidentes, e despertava o dia junto com o bulício daqueles que acordavam cedo, quando Andrè Louis desceu de sua condução em plena Praça de Luxemburgo.

A atual Rua Souflot naquela época era apenas uma ruela. Para lá se dirigiu, seguindo o estranho conselho do desconhecido de Chartres. Não foi difícil localizar, quase na esquina da rua, o estabelecimento de vinhos.

— O senhor é o dono do lugar? — perguntou Andrè Louis, entrando na loja e dirigindo-se ao homem que se encontrava atrás do balcão.

— Sou Trevoire, o proprietário — respondeu com orgulho, mirando o outro de alto a baixo.

— Estou vindo de Chartres.

— E daí? Estamos em Paris e o que temos a ver com Chartres ou qualquer outro lugar?

— Um homem me mandou procurá-lo.

— Que homem?

— Não sei; um homem que não conhecia, mas que me pareceu honesto, de bons propósitos, e parece que o conhece.

— E para que te mandou me procurar?

— Não sei, senhor, talvez porque quisesse me ajudar.

— Se não dizes a razão real que tens para me procurar, também não posso te ajudar.

— O senhor é patriota? É a favor da causa revolucionária? — perguntou Andrè Louis, mudando completamente de assunto.

— Sou a favor da República, sim senhor! — respondeu

sem pestanejar.

— Então, talvez possa explicar a razão que tenho para procurá-lo.

— Que razão?

— Falava em Chartres que, se pudesse, mataria com as próprias mãos todos os fidalgos da França.

— Ah! — fez o outro — nesse caso, vieste ao lugar certo, meu jovem. Ou melhor, vieste procurar quem pode te indicar o lugar certo para poderes cumprir aquilo que disseste em Chartres.

— Não entendo, senhor.

— Já vais entender — disse Trevoire. — Procura, no final desta rua, uma casa isolada, caiada de branco, com janelas e portas verdes. Lá mora o senhor Nicolau Blanchard, mais conhecido como Père Nicot — e o comerciante de vinhos, querendo se divertir, deu o endereço do carrasco de Paris.

— Père Nicot? Nicolau Blanchard? — repetiu Andrè Louis.

— Exatamente. Père Nicot é o carrasco de Paris — e esperou que o jovem à sua frente fosse se surpreender ou se amedrontar. Puro engano: Andrè Louis esfregou as mãos de satisfação e, dando um largo sorriso, exclamou:

— É justo de quem eu preciso! Muito obrigado, senhor Trevoire — e, dessa vez, foi o vinhateiro quem se surpreendeu, e muito espantado, dando um sorriso forçado, cumprimentou o jovem, que dando-lhe as costas saiu alegremente, em passos rápidos, do seu estabelecimento.

A patrulha revolucionária faz a ronda para a tranqüilidade do Terceiro Estado.

18

A igreja de Saint-Eustache

A igreja de Saint-Eustache situa-se no coração de Paris, onde hoje fica a esquina da Rua de Turbigo com Rua Montmartre, quase ao lado do demolido Mercado Les Halles — hoje Forum Les Halles — onde atualmente, quase ao final da tarde, é servida suculenta sopa que mitiga a fome dos deserdados da sorte. Naqueles tempos turbulentos a igreja era um oásis de paz no meio da tempestade de areias movediças, as encarniçadas mulheres revolucionárias e o populacho enlouquecido por vingança.

Saint-Eustache permanecia incólume, imitando talvez a serenidade do seu pároco, Père Lucien, como era chamado, que já por mais de trinta anos encontrava-se nessa igreja.

Père Lucien era de estatura meã, rosto de bochechas rosadas, cabelos brancos e ralos, olhar bondoso e olhos muito azuis, gestos calmos, passos miúdos, afugentando qualquer pressa. Voz pausada, tendo sempre uma palavra de conforto a quem com ele privava, ou dele se aproximava. Porém, no conjunto desse homem, para a grande maioria quase um santo, havia uma certa tristeza que não passava despercebida para os mais íntimos.

No passado, quando Père Lucien era moço e há pouco tempo fora indicado pelo bispo para a Paróquia de Saint-Eustache, o então padre Lucien Auguste vivera uma tragédia que se refletiu até os dias em que contamos esta história.

O padre Lucien Auguste, como era de costume, passeava pelos jardins da igreja, lendo seu livro de orações e aproveitando a paz da tarde-noite que o envolvia, quando bem ao seu lado ouviu gemidos entrecortados por soluços baixos. Oculto por uma touceira, o padre encontrou uma mulher caída de bruços, vestes rasgadas e ensangüentadas. Aflito, o prelado ajoelhou-se na grama e procurou colocar a cabeça da mulher, que apresentava enorme corte em uma das faces, em seu colo.

Era jovem, bonita, morena clara, cabelos muito negros empapados de suor misturado com terra, rosto redondo e olhos castanho-escuros, nesse momento arregalados, ou de espanto ou de medo. A moça aconchegou-se mais no colo do padre, e deixou escapar um gemido de dor.

— Calma, minha filha, já vamos cuidar para que fiques bem. Não tenhas medo — disse Père Lucien, afastando uns fios de cabelo que cobriam seu rosto.

A moça estremeceu e, cerrando os olhos, abraçou com as duas mãos as costas do padre.

Lucien, que nessa época era jovem e vigoroso, ergueu com facilidade o corpo da moça, levando-a para a casa paroquial, que ficava nos fundos da igreja. Lá colocou-a em sua própria cama, chamando em seguida Gorete, espécie de criada que servia ao padre e executava outras obrigações na igreja.

Quando, horas depois, Lucien entrou no seu quarto, encontrou a moça recostada na cama, roupas trocadas e limpas, e com um grande curativo no rosto. Deu um amplo sorriso à entrada do padre e este pôde ver que tinha dentes muito brancos e fortes, num rosto muito simpático.

— Boa noite, padre. Obrigada por tudo.

Père Lucien sentou-se ao pé da cama e olhou demoradamente para a moça.

— Como te chamas, filha?

— Gauloise, padre.

— Gauloise não é nome. Perguntei pelo teu verdadeiro nome — disse Lucien sorrindo.

— Ema... Ema Cardinot. Mas ninguém me conhece por esse nome.

— Mas é um bonito nome. Não queres agora me contar tua história?

— Vai me mandar embora? — respondeu com outra pergunta Gauloise.

— Acho difícil que possas ficar aqui.

— Por que, padre?

— Não temos mulheres na igreja, a não ser a Gorete, que mora num quartinho muito pequeno nos fundos do jardim da igreja.

— Não podia ficar com ela?

— Não sei, teria que consultá-la.

— Mas não é o senhor quem manda em tudo aqui?

— Não, minha filha, sirvo provisoriamente a Santa Igreja; tudo que tenho aqui não é meu, é emprestado por Deus.

Gauloise abriu muito os olhos, espantada. Não entendia bem o que o padre falava. Mesmo assim insistiu:

— Pelo amor de Deus, padre, me deixe ficar — implorou.

— Por que queres ficar aqui? Tens medo de alguma coisa?

— Muito medo, padre.

— Se não me contares tudo, como posso te ajudar?

Gauloise se encolheu na cama, como se o simples fato de contar sua história pudesse reviver novamente todo o drama. Père Lucien afagou-lhe a cabeça e com voz bondosa disse:

— Pobre menina! Deves ter sofrido muito nesta vida! — e persignou-se.

— Trabalhava, ou melhor, trabalho — começou a contar com alguma dificuldade Gauloise — desde pequena no Café-Teatro "Le Chat Noir", em Montmartre. O dono, monsieur Kaleb, de origem árabe, me recolheu, tirando-me das ruas onde morava com outras crianças, depois que fiquei órfã. No princípio, fazia as obrigações da casa, depois passei a servir as mesas, com mais idade, e por fim comecei a dançar nas encenações e servir com meu corpo aos freqüentadores do café-teatro — Gauloise fez uma pequena pausa, enquanto Lucien, dando um sorriso triste de compreensão, encorajou-a a continuar.

— Entre os homens todos que conheci, fui viver com um soldado, Armand. Era um bruto sem compaixão. A princípio me tratava bem e com algum carinho, porém, conforme o tempo passava, trouxe à tona toda a fúria animal que havia dentro dele. Me espancava regularmente e me obrigava a andar com outros homens em troca de dinheiro, que era obrigada a lhe dar, sob pena de surras ainda piores que aquelas, que sem motivo algum me aplicava. Um dia, precisamente ontem, me revoltei com aquele estado de coisas e me neguei a ir ao café-teatro trabalhar e me prostituir. O celerado quase me matou de pancadas. Minha sorte é que estava muito embriagado e, depois da surra emborcou no catre, dormindo como um porco. Me arrastei pelas ruas, conseguindo chegar até aqui, quando já sem forças, caí quase desmaiada nos jardins da igreja — terminou Gauloise sua triste história.

Fez-se um silêncio no quarto do padre. Lucien parecia refletir, passando as contas de seu terço de uma mão para outra.

— Agora tens medo de que ele te encontre e te bata, ou quem sabe até te mate, não é, minha filha?

— Sim, padre; pelo amor de Deus, me deixe ficar! Sei fazer comida, costuro bastante bem, faço limpeza... posso ser muito útil. Posso ficar no quartinho de Gorete. Não ocupo tanto espaço assim — e Gauloise torcia as mãos de desespero.

Père Lucien tomou uma decisão, depois de algum tempo de reflexão.

— Vou falar com Gorete. Se ela quiser dividir contigo o seu quarto, podes ficar.

Por um longo mês, Gauloise viveu na igreja de Saint-Eustache e a cada dia que passava mais se afeiçoava ao padre Lucien. A afeição virou em pouco tempo amor, e logo a moça, num arrebatamento próprio daqueles que muito amam, declarou-se ao aturdido Père Lucien. O prelado sentiu um abalo em suas convicções religiosas; ele também se afeiçoara à moça e começava a sentir que havia alguma coisa além de uma simples proteção caritativa.

Foram momentos dolorosos os que precederam a atitude que teve, a muito custo, que tomar: mandou Gauloise desocupar o quartinho de Gorete e sair de Saint-Eustache. Gauloise procurou por todos os meios dissuadir Père Lucien do propósito de mandá-la embora, mas o prelado, depois de sua decisão, trancara-se em seus aposentos e afundado em orações procurava tirar da mente a imagem da moça por quem tanto se afeiçoara.

Um verdadeiro inferno tornara-se a vida do religioso. O sofrimento intenso maltratava seu coração e a presença de Gauloise estava em todas as coisas. Nas suas orações, ela surgia a todo momento, e nem preces ou mortificações da carne, através de flagelações, conseguiram minorar seus sofrimentos.

Gauloise, desesperada, saiu sem direção e sem rumo para as ruas de Paris. Entregou-se à bebida, e procurou no absinto o esquecimento para seu amor. Dormindo sob as arcadas das pontes, entregou-se ao primeiro bêbado que se aproximou, sem ao menos sentir seu contato e seu hálito azedo de vinho. Suja e sempre embriagada, perambulando pelas ruas, a se alimentar de restos de comida, Gauloise misturou-se com a pior escória da cidade. Queria ao mesmo tempo se punir e esquecer.

Naquele fim de manhã muito fria, Gauloise despertou em um canto sombrio, com a vaga idéia de que havia sido possuída por vários mendigos embriagados. Levantou-se de cima dos papelões e jornais velhos que lhe serviam de cama, e cambaleando arrastou-se para fora do buraco, entre os pilares de uma ponte sobre o Sena. Seus passos vacilantes a conduziram para a igreja de Saint-Eustache. Ficou algum tempo parada à sua frente; queria mais uma vez, talvez a última, olhar para aquele lugar onde por pouco tempo havia sido tão feliz. Deixou-se ficar ali, parada, rosto colado nas grades do jardim e, quando a tarde acinzentada começava com suas sombras a cobrir a cidade, Gauloise, passos trôpegos, se dirigiu ao acaso para as margens do Sena.

Uma semana após a saída de Gauloise, Père Lucien ainda lutava com sua consciência, batalha difícil entre a fé e sua negação. O prelado recebeu na sacristia sua serviçal, que lhe desejava falar.

— O que foi, Gorete? O que te aflige tanto? — perguntou Lucien, vendo o estado de grande agitação da moça.

— Gauloise, padre.

— O que tem Gauloise? — e uma estranha sombra intrometeu-se na mente de Lucien.

— Foi encontrado seu corpo no Sena.

— Foi morta? — o padre quase pulou da cadeira. Depois ficou lívido, cobrindo o rosto com as mãos.

— Soube que se matou. Um ferreiro que passava por ali viu tudo que aconteceu e contou para a polícia quando acharam o corpo. Hoje, quando comprava no mercado as provisões da semana, o tal ferreiro estava lá e relatava em detalhes tudo que aconteceu.

Uma lágrima solitária rolou pelo rosto de Père Lucien. Remorso? Tristeza? Quem sabe? Até os dias presentes, bem poucos podem avaliar o drama que se passou no interior da alma do bondoso prelado, que um dia, além da Santa Madre Igreja, amou também alguém na vida mundana.

Foi o agora Père Lucien, protetor dos pobres e oprimidos, exemplo de compreensão e bondade,[1] quem Gervaise encontrou rezando no altar-mor do templo e que com um sorriso radioso o cumprimentou e conduziu até a sacristia, para junto do seu filho e suas amigas.

— Pai! — exclamou Jean Phillipe tão logo Gervaise entrou na sacristia, acompanhado por Père Lucien.

— Estava preocupado com todos; nesses tempos difíceis nossos entes queridos inspiram sempre cuidados. Mas qual o motivo da reunião? — perguntou Gervaise — antes mesmo de cumprimentar a baronesa Heliodora e a marquesa de Saint-Cyr.

Foi Père Lucien quem respondeu:

— A marquesa Marie-Louise encontra-se em sérias dificuldades.

1 Na presente existência, Père Lucien pôde refazer os caminhos dessa vida na França; continua em seu ministério, agora como espiritualista e sensitivo, com o "confessionário" e a mão de auxílio estendidos aos sofredores e excluídos.

19

As espertezas de Triboullet

Antoine Émile, marquês de Saint-Cyr, qual fera enjaulada, caminhava de um lado para o outro em seu gabinete de trabalho, enquanto esperava impaciente seu servo Triboullet, que mandara chamar à sua presença.

Tão logo o outro entrou, o marquês levantou-se, encarando vermelho de ódio o subalterno.

— Como ousaste usar meu nome e o dos meus amigos?

— Como ousei?

— Sim, infeliz! Como tiveste coragem de fazer tuas chantagenzinhas?

— Chantagens, marquês? — e Triboullet adotou uma postura irônica, sem se amedrontar ante a fúria de seu patrão.

— Chantagens! Tu bem sabes o que fizeste!

— Mas eu não fiz nada! — e deu um sorriso mais irônico ainda.

O marquês quase saiu do sério e ameaçou com o dedo em riste Triboullet:

— Bandido! Celerado! Cínico! Como te atreves a me afrontar? Como te atreves ainda a te fingires de inocente?

— Mas marquês...

O outro o interrompeu e completamente descontrolado, berrou enfurecido:

— Cão infiel! Depois de tudo que fiz por ti, me apunhalas pelas costas?

— Ouça, marquês...

Novamente o outro o interrompeu:

— Não quero ouvir mais nada! Os traidores não merecem a menor consideração! Fora! Nem mais um minuto em minha presença. Se ouvir falar de ti ou se souber de algum outro ato teu, indigno como este, mando te açoitar ou faço algo ainda pior — e o marquês, arfando de ódio, despediu com uma das mãos seu auxiliar.

Longe de se amedrontar, Triboullet permaneceu parado, impassível, à frente do marquês. Quando falou, depois de alguns segundos de silêncio, surpreendeu o marquês, acostumado a ser obedecido de maneira incondicional.

— Não me retiro, nem aceito suas admoestações!

— O quê? Como te atreves?

— Me atrevo e digo mais: o senhor não pode se desfazer de mim ao seu bel-prazer.

— O quê? — o marquês estava petrificado de espanto. — Por que não posso? Posso tudo que quiser! — gritou espumando de raiva.

— Simplesmente porque sei demais — disse Triboullet triunfante.

Foi a vez do marquês se espantar ante o atrevimento do serviçal e, agora, já mais cauteloso com as palavras, perguntou:

— O que sabes?

— Tudo, senhor!

— Tudo é muito vago.

— Sei de sua ligação com Danton, seus negócios excusos com o Duque d'Églantine e ainda seus contatos com o Comitê de Salvação Pública.

— Provas, Triboullet! Provas!

— Tenho várias testemunhas de sua ligação com Danton e documentos assinados pelo Duque d'Églantine.

— Que documentos?

— Documentos que só a mim dizem respeito.

— Minha ligação com Danton prova que sou um bom revolucionário — disse o marquês, triunfante.

— Não quando dizem respeito a negociatas no estrangeiro. Para ser preciso, em Londres, na Inglaterra.

Saint-Cyr ficou lívido e gaguejando, de medo ou de ódio, conseguiu dizer:

— Isso tudo... isso tudo... são acusações sem consistência alguma.

— Experimente, marquês, tente me fazer algum mal.

— Provas concretas, Triboullet! Tens por acaso?

— Tenho, como já disse, documentos firmados pelo Duque e também dos inúmeros fidalgos que lhe pagam proteção, já que, seus amigos que detêm poder na nova república são seus cúmplices em negócios que só aumentam sua fortuna.

O outro ficou mudo. Triboullet, desafiador, esperou pela tempestade de insultos e palavras ameaçadoras. Não houve nem uma coisa nem outra. O marquês, muito vermelho, o lábio inferior tremendo num tique nervoso, mãos crispadas, ora torcendo-as ora esfregando uma na outra, ficou encarando seu serviçal, uma ruga a lhe sulcar a testa.

— O que... o que pretendes fazer com essas informações? — conseguiu a custo perguntar.

— Nada, marquês! Absolutamente nada!

— Não entendo.

— É simples, senhor. Com esses pequenos, digamos, estratagemas, só quis assegurar meu futuro. Nada contra o marquês, apenas usei seu nome, nome importante, pois abre várias portas. Com isso, pude, com esses estratagemas, conseguir que fosse ouvido e recebido pelas pessoas importantes com quem eu faço negócios. Cada um faz o negócio que pode, longe de mim querer fazer os negócios que o senhor faz. Longe de mim!

O marquês rapidamente tomou uma posição no caso. Saber recuar é uma arte e isto Saint-Cyr tinha de sobra. O melhor era não tomar nenhuma medida contra Triboullet e, melhor ainda, era tê-lo como aliado. E com essa nova atitude que tomou, em instantes, o marquês se dirigiu ao seu serviçal.

— Cínico! — disse rindo, conciliador. — Tal mestre, tal discípulo! Vejo que nestes longos anos de convivência, aprendeste muita coisa comigo. Parabéns, Triboullet! Folgo em ter um auxiliar tão esperto e, sobretudo, competente. Parabéns! — o marquês agora estava rindo ruidosamente.

— Quer dizer, marquês, que continuo em meu posto, executando todo e qualquer trabalho para o senhor?

— Mas claro, Triboullet! Claro! Tu és um auxiliar eficiente e competente. Como posso prescindir de teu trabalho?

Triboullet sorriu satisfeito, por ver terminado de modo satisfatório um diálogo que julgava seria muito difícil. E sem a menor cerimônia, sentou-se na poltrona em frente do seu senhor.

— Fico muito feliz com o final de nossa, como diria, senhor, de nossa incompreensão.

— Faz um favor para mim, Triboullet. Vai aos aposentos da marquesa e pede a ela para vir até aqui com alguma urgência — disse o marquês, ignorando as palavras servis de Triboullet.

O outro saiu. Saint-Cyr ficou de pé, no meio da sala, meditando. A raiva ante sua impotência começou pouco a pouco a se insinuar dentro dele, até se transformar em ódio profundo, recalcado dentro do peito.

"Preciso fazer rápido alguma coisa. Triboullet, tu te julgas muito esperto, mas não tens a menor idéia de com quem estás te metendo. Preciso eliminar de meu caminho, quanto antes, esse reles traidor. Vou já acionar meus mercenários assassinos. Vais desaparecer sem deixar o menor vestígio" — e o marquês de Saint-Cyr, mais calmo e determinado no que ia fazer, considerou Triboullet já não fazendo mais parte do mundo dos vivos.

Foi interropido na torrente dos seus pensamentos sombrios pela presença do futuro morto.

— Senhor, a marquesa não se encontra no palacete.

— Saiu?

— Sim, marquês. Sua criada de quarto me informou que foi à igreja de Saint-Eustache.

— A marquesa não sai da igreja — disse para si mesmo Saint-Cyr. — Foi com quem?

— Saiu em sua carruagem, dirigida por seu cocheiro Jacques.

— Saint-Eustache, hein? Vou ver isso de perto — e o marquês, jogando uma comprida capa nos ombros, saiu apressado de seu gabinete.

Gérard saltou do fiacre de aluguel em frente ao salão de artes de sua amiga Élise.

— Minha boa amiga — disse, estendendo as duas mãos para a moça, tão logo ela o recebeu no grande salão principal, àquela hora vazio. — Vim o mais depressa que pude, o assunto é grave, é urgente.

— Meu Deus! Qual o motivo de tanta apreensão?

— Tens algum fidalgo escondido em teus salões? — perguntou Gérard, indo direto ao ponto.

— Só o conde de Montagnes. Estava esperando instruções para remetê-lo para Calais, depois de pronto seu salvo-conduto.

— É preciso se desfazer dele. Gervaise me avisou de que está sob suspeita teu salão. Tu estás sendo vigiada.

— O que faço agora? — perguntou a moça.

— Gervaise pede que de momento não abrigues mais ninguém, pelo menos enquanto durar essa suspeita.

— O que faço com aqueles que me procurarem?

— Em princípio, manda-os para a Ordem da Cruz de Ouro, com a palavra de senha, "Flor de Lys".

— E quanto ao conde?

— Ele tem a mesma altura de Constance, não tem?

— Não entendo... — começou Élise, no que foi interrompida por Gérard:

— Constance tem a mesma altura do conde, ou melhor, quase a mesma altura.

— Tem. Porém...

Foi novamente interrompida e Gérard começou a explicar seu plano.

— Pede a Constance que arranje dois vestidos iguais, ou quase iguais. Depois, faze com que ela entre aqui de modo bem espalhafatoso, de modo que seja bem notada por aqueles que da rua vigiam a entrada de teus salões. Depois, o conde de Montagnes deve sair vestindo uma roupa igual à de Constance, pegar o primeiro fiacre que passar, ou então já ter, o que é bem melhor, um carro contratado, e rumar bem rápido para a Ordem. Isto deve ser feito o mais breve possível; e vamos rezar para que tudo dê certo — finalizou Gérard a explicação de seu plano.

O conde de Montagnes saiu vestido com as roupas de Constance e tomou o fiacre, que já o esperava à porta, sem problema algum. Quando a noite caiu sobre a cidade, Élise colocou todas as suas jóias e a maioria de suas roupas em uma maleta, vestiu umas calças largas e uma jaqueta, tipo japona militar, e cobriu os longos cabelos, que prendeu à nuca em um coque, com um boné. Assim vestida, como um rapazinho qualquer, a moça combinou com Constance os detalhes de sua saída do salão-residência.

— Vou ter que fechar o salão por algum tempo — disse, encarando sua secretária e amiga.

— Felizmente no momento não temos nenhum evento acontecendo.

— Dá algum tempo, depois que eu sair, para fechares tudo e também te ausentares. Antes, dispensa os criados todos, aqui tem o dinheiro para os pagamentos — disse Élise, estendendo uma bolsa para Constance.

— Hipolyte deve estar em casa. Ele irá alojar-te convenientemente.

— Ele já está avisado?

— Sim, lá estarás em completa segurança.

Nesse exato momento, ouviu-se o barulho de vozes e passos pesados na entrada do salão.

— A casa está sendo invadida! — disse Constance, levando as duas mãos ao peito. — Depressa, Élise, pelos fundos! — ainda conseguiu dizer, enquanto a outra ganhava a porta dos fundos.

20

La Conciergerie

Destaca-se imponente das margens do Sena, La Conciergerie, com suas três torres frontais, a do Relógio, a de César e a d'Argent, tendo ao fundo a da Sainte-Chapelle. Localizada na Île-de-la-Cité, a Conciergerie é assim chamada porque ali se situavam os porteiros (concierges) do antigo palácio real. Foi transformada em prisão no ano de 1392 e na época da Revolução abrigava inúmeros prisioneiros condenados à guilhotina.

Haviam sido determinados o dia e a hora da execução de Marie-Therèse Louise, princesa de Lamballe, íntima amiga da rainha Maria Antonieta.

A princesa rezava no quarto que lhe haviam destinado, quarto quase nu, com poucos móveis e nenhum conforto, segundo ela própria se queixava aos ouvidos surdos dos carcereiros.[1]

O capelão do presídio já havia feito quase maquinalmente seu dever de ofício e dado a absolvição dos pecados da princesa e, logo em seguida, se retirou. Foi quando uma sombra delineou a figura de um homem no canto do aposento. O conde de Saint-Germain, fisionomia séria, aproximou-se da princesa e tomando-a pelas mãos a fez levantar-se.

— Princesa — disse em voz baixa —, venho trazer o conforto e a paz para sua alma.

1 N.A: Muito embora a história afirme que a princesa de Lamballe tenha sido encarcerada na prisão de *La Force*, podemos afirmar, segundo nossa leitura do passado, que Marie-Therèse se encontrava na Conciergerie, quando o conde a visitou e foi guilhotinada posteriormente.

— Não preciso de paz, muito menos conforto. Preciso de vida! — disse a princesa, parecendo não se espantar com a súbita presença do conde.

É forçoso comentarmos que por várias vezes o conde havia aparecido de modo súbito à frente da princesa.

— Madame — respondeu Saint-Germain —, não se revolte contra o destino, embora por vezes seja incompreensível para os homens.

— Meu destino foi bastante cruel.

— Se tivessem me ouvido, e falo da senhora e da rainha, não teriam chegado a essa situação e, seu destino cruel, como diz, seria outro, completamente diferente.

— Será que agora faz sentido esta admoestação?

— Não é uma admoestação, mas uma constatação.

— Constatação que poderá me salvar?

— Sim, madame, vim justamente para salvá-la.

Um brilho de alegria passou pelos olhos da princesa e seus lábios crispados se abriram em um sorriso.

— Meu Deus! — exclamou em grande agitação.

O conde não se perturbou e continuou calmo, sereno como sempre. Deixou que a outra se acalmasse para, então, no mesmo tom de voz, dizer:

— Existem muitas maneiras de salvar.

— Só conheço uma, conde: tirar-me daqui.

— Não vim salvá-la nesta vida, mas para a vida eterna.

— Não entendo onde quer chegar — a princesa estava intrigada e, encarando o conde nos olhos, procurou entender o que ele queria dizer.

Houve um silêncio prolongado no quarto; foi o conde quem retomou o diálogo:

— Seu destino já foi determinado por seus próprios atos. O presente é conseqüência do passado, porém o futuro construímos com o agora.

— Continuo sem entender o que o senhor fala sobre me salvar.

— Madame, vim salvá-la do seu passado, para que encontre sem temor seu futuro.

— Morrendo, conde, não terei nenhum futuro.

— Ninguém morre, madame.

— Mas eu vou morrer daqui a poucos instantes.

— Morre apenas Marie-Therèse; o espírito imortal, esse não morre jamais, pois ninguém pode matá-lo. Esse espírito é que vim salvar, para que no futuro possa executar o que não fez no presente, embora tivesse tido todas as condições e oportunidades. Esse espírito não pertence a um corpo, a um título, pertence à eternidade, onde realmente seu ego imortal existe. A senhora não é um corpo que tem um espírito, mas um espírito que tem um corpo.

O conde calou-se e a princesa, cabeça baixa, parecia refletir nas palavras de Saint-Germain. Depois de algum tempo, ajoelhando-se, pediu com voz humilde:

— Sua bênção, conde.

Saint-Germain pousou o dedo indicador da mão direita na testa de princesa. Um facho de luz violeta incidiu sobre seu chacra frontal e depois envolveu seu corpo inteiro. Lágrimas lhe rolaram pela face e o conde, voz suave, a abençoou.

— Seja feita a vontade do Pai, jamais a minha. Que na vontade d'Ele seja feita a Sua obra futura.

— Conde, só peço agora força e coragem.

— Assim será, filha — disse o conde, agora de forma paternal. — Estás salva em espírito e verdade.

Uma luz enceguecedora iluminou o quarto inteiro. Quando a princesa pôde enxergar, o conde não estava mais em sua cela.

Saint-Germain percorreu o longo corredor sem ser visto pelos guardas e carcereiros, que naquela hora também transitavam por ali. Atravessou várias salas até atingir os aposentos do governador da prisão. Sem cerimônia, entrou em sua sala e sem pressa, descuidadamente, sentou-se num dos divãs em frente à mesa do senhor Cartouche.

— Bom dia, governador.

O outro levantou-se de um salto, parecendo muito espantado com a presença de seu visitante.

— Conde! — disse atropeladamente. — A que devo tão honrosa visita?

— Vê-lo, Cartouche. Ou devo chamá-lo de marquês de...

— Psiu!... — fez o outro, interrompendo-o. — Aqui as paredes têm ouvidos!

— Ótimo! — disse o conde, levantando-se e ficando com o rosto bem próximo de Cartouche. — O prisioneiro da cela 25,

Gervaise d'Orsay. Preciso dele.

— Não posso, senhor! É totalmente impossível!

— Nada é impossível para o senhor marquês.

— Aqui não há nenhum marquês, somente Cartouche, para servi-lo.

— Ainda bem! O que me diz do prisioneiro da cela 25?

— Está em ótimas condições.

— Isso é muito bom, assim poderá sair daqui andando, o que evitará alguns transtornos.

— Não posso, conde, o prisioneiro em questão foi-me entregue com acusações seríssimas do marquês de Saint-Cyr. Se eu o soltar, o que iria dizer a ele e ao próprio Tribunal Revolucionário?

— Problema seu.

— Totalmente impossível, conde. Ele já foi condenado à guilhotina.

— Marquês!

— Seja razoável, pega-me outra coisa qualquer, estarei pronto para servi-lo.

— Vou falar pela última vez, senhor Cartouche: preciso do prisioneiro do número 25. Ou prefere que esse deputado que agora manda em todo mundo, Robespierre, saiba quem realmente é? Pense bem, marquês — e o conde, de propósito, chamou o governador pelo seu título de nobreza.

— Mas senhor...

— Tem o resto do dia para resolver esse assunto. No final da tarde, quero o prisioneiro do 25 à frente da igreja de Notre Dame. Compreendeu, Cartouche? — e o conde, dando as costas ao governador da Conciergerie, saiu de sua sala.

Nicolau Blanchard sentou-se à frente de sua visita inesperada, que com voracidade de lobo comia o que lhe tinha servido. Andrè Louis não se alimentava há dois dias e agora aproveitava essa dádiva dos céus que lhe ofereciam. Père Nicot observava calado o jovem e lhe serviu mais um copo de vinho, esperando que o outro matasse a fome para poderem conversar. Não demorou muito e Andrè Louis, farto, afastou a cadeira para trás, cruzando as duas mãos na barriga.

— Então, estás vindo de Nantes? — começou Père Nicot — É um bocado longe.

— É verdade, senhor; mas quero agradecer pelo prato de comida e o vinho.

— Bobagem.

— De qualquer maneira, sou muito grato ao senhor.

— O que fazias em Nantes? — perguntou Père Nicot, ignorando o agradecimento.

— Trabalhava nas propriedades do meu tio.

— E por que saíste de lá?

— Me apaixonei por sua filha, minha prima.

— Mas isso não tem nada de mais.

— Ela morreu. Meus tios não queriam nossa aproximação.

— Morreu por tua causa?

— Não; meu tio a internou num convento.

— Por que?

— Ela estava grávida.

— Filho teu?

— Sim, senhor, um filho meu — repetiu com tristeza na voz, que não passou despercebida por Père Nicot.

— Aí te desentendeste com teus tios, não foi assim?

— Foi. Meu tio me ameaçou.

— E tu?

— Achei melhor fugir de lá, antes que as coisas tomassem proporções maiores.

— E por que, me diz, vieste me procurar?

André Louis ia falar sobre seu ódio por todos os aristocratas e de como queria a qualquer custo vingar-se deles todos, mas preferiu calar-se, o que foi muito bom para ele, como veremos mais adiante.

— Dize, por que vieste me procurar? — insistiu Père Nicot, ante o silêncio de André Louis.

— Porque... porque me falaram do senhor, em Chartres, e como não conhecia ninguém em Paris, achei que seria para mim a melhor solução — mentiu o rapaz.

— Quem falou a meu respeito em Chartres?

— Um cavalheiro que não conhecia.

— Sabes qual é a minha profissão?

— Sei, senhor Nicolau.

— Chama-me de Père Nicot. Prefiro a esse meu nome.

— Sei perfeitamente, Père Nicot.

— Dizes que não tens ninguém em Paris. É verdade?

— Ninguém, senhor.

— E o que pretendes?

— Aprender sua profissão — respondeu de pronto.

Père Nicot ficou calado, observando Andrè Louis à sua frente. Era jovem e forte, poderia ajudá-lo bastante nos penosos afazeres de seu trabalho. "Eu precisava realmente de alguém ainda moço e com bastante vitalidade", pensou. "Já estou ficando velho e às vezes sinto-me bem cansado com a lida diária". Todas essas coisas passaram pela cabeça do velho Père Nicot. "O que teria a perder? Um braço forte para auxiliar-me seria muito bom, pois já sinto grande necessidade de descansar". Decidiu-se afinal:

— Muito bem, aceito teu oferecimento. Hoje mesmo começarás a aprender meu ofício. É muito bom começar com uma execução importante. Traz sorte para o futuro, meu jovem. Agora, aí vai a primeira lição: cada um que mandamos para o outro lado, devemos fazê-lo com uma oração nos lábios, sem ódio ou rancor na alma, como se fosse uma cerimônia de libertação daquele pobre corpo. E olha: tens sorte, meu rapaz! Hoje à tarde teremos uma execução exclusiva. Uma pessoa de grande importância, a princesa Lamballe. Terás oportunidade de me auxiliar e ver como funciona nosso trabalho.

— Fico feliz, Père Nicot, era o que mais desejava — disse Andrè Louis, com um brilho nos olhos, que tanto podia ser de alegria como o de sua vingança, que agora via se concretizar.

Cartouche, aos berros, chamou o carcereiro responsável pelo corredor onde se localizava o prisioneiro da cela número 25.

— Quero que soltes imediatamente um prisioneiro.

— Quem, senhor? — respondeu o carcereiro, perfilando-se com todo respeito.

— Um prisioneiro da cela 25.

— Os presos dessa cela já foram contados, senhor. Temos

doze homens neste local.

— Diabos! Não pensei nesse problema.

— Se o senhor me permitir...

— Fala, homem.

— Tenho um prisioneiro que ainda não foi classificado, me parece perfeito para a troca.

— Troca?

— Sim, senhor governador. O homem não diz coisa com coisa, parece apalermado. Quem sabe é estúpido, nem sequer soube dizer seu nome.

— E o que tem isso?

— Podemos soltar o prisioneiro do 25, que deseja e colocar esse homem em seu lugar.

— Ótimo! Faz isso o quanto antes.

— A propósito, senhor governador, qual o nome do prisioneiro que devo soltar?

— Gervaise d'Orsay — respondeu Cartouche, aliviado por ter resolvido melhor do que esperava um problema que já estava se tornando insuportável.

Dia 10 de agosto de 1793 o povo invadiu a Place de la Révolution e destruiu os emblemas da monarquia que a adornavam.

21

Père Lucien

É melhor contarmos tudo para teu pai — disse a baronesa de Saint-Croix, dirigindo-se ao astrólogo e afagando o rosto de Marie-Louise, que tensa, reclinava-se no ombro de Jean Phillipe.

O que aconteceu? A senhora, baronesa, também aqui? Estive com seu marido, o barão, e fiz-lhe ver o perigo que correm ficando em Paris. Aconteceu alguma coisa? — tornou a perguntar Gervaise, correndo os olhos por todos, de modo inquisidor.

— Não estou preocupada comigo nem com Fabrice; no momento a preocupação é com Marie-Louise.

Gervaise olhou para a marquesa sem entender. Foi Marie-Louise quem esclareceu o mistério:

— Senhor Gervaise, estou grávida — disse sem preparação alguma.

— Grávida?

— Estou grávida do seu filho, estou no sexto para o sétimo mês.

— Meu Deus! — conseguiu dizer Gervaise, enquanto Jean Phillipe permaneceu mudo, olhando apaixonadamente para a marquesa.

— Precisamos fazer alguma coisa — disse a baronesa. — Lá em seu palacete, junto daquele marido insuportável, ela não pode e nem deve ficar.

— Temos que ver para onde ela poderia ir — disse Gervaise, pensativo.

— Isso deve ser o mais rápido possível — acrescentou a baronesa.

— Quero ficar com Jean Phillipe — disse chorosa Marie-Louise.

— Calma, meu amor, por certo encontraremos uma solução — e o rapaz beijou com carinho as mãos da marquesa.

— Na Ordem da Cruz de Ouro é muito arriscado ela ficar. Eu mesmo, junto com o padre Maubert, estamos procurando um novo local para instalar nossa sociedade. Na rua dos Ursos, não sei se será o lugar ideal para abrigá-la; resta aqui a igreja. Que acha, Père Lucien? — perguntou Gervaise, dirigindo-se ao prelado, que até aquele momento havia permanecido em silêncio.

— Infelizmente, aqui só dispomos do pequeno quarto de Gorete, que não ofereceria condições de nenhum conforto para uma senhora da estirpe da marquesa, ainda por cima grávida. Acho que não posso oferecer hospitalidade à altura de sua condição, creio mesmo que só numa emergência tais acomodações serviriam — disse o prelado.

— Na atual situação — ponderou Gervaise — se Père Lucien concordar, poderemos alojar a marquesa provisoriamente aqui em Saint-Eustache.

— O que achas, meu amor? — perguntou Jean Phillipe.

Marie-Louise ia responder, quando ouviram ruído de passos na nave central e palavras desencontradas, chegando audível até eles a voz de Gorete:

— Já vou chamar Père Lucien, senhor marquês.

O pároco de Saint-Eustache, embora aparentasse muita calma e adotasse uma postura de gestos comedidos, naquele momento agiu com presteza e mais rápido ainda raciocinou:

— Depressa — disse —, saiam pelos fundos da igreja. Lá encontrarão uma porta disfarçada no muro coberto de hera, que dá para a Rua do Louvre. Rápido! Não há tempo a perder!

— Eu fico — disse Gervaise —; vou tentar atrasar o marquês.

— Não, pai, é muito perigoso.

— Venha conosco, Gervaise — disse a baronesa.

— Ide, não percais tempo! Não há perigo algum. Eu sei o que faço — disse Gervaise, quase empurrando seus amigos.

Os três dirigiram-se para os fundos da igreja, enquanto Père Lucien e Gervaise foram ao encontro do indesejável visitante.

O marquês, parado na porta da nave, ainda falava com Gorete, quando Gervaise e Père Lucien pararam quase à sua frente.

— Minha mulher! Onde está? — perguntou a Père Lucien, sem mesmo o cumprimentar.

— Bom dia, senhor marquês! — respondeu com toda a civilidade o padre.

— A marquesa se encontra ou não na igreja? — continuou o marquês, com maus modos, evidenciando toda sua irritação.

— Como pode ver, senhor marquês, só eu e padre Lucien encontramo-nos aqui — disse Gervaise sorrindo.

O outro enrubesceu e quase gritando, gesticulando com as mãos, exclamou:

— Ainda não me dirigi aos subalternos!

— Perdão, marquês, mas essa é a casa de Deus. Creio que merece algum respeito — e Gervaise levou a mão à copa da espada.

Este gesto não passou despercebido ao marquês, que gaguejando de ódio, dirigiu-se a Père Lucien:

— Padre, gostaria que me informasse o paradeiro de minha mulher.

— Ela aqui esteve se confessando, mas já saiu há algum tempo.

— Saiu como? Seu coche está lá fora, junto com seu cocheiro.

— Isto não sei dizer — disse Père Lucien, com toda a calma.

— Devia tomar conta melhor de sua mulher — disse Gervaise com sarcasmo.

O marquês chegou às raias da cólera e vermelho de ódio, gaguejando, conseguiu responder:

— O cocheiro já mandei prender. Tenho métodos infalíveis para fazê-lo falar. Agora é o senhor. Esteja preso, bastardo!

— Não vejo aqui homem algum que possa prender-me — e juntou a palavra ao gesto de desembainhar a espada.

— Senhores, calma! Isto aqui é um templo, é a casa de Deus!

— A mim! — gritou o marquês e, ato contínuo, três guardas armados entraram na igreja.

Gervaise entreparou. Tornou a embainhar a espada e virando-se para Père Lucien, disse:

— Perdão, padre! Não vou macular a santa igreja com um confronto armado — e saiu, antes que os guardas o impedissem, para o pátio em frente da porta principal do templo.

Do lado de fora, Gervaise de novo desembainhou a espada e enfrentou os três guardas.

As lâminas se chocaram e, exímio esgrimista, Gervaise com uma estocada funda, deixou o primeiro guarda fora de combate, caído morto no lajeado de pedras. Os outros dois avançaram, espadas em riste, e Gervaise, girando sobre os calcanhares, abaixou-se, procurando em um golpe longo atingir com a ponta da espada o peito do guarda, que evitando-o com a própria lâmina, contra-atacou, procurando golpear a cabeça de Gervaise, que se abaixara. Não conseguiu seu intento, mas o outro, aproveitando a fração de segundo após o golpe frustrado de Gervaise, com uma estocada rápida procurou desarmá-lo. Não atingiu seu intento, mas o outro guarda, livre da atenção do astrólogo, estendeu o braço, revidando e, juntos, um de cada lado, facilmente desarmaram seu oponente.

— Considere-se preso — disse o marquês, agora aproximando-se dos contendores.

— Com que direito? — perguntou Gervaise.

— Da força e da razão, sem falar na autoridade. Está preso como assassino, como bruxo e adivinho. Como conspirador contra a nova República Francesa.

Gervaise, cruzando os braços sobre o peito, encarou o marquês à sua frente.

— Fidalgo de duas caras, sem caráter e sem nobreza! E se diz aristocrata! — e deu uma gargalhada, olhando o outro de alto a baixo, com o maior desprezo.

Assim que Gervaise saiu preso da igreja de Saint-Eustache, Père Lucien se dirigiu com toda pressa para a Ordem da Cruz de Ouro, à procura do padre Laurent de Maubert.

— Père Lucien, é um prazer tua visita! Há quanto tempo não nos vemos!

— É verdade, padre Laurent; mas hoje infelizmente o motivo não é prazeroso.

— Não é prazeroso? — perguntou Laurent, olhando de modo inquisidor para Lucien.

— É sobre Gervaise. Foi preso hoje em minha igreja.

— Preso? Sob que acusação?

— Acusaram-no de assassino.

— Assassino? — tornou a repetir espantado.

— Houve um duelo de espadas, Gervaise matou um de seus oponentes. Eram três guardas, a mando do marquês de Saint-Cyr. E tem mais: o marquês o acusou de bruxo e de conspirar contra a República.

— O caso então é sério?

— Seríssimo. O marquês tem grande influência junto ao Comitê de Salvação Pública e o próprio Tribunal Revolucionário.

— Vou tomar providências — disse Laurent, agora visivelmente preocupado.

— Não querendo preocupar-te ainda mais, tenho que te contar o que aconteceu antes da prisão de Gervaise.

— Outra prisão, Lucien?

— Não é uma prisão, mas é também bastante preocupante.

— Fala, Lucien, é sempre bom saber das desgraças todas de uma só vez.

— A mulher do marquês, Marie-Louise de Saint-Cyr, esteve com o filho de Gervaise e a baronesa de Saint-Croix na minha igreja. Lá tivemos uma conferência com Gervaise. A marquesa está grávida de Jean Phillipe. O marquês apareceu, mas todos conseguiram fugir, exceto Gervaise, que resolveu enfrentar Saint-Cyr e foi preso. Agora estou preocupado com Marie-Louise e o filho de Gervaise.

— Eles devem estar escondidos na Rua dos Ursos.

— Mas lá é muito perigoso!

— Sem dúvida, Lucien; mas não te preocupes, depois de resolver sobre a prisão de Gervaise, vou levar a marquesa para Neully.

— Neully? Para a casa de Pascoal?

— Esse mesmo. Tu o conheces bem: o que foi jardineiro

por muito tempo em Saint-Eustache, casado com Eugénie, que se não me engano foi tua criada antes de Gorete.

— Agora estou mais tranqüilo quanto à sorte de Marie-Louise; como sabes, sou seu confessor e tenho por ela grande afeição, e também por Gervaise — disse Père Lucien, despedindo-se.

Primeiro Père Nicot levou Andrè Louis aonde funcionava o Comitê de Salvação Pública, inscrevendo o rapaz como Auxiliar de Carrasco, e depois fez seu credenciamento no Tribunal Revolucionário. Após estas formalidades, Père Nicot dirigiu-se à Conciergerie para executar suas funções, ladeado por Andrè Louis que tudo observava detidamente. Ia acompanhar a tonsura dos cabelos de uma prisioneira que seria executada naquela tarde, a princesa Lamballe.

Père Nicot queria que seu pupilo, em fase de aprendizado, começasse logo a aprender o ofício. Nada melhor do que principiar com todos os detalhes e peculiaridades de uma execução de pessoa tão ilustre.

No corredor da Conciergerie, quando se dirigiam para a sala reservada ao carrasco de Paris, onde antes de cada execução era servida uma bebida forte, hábito e tradição datados de vários anos, Andrè Louis quase esbarrou num homem que era conduzido para a porta de saída do palácio-prisão.

A cena foi rápida, mas deu para Andrè Louis ver nitidamente as feições do homem.

— Eu conheço este cidadão — disse mais para si mesmo.

— O que? — perguntou Père Nicot.

— Este homem que eu quase derrubei com um esbarrão.

— Quem é? Algum conterrâneo?

— Não sei... Ah! Agora me lembro: seu nome é Gervaise. Gervaise d'Orsay!

22

Neully

Élise, seguindo o prudente conselho de Constance, saiu pelos fundos do salão, mas chegando aos jardins verificou que pela parte de trás estava cercado por vários guardas. Entreparou, raciocinando; rápida escalou o muro na parte lateral, que não era alto, escorregando pelo lado de fora, e esgueirou-se pela rua escura. Evitando os grupos que aqui e ali se reuniam, ou para discutir ou para promover desordens em nome da revolução, Élise chegou sem maiores problemas à casa de Constance.

Gabrielle, criada de Constance, recebeu-a na porta, que entreabriu com receio. Olhou espantada para Élise e, não a reconhecendo, pelas estranhas roupas de homem, perguntou colocando o pé entre a porta e o batente:

— Que deseja?

— Não estás me conhecendo? Sou Élise, Gabrielle!

A outra, ainda espantada, retirou o pé, abrindo a porta.

— Desculpe-me, senhora, não a reconheci. Depois, nestes tempos turbulentos, temos que ter cuidado — e desculpou-se novamente, convidando Élise a entrar.

— Teu patrão está em casa? — perguntou, tirando o boné e deixando que as cascatas de cabelos dourados lhe caíssem pelos ombros.

— Uma desgraça, senhora. O deputado cidadão Hipolyte foi preso logo depois do almoço.

— Preso?!

— Foi, senhora. Vieram quatro homens; acho que eram da

polícia, para prender meu patrão.

— E ele não alegou sua condição de deputado da Assembléia?

— Não, senhora, meu patrão, muito calado e sem reagir, coisa que estranhei, não disse nem fez absolutamente nada.

Élise não fez mais perguntas e, para cortar de vez o assunto, pois que a empregada era de fato faladeira, disse, dirigindo-se aos aposentos do interior da casa:

— Vou esperar Constance no quarto dos fundos — e pensando na razão que Hypolite teria tido para acompanhar os guardas do Tribunal Revolucionário, deixou-se cair num amplo sofá e esperou pacientemente a dona da casa.

Jean Phillipe pegou o primeiro fiacre que passava pela Rua do Louvre, acomodando Heliodora e Marie-Louise nas almofadas e mandou tocar a toda pressa para o palacete da baronesa.

Com Heliodora em segurança, Jean Phillipe mandou que o cocheiro os levasse à Rua dos Ursos. A baronesa insistiu para que Marie-Louise ficasse em seu palacete, mas o rapaz ponderou que lá seria o primeiro lugar onde o marquês iria procurá-la.

Em sua residência, Gilbert já o esperava, e tão logo os dois entraram, trouxe sem uma palavra o padre Laurent de Maubert, que também o esperava em uma sala contígua.

— Sentai-vos, meus jovens, precisamos conversar — disse o prelado.

Jean Phillipe fez Marie-Louise sentar-se numa poltrona, antes de acomodar-se. Laurent tomou a palavra.

— Estou vindo da Ordem da Cruz de Ouro, onde Père Lucien foi me procurar...

Foi interrompido por Jean Phillipe:

— Meu pai? Tem alguma notícia dele? Deixei-o na igreja de Saint-Eustache, enfrentando o marquês de Saint Cyr.

— Não te preocupes. Teu pai está bem. Já tomei todas as providências para livrá-lo do marquês — disse Laurent, evitando falar sobre a prisão de Gervaise.

— Está bem mesmo? Não aconteceu nada com ele?

— Não, meu rapaz! Teu pai está bem.

— Que bom! — disse Marie-Louise, dando um suspiro fundo.

— Agora precisamos tratar da senhora, marquesa. Esta casa não oferece segurança, logo logo o marquês ou seus homens estarão aqui.

— Para onde irei? Oh, Meu Deus! Não quero voltar para o meu marido — e a marquesa começou a chorar.

— Calma, minha filha. Já pensei em tudo e acho que encontrei a solução ideal para o problema.

— Não quero, ouviste, Jean, voltar para minha casa!

— Não vais voltar, meu amor — disse o rapaz, afagando seus cabelos. — Vamos ouvir o que o padre Laurent tem para nos dizer.

— Prestai atenção! — começou Laurent depois da interrupção. — Aqui é impraticável a marquesa ficar. O salão de madame Bracher está sob suspeita, bem como o salão de Élise de Montfort. Sem falar na própria Ordem, que também está sendo vigiada. Sobra apenas a casa de Pascoal, antigo jardineiro de Père Lucien, em Neully — finalizou Laurent de Maubert.

A marquesa, ante tantas evidências, e mais calma, concordou.

— Prometes, Jean, que vais me ver sempre que possível?

— Prometo, meu amor.

— Mas tens que tomar cuidado, Jean Phillipe — disse Laurent. — Nos dias que correm, ninguém está isento de ser seguido ou vigiado.

— Tomarei o máximo cuidado — respondeu o astrólogo, beijando com delicadeza as mãos de sua amada.

Pascoal e Eugénie, sua mulher, receberam a marquesa de Saint-Cyr com as honras devidas a uma grande dama, e procuraram oferecer-lhe todo o conforto que estava ao seu alcance. Muito embora a casa de Neully fosse modesta, em comparação com seu palacete, era confortável, ampla, e compensava ainda Marie-Louise com o carinho que Eugénie passou a lhe dedicar.

A ausência de Jean Phillipe era penosa para a marquesa,

junto com a incógnita que lhe reservava o futuro.

O jovem astrólogo já havia visitado Neully por várias vezes, sem a menor dificuldade, tomando todas as precauções possíveis, mas estava escrito que as coisas iriam se precipitar e a vida dos dois enamorados, até aquele momento — dentro do que era possível — calma e tranqüila, seria interrompida por nuvens negras de uma tempestade que se avizinhava.

O marquês de Saint-Cyr havia posto todos os seus homens disponíveis à caça de sua mulher, que absolutamente não amava, mas julgava sua propriedade. Tudo aquilo que o marquês possuía — seus cães de caça, seus cavalos de raça, seus inúmeros imóveis, seu título, tudo era dele, de nada disso abria mão, inclusive sua mulher, que estava entre os seus pertences.

Enfurecido com o desaparecimento daquilo de que julgava ser dono, Saint Cyr chegou às raias da loucura e, com dinheiro, poder e obstinação, nessa ordem, acionou todos os seus serviçais e, com ajuda dos deputados que chantageava, os colocou à procura de Marie-Louise.

Quase dois meses haviam se passado e o marquês não encontrara nenhuma pista. Parecia que ela havia desaparecido no ar.

Foi numa tarde de inverno que tudo aconteceu. Triboullet, seguindo uma pista levantada por um dos homens de seu patrão, esquadrinhava os arredores de Neully, quando avistou o padre Laurent de Maubert, que se dirigia apressado para uma casa, onde hoje é a Rua des Châteaux, nas proximidades da Ponte de Neully-sur-Seine.

Ou porque fosse o destino — esse aracnídeo de mil pernas e milhões de atalhos — ou porque Triboullet estivesse mais descuidado, o fato é que o prelado notou que estava sendo seguido; e mais, reconheceu Triboullet.

Foi o bastante para que mudasse seus passos de direção e derivando para a esquerda, entrou subitamente na rua que é hoje a Avenida Achylle Peretti, quase esbarrando em Triboullet.

Hipolyte Durand entrou no prédio do Tribunal Revolucionário ladeado por dois guardas e foi levado até o Delegado do

Povo de plantão.

— Cidadão deputado Durand! — saudou o oficial. — Que prazer vê-lo!

— Estou preso, cidadão delegado — disse Hipolyte, com toda a calma.

— Preso? Como preso?

Hipolyte olhou para os dois guardas, que ainda se conservavam ao seu lado, espantados com o desfecho do caso, a se entreolharem, olhos arregalados.

— Imbecis! Idiotas! Não vedes que prendestes um deputado da República? Idiotas! — tornou a repetir o epíteto injurioso o Delegado do Povo.

— Mas senhor...

— Calados! — e dirigindo-se a Hipolyte: — Por que não se identificou, amigo, e deixou que o prendessem assim desse jeito?

— Aprendi duas coisas nesta vida — respondeu o deputado com toda a calma. — Primeiro, de nada adianta argumentar com os ignorantes e, segundo, contra a força é inútil se opor resistência. Ainda existe uma terceira razão: como vinha mesmo para cá, aproveitei a condução que me ofereciam de graça.

O Delegado do Povo começou a rir.

— Quer dar queixa contra esses dois idiotas? — perguntou.

— Não, que este incidente lhes sirva de lição — respondeu Hipolyte.

Nesse exato momento, um homem atravessou o corredor que ficava em frente à porta aberta da sala do Tribunal Revolucionário, nas dependências da Conciergerie. Hipolyte havia se despedido do Delegado do Povo e quase foi abalroado pelo homem que passava apressado.

— Senhor Gervaise! O que faz aqui, meu amigo? — perguntou surpreso Hipolyte.

23

Uma cerimônia secreta

Depois que Gervaise saiu da Conciergerie, teve uma longa entrevista com Laurent de Maubert, que lhe contou os últimos acontecimentos envolvendo a marquesa de Saint-Cyr, não esquecendo da atuação do conde de Saint-Germain junto ao Governador da Conciergerie, concluindo que deviam urgentemente retirar Marie-Louise da casa de Pascoal.

Foi Gervaise quem sugeriu que no momento o melhor lugar seria a casa de Hipolyte e Constance, pois acreditava que com eles ela estaria segura.

Enquanto o padre Laurent tomava as providências, junto com Jean Phillipe, para a mudança de residência da marquesa, Gervaise dirigiu-se ao prédio onde se localizava a Ordem da Cruz de Ouro para dirigir a cerimônia quinzenal, que realizava com os Irmãos Maiores da sociedade secreta.

Na sala reservada para essa prática, usualmente fechada aos olhos profanos, Gervaise vestiu uma túnica branca, tendo à altura do coração uma cruz dourada. Os outros membros já se reuniam em torno de uma mesa de mármore, sentados em cadeiras de espaldar alto. Sobre a mesa, sete candelabros com sete velas acesas em cada um, de cores diferentes, dispostos em forma de triângulo, tendo no vértice uma vela de cera de maior tamanho.

Gervaise ocupou a cabeceira, onde desenhadas em tinta vermelha se viam em um círculo as doze casas do zodíaco, cada uma com um dos sete planetas sagrados. Gervaise elevou a voz e fez uma prece em Devanagari;[1] depois, acendeu o círio maior e todos

1 Devanagari, a chamada Língua dos Deuses, que deu origem ao páli e ao watan,

cantaram um mantra, implorando que o Divino Zoroastro os beneficiasse com sua glória e vibrações positivas.

Gervaise derramou sobre o círculo zodiacal um pó prateado e brilhante e todos dirigiram as palmas das mãos para o círculo. Imediatamente o pó se incendiou e a chama, a princípio pequena, mas depois atingindo alguma altura, se localizou em cima do quadrante do signo de câncer. Rapidamente, Gervaise consultou uma tabela ao seu lado e, por ela, calculou a idade da lua. Seu presságio não foi bom, e como estavam na lua nova, em seu 22° dia, leu em seu vaticínio: "doenças e desgraças". O arcano do Tarô Adivinhatório Egípcio foi o 22 — Arcano Maior — O Crocodilo — que significa: "cegueira moral, loucura, inconsciência, sucessos seguidos de quedas, perigo de catástrofe final". Esse era o vaticínio para a França.

Cantaram então outro mantra para propiciar valores positivos para toda a Ordem, e para tentar minorar o sofrimento do povo e da pátria em perigo.

Em seguida, Gervaise invocou o Gênio Guardião, para ver que caminho tomar no momento presente, em que tudo desmoronava na França e caminhavam para um verdadeiro caos.

Os gênios guardiões são em número de 72 e emanam da Divindade. Gervaise traçou sobre a mesa, com um bastão de cera de cor escura, o sagrado tetragramatron, tendo no interior um escrito em hebraico quadrado, o nome IOD EVOE, com seus números correspondentes — 10, 5, 6, e 5. 10565 é o número das hierarquias cósmicas criadoras dos Dhyan-Choans, também chamados Engenheiros Siderais. Este é o número e o nome do Inefável e, segundo a Cabala, é a Escada de Jacó, em que as influências de Deus descem e se comunicam a todas as ordens de hierarquias celestes. As influências que vêm da Esfera Divina são transmitidas aos homens por 72 gênios guardiões, que são os intermediários entre o Céu a Terra.

Gervaise correu os olhos pela tabela ao seu lado e encontrou o 25° gênio, NIT-HAIAH, e, este nome, pronunciado de forma lenta por todos, criou um som mágico que ressoou por toda a sala, produzindo um efeito elétrico, soprando um vento de causa invisível que apagou todas as velas, exceto a que se encontrava em cima do signo de câncer. Então, o Gênio mate-

---

idioma adâmico que foi raiz do sânscrito.

rializou-se em cima da mesa. Tinha uma estatura de quinze centímetros, vestia-se inteiramente de marrom, desde as botas altas até um gorro que trazia cobrindo os cabelos. Todos os membros da Ordem deixaram suas cadeiras e, de mãos dadas, em postura de prece, cabeça baixa, exceto Gervaise, que permaneceu de pé, procuraram ouvir a mensagem que viria através do Gênio.

— Salve a Ordem da Cruz de Ouro! Salve o Divino Mágico Tetragramatron! Salve o Dirigente da Ordem! Salve seus membros! Salve a Luz Sagrada e o Nome Impronunciável que me invocou! — a voz do Gênio era bem audível e se expressava em correto francês.

— Salve NIT-HAIAH! — exclamaram em coro, a uma só voz, todos os membros.

— Graves acontecimentos ocorrerão. A França irá afundar num banho de sangue — disse o Gênio, correndo os olhos sobre toda a assistência.

— Que podemos fazer? — indagou Gervaise.

— Os dias da Ordem estão contados, pois o sangue foi derramado sobre a Cruz de Ouro. Por acaso esqueceste que um mago, um astrólogo, alquimista, não tem direito de acabar com uma vida humana?

— Eu sou o único culpado, não a Ordem — disse Gervaise.

— Deves te afastar de sua direção, pois o carma caiu sobre tua cabeça. É preciso ainda que vos mudeis o mais rápido possível. Laurent de Maubert deve assumir a direção, mas o que é muito importante, em outro lugar.

— Isto salvaria a Ordem da destruição? — perguntou Gervaise.

— Sim, salvaria.

— E eu? Tenho salvação?

— Uma perda por outra perda. Uma vida por outra vida.

— Eu renuncio ao meu cargo, se isso for necessário à preservação da Ordem, porém diga-me, NIT-HAIAH, devo me entregar aos meus inimigos?

— Como disse, uma perda por outra perda!

— Não entendo.

— Terás que perder aquele que mais amas.

Gervaise, perdendo o controle ante tais palavras, deu um

grito, e levando as mãos ao peito caiu sobre a mesa de mármore. O último círio apagou-se e o Gênio, desmaterializando-se, deixou no ambiente um cheiro forte de açafrão.

A cada dia que passava, Andrè Louis mais ia se inteirando do ofício de carrasco, que desempenhava com indizível prazer, saciando seu ódio, que em vez de diminuir, aumentava a cada cabeça que fazia rolar no cesto aos pés da guilhotina.

Père Nicot cada vez mais deixava todo o trabalho a cargo de seu jovem protegido, até que naquele dia, 31 de outubro de 1793, quando iriam ser gulhotinados na mesma tarde 21 deputados do partido dos Girondinos, Père Nicot afastou-se de forma definitiva do trabalho, deixando para Andrè Louis a incumbência de seu ofício.

Em 2 de junho passado, tinha havido a queda dos girondinos na Assembléia Constituinte; entre eles, a facção dos "brissotins", como eram conhecidos, por causa de seu líder, Brissot — o jornalista Jacques Pierre Brissot, deputado por Eure e Loire.[2]

Este, juntamente com os mais importantes deputados na bancada da Gironda, Verginaud, Gaudet, Petion e Roland, iriam ser executados naquela tarde.

Depois desta execução, o pupilo do carrasco passou a ser conhecido como o Jovem Nicot, enquanto o velho Nicolau Blanchard se entregava às delícias da boa mesa, do vinho de qualidade e do descanso, não querendo de maneira nenhuma se ocupar mais em cortar cabeças.

A fama do jovem Nicot crescia rapidamente entre os revolucionários, acompanhando o Grande Terror, como era chamada essa época terrível de crimes, acusações e desmandos. O prestígio de Robespierre à frente do Triúnviro também crescia e caminhava a passos largos para uma ditadura.[3]

2 Brissot — líder moderado de uma facção que não desejava radicalizar o processo da revolução, e sim manter as conquistas obtidas, com a monarquia constitucional — um dia, em futuro distante, viria a emprestar a sua liderança carismática, positiva mas não violenta, a um partido político progressista do Brasil.

3 Mal sabia Robespierre que, num futuro e num continente distantes, não tendo ainda superado a tendência ao despotismo sanguinário, viria a ser novamente o líder máximo de um país que, sob seu comando, experimentou os piores dias de

Estávamos no princípio do ano de 1794.

— Estou seriamente preocupado com Élise — disse Honoré, levantando a cabeça do linotipo e encarando Gérard.

— Preocupado?

— Não a vejo há três dias.

— Só três dias? — disse o outro, piscando o olho.

— Isto não é normal, para quem estava com ela todo dia.

— A insatisfação dos namorados — falou Gérard, dando tapinhas na perna do seu amigo.

— Não sei mais o que faço. Será que aconteceu alguma coisa?

— Nada de sério, fica sossegado.

— Não seria melhor ir até o seu salão em Montparnasse?

— Vamos até lá — disse Gérard — antes que morras de ansiedade — e juntando a palavra à ação, saiu com o outro de braços dados da oficina de *O Povo*.

A casa de Élise, pelo aspecto que apresentava, devia estar vazia. Janelas e portas hermeticamente fechadas e um silêncio de abandono pairava pelos jardins.

Gérard, quando ia abrir o portão, foi abordado por um desconhecido.

— Moram aqui? — perguntou, colocando-se entre os dois rapazes e o portão de entrada.

Foi Honoré quem respondeu, com outra pergunta:

— Quem é o senhor?

— Não importa quem sou, torno a perguntar: moram aqui nesta residência?

— Se o senhor não disser quem é, nego-me a responder — disse Gérard, de modo incisivo.

— Tanto pior — disse o desconhecido — talvez os dois possam se arrepender.

— É uma ameaça, senhor? — e foi a vez de Honoré responder, elevando o tom de voz.

— Um aviso apenas.

— Estamos avisados — disse Gérard.

---

uma ditadura indesejável.

— Só desejo saber se os senhores conhecem quem mora nesta casa.

— E por que devo responder? — indagou Gérard, já no auge da irritação.

— Porque, quer queiram ou não, vão me responder. Sou o delegado do Comitê de Salvação Pública, se lhes interessa saber.

— Ah! — fez Honoré, dando uma risada. — É o todo-poderoso senhor dono da verdade, ao qual todos se curvam, tremendo de medo?

— Não tenho que lhe dar satisfações, nem ao Comitê, nem ao diabo, se quer saber — disse Gérard, avançando um passo na direção do Delegado do Povo.

— Estão presos em nome da República! — disse o desconhecido, procurando tirar do cinto a pistola que trazia em baixo da sobrecasaca.

Gérard atracou-se com o delegado, enquanto Honoré tirava-lhe a arma. O outro ainda tentou tirar um apito do bolso, na certa para chamar outro colega, no que também foi impedido. Honoré então empurrou com força para trás o delegado, que perdendo o equilíbrio, caiu estatelado no chão.

Os dois amigos, sem se preocuparem mais com o Delegado do Povo, saíram calmamente do local, dobrando a primeira esquina.

Nesse exato momento, na oficina do jornal *O Povo*, Dolores recebia a visita de Constance, que vinha lhe trazer notícias de Élise.

24

O fim de madame Bracher

Descendo por onde hoje é a Avenue da La Grande Armée, uma chusma de mulheres desgrenhadas, mal vestidas e pior calçadas, aos gritos de "Liberdade!", avançavam em direção à Praça da Revolução, saqueando e destruindo residências elegantes que encontravam pelo caminho. A cada quarteirão, juntavam-se às cidadãs revolucionárias outras mulheres e alguns homens, formando uma pequena multidão, que levava de roldão o que encontrava pela frente, cantando em coro a canção revolucionária em voga, o "Ça Ira":

Ah! Ça ira! Ça ira!
Les aristocrates à la lanterne!
Ah! Ça ira! Ça ira! Ça ira!
Les aristocrates, on les pendra!
La liberté triomphera
Malgré les tyrans,
Tout réussira!

A horda de alucinadas mulheres parou à frente do palacete de madame Bracher; as que vinham na dianteira daquele tropel desordenado, que pareciam comandar as demais, gritando ferozes, atiraram-se contra as grades do portão que dava para os jardins da mansão, que cedeu ante o impacto, e aquela avalanche passou como um furacão por cima das grades e dos porteiros.

— Madame! Madame! Eles estão vindo! — e Giselle, criada de madame Bracher, apavorada, entrou na sala onde sua patroa, numa poltrona, lia um livro, alheia ao barulho ensurdecedor.

— Eles quem, menina? — e madame Bracher tirou os olhos da leitura.

— As revolucionárias, madame! As revolucionárias! — Giselle torcia as mãos e, por entre o choro, ainda conseguiu dizer: — Elas estão chegando, madame! O que vamos fazer?

Madame Bracher levantou-se e procurou acalmar sua criada, quando um barulho de madeira e vidros se quebrando foi ouvido, e a porta de entrada caiu aos pedaços dentro do salão. Mulheres maltrapilhas, carregando pedaços de pau, outras pequenos chuços, espadas, outras ainda com toda sorte de armas, entrepararam ante a figura serena de madame Bracher, que em pé, no meio da sala, as enfrentou.

Como por milagre, fez-se um silêncio de repente, e a multidão de cidadãs revolucionárias, acotovelando-se, teve um momento de indecisão.

Madame Bracher cruzou os braços, no rosto um meio sorriso, e elevou a voz para que todos os que haviam conseguido entrar pudessem ouvi-la:

— Viva a França! Que Deus tenha piedade de suas almas!

O silêncio persistiu por alguns segundos. Parecia que madame Bracher tinha três metros de altura e dominava com sua figura imponente toda a situação.

— O que esperais? — ainda conseguiu dizer.

A mulher que se encontrava mais à frente gritou: — Morra a aristocrata!

— Morra! Morra! — as outras gritaram por entre o tumulto que se seguiu.

As vozes se elevaram e já um pedaço de pau vibrado com violência atingiu o rosto de madame Bracher. Mais outro e todas caíram como animais selvagens sobre a presa. Em poucos minutos, havia apenas no chão restos indefinidos daquela que fora a senhora mais admirada dos salões de Paris.

A turba passou por cima de seu corpo e continuou insensível, aos gritos, saqueando e destruindo.

Quando aquela massa humana se retirou, havia apenas restos de cacos informes daquilo que um dia fora o mais belo salão literário de França.[1]

1 Na última existência, no Brasil do séc. XX, Mme. Bracher "reabriu seus salões",

Dois corpos irreconhecíveis, deformados, jaziam no chão, por entre a confusão de móveis destroçados e vidros quebrados.

O marquês de Saint-Cyr, depois que Triboullet lhe deu o relatório pormenorizado de que a marquesa devia se encontrar em Neully, tomou providências, deslocando todos os seus homens para essa região, com ordens para não deixarem um palmo de terreno sem ser vasculhado.

— Tendes vinte e quatro horas para encontrar a marquesa — disse, raivoso, com aquela costumeira impaciência de sempre.

Seus homens, embora existissem entre eles inúmeros facínoras, duros e calejados no crime, tremeram de medo, pois sabiam perfeitamente do que o marquês era capaz.

Triboullet, que aguardava ordens ao seu lado, esperou que os homens saíssem para escutar com atenção novas determinações do fidalgo.

— Triboullet — disse o marquês, já mais calmo — quero que procures Danton na Conciergerie. Ele deve estar te aguardando neste momento. Se por acaso houver um desencontro, procura o governador, senhor Cartouche, em meu nome, e dá-lhe o recado para Danton.

— Qual o recado? — perguntou Triboullet, sem titubear.

— Manda dizer a ele que eu e o Duque d'Églantine precisamos falar-lhe com urgência, amanhã pela manhã, aqui no meu palacete.

— Será feito — disse Triboullet, saindo apressado.

Na realidade, não havia recado algum. Cartouche tinha ordens precisas sobre Triboullet. "Impeça-o de falar a qualquer custo". — "Trancafie-o em uma cela, de preferência a que tenha o maior número de prisioneiros prestes a seguir para a guilhotina".

Como Cartouche devia inúmeros favores ao marquês, inclusive seu posto de governador, não iria descumprir um

e sua casa acolhedora, numa cidade do interior de São Paulo, freqüentada por gente do país inteiro, foi um pólo de divulgação do conhecimento espiritual. Muitos personagens desta história ali se reencontraram e se "reconheceram" afetivamente: Giselle, o barão e a baronesa de Saint-Croix, a Duquesa de Montpellier, Georges, o deputado François, Suzette, o Comissário Duval, e outros — e Jean Phillipe e Marie-Louise, que ali um dia se conheceram, para mais tarde retomar sua ligação cármica e compromissos espirituais.

pedido de Saint-Cyr, que considerava uma ordem.

Antoine deu um sorriso sinistro, quando a porta se fechou às costas de Triboullet. "Já podes te considerar um homem morto" — pensou. — "Assim acabam todos aqueles que me traem" — e o marquês, com toda calma, sentou-se à sua mesa de trabalho, e escreveu duas missivas para serem entregues, uma ao Duque d'Églantine e outra ao cidadão deputado Danton, com explicações detalhadas de suas ordens, que levaram para a morte seu auxiliar.

A Ordem da Cruz de Ouro já havia se mudado para onde hoje se localiza a Rua Réamur, no segundo ***arrondissement***, em Montmartre. Nessa rua tranqüila, já estava instalada, agora com o novo diretor, padre Laurent de Maubert.

Seu discurso de posse infelizmente não chegou até nós, e o pouco que conhecemos de seu teor foi que, além de prático, encerrava grande profundidade nas previsões futuras. O mestre conde de Saint-Germain, antes da posse do novo diretor, teve uma entrevista privada com o padre, por mais de três horas e, do pouco que soubemos, podemos afirmar que sua fala, como não podia deixar de ser, de grande lucidez, trouxe orientação e inúmeras luzes para a Ordem, traçando o caminho a seguir.

Com a destruição dos salões de madame Bracher e o fechamento do salão de Élise de Montfort, ficou reduzida apenas à Ordem a tarefa de enviar aristocratas para o exterior, e sua devida proteção.

Gervaise agora morava com seu filho na Rua dos Ursos, mas continuava trabalhando para a Ordem e ajudando Gérard e Honoré no jornal *O Povo*. Muito embora Jean Phillipe tivesse posto o laboratório de alquimia à disposição do pai, Gervaise muito pouco o ocupava, mais interessado nos acontecimentos que tomavam conta de toda Paris.

As chamadas mulheres revolucionárias, as "fúrias da guilhotina", cidadãs que acompanhavam os prisioneiros até o patíbulo, e o povo em geral, nessa ápoca de terror, pressionavam a Assembléia e eram realmente os que governavam a Nova República. Por sua vez, as denúncias através das "lettres de cachet" aumentavam e os acusados sofriam condenação sem a menor defesa. As prisões superlotadas despejavam a cada dia, na Praça da Revolução, onde se encontrava montada a guilhotina, inúmeros condenados cujo único crime era serem fidalgos ou inimigos da revolução, na maioria das vezes acusados sem provas.

A Tomada da Bastilha.

25

Os tentáculos do marquês

Marie-Louise ficou muito pouco tempo na casa de Constance e Hipolyte. O marquês Antoine havia estendido seus tentáculos por vários pontos de Paris; com dinheiro, suborno e prestígio, conseguira vasculhar cada bairro. Depois do fracasso de suas investigações em Neully, seguindo uma denúncia anônima que recebera, sua atenção voltara-se para o ***arrondissement*** onde a marquesa se ocultara.

O fato é que Jean Phillipe, afoito como são todos os amantes, descuidou-se e, sem a menor cautela, deu margem a que fosse pilhado pelos homens do marquês, que já rondavam o quarteirão. O outro fator que precipitou os acontecimentos foi diretamente ligado ao cidadão deputado Hipolyte.

Quando os líderes do partido dos Girondinos caíram em desgraça, sendo presos, como já vimos, e todos executados, os outros membros da bancada tiveram duas opções. Ou se integravam ao partido dos Jacobinos, ou renunciavam aos seus mandatos para não serem também presos e executados.

Hipolyte Durand, deputado de algum prestígio da Gironda, não cedeu a tais imposições, e teve uma séria discussão com Desmoulins e Saint-Just. O resultado dessa posição ideológica de Hipolyte foi cair em desgraça junto a Robespierre, que já começava a se destacar na Assembléia.

Tendo Hipolyte, depois que deixou o prédio onde funcionava o Comitê de Salvação Pública, se convencido de que seria preso a qualquer momento, foi dali direto para casa, a fim de tomar as medidas e precauções necessárias.

— Temo pela segurança e integridade de todos desta casa — disse o deputado para Jean Phillipe e Marie-Louise, que conversavam sentados em um dos sofás da sala principal.

— O que está acontecendo, cidadão deputado? — perguntou Jean Phillipe, enquanto Marie-Louise olhava apreensiva para Hipolyte.

— A qualquer momento poderei ser preso.

— Preso?

— Sim, preso e esta casa invadida. O Comitê também já tem uma ***lettre de cachet*** contra Élise de Montfort, ou melhor, contra a marquesa de Maines.

— Meu Deus! — foi só o que pôde dizer Marie-Louise.

— Onde está minha mulher?

— No salão dos fundos, com Élise.

— O que devemos ou podemos fazer? — perguntou Jean Phillipe.

— A prudência nos aconselha uma saída imediata desta casa.

— Acho a melhor solução Marie-Louise ir para minha casa. Quanto ao amigo deputado, Constance e Élise, sugiro que vão para as oficinas de *O Povo*, provisoriamente, é claro. Depois que as coisas se acalmarem, a Ordem da Cruz de Ouro é o lugar adequado. O que achas, Hipolyte?

— Não sei, talvez seja a melhor solução — disse o deputado, pensativo —, mas devemos nos apressar. Eu fico, ainda posso me defender na Assembléia — mentiu, dando um sorriso de confiança. — O que importa é que minha mulher esteja em segurança.

— Isso eu prometo — disse Jean Phillipe. — Eu e meu pai cuidaremos dela.

— Ela será como um irmã para mim — disse Marie-Louise, aconchegando-se nos braços de Jean Phillipe.

O marquês de Saint Cyr desceu para o andar térreo de seu palacete, abriu diversas portas, até chegar ao fundo de um comprido corredor. Lá, uma porta estreita, disfarçada por um grande reposteiro que Antoine afastou, foi aberta e o marquês desceu alguns degraus de pedra que davam para uma sala de teto baixo. Mais outra porta foi aberta e novos degraus foram descidos, para um amplo salão sem janelas e com apenas uma porta de ferro gradeada, com outra porta de madeira maciça que, se aberta, dava para um túnel escavado na rocha, abaixo do solo, e que terminava alguns quarteirões distante do palacete.

Nas paredes nuas do sombrio salão, viam-se várias argolas presas por correntes, camas de ferro que serviam para esticar quem nelas fosse deitado e alguns outros complicados aparelhos de tortura.

Amarrado em uma mesa de madeira por fortes correias de couro cru, Jacques, o cocheiro de Marie-Louise, completamente nu, gemia baixinho de dor. Um homem atarracado, busto desnudo onde apareciam músculos poderosos, testa baixa, cabelos espetados, olhos sinistros e vazios de qualquer brilho, ao lado da mesa observava atento sua vítima.

O marquês não se deu ao trabalho de cumprimentá-lo e foi logo perguntando:

— Como está nosso homem?

— Logo ele fala até o que não sabe — e deu uma risada estridente e desarmônica.

— Vamos, Jacques, conta para nós onde se encontra tua patroa — e levou um lenço de fina combraia ao nariz.

O infeliz deu um gemido mais alto, que não pareceu impressionar o marquês, que ordenou:

— Mais seis chicotadas, Bébert. Com esse chicote não! Usa aquele que tem as bolas de ferro nas pontas — e levou novamente, de forma displicente, o lenço ao nariz.

O brutamontes riu outra vez e apanhou o chicote que estava entre outros, pendurado em uns ganchos na parede.

Ao terceiro golpe vibrado com extrema violência, Jacques soltou um berro de dor; o látego atingira as partes baixas, por entre as pernas, e o sangue jorrou, quase atingindo o marquês. A quarta pancada se seguiu, e o cocheiro de Marie-Louise, dentes cerrados, não produziu mais nenhum som. Sua cabeça pendeu para um lado, seu corpo estremeceu e se retesou ao máximo sob as correias que o imobilizavam, o sangue agora escorrendo de quase todo seu corpo; deu um resmungo cavo e vomitou um líquido amarelo-esverdeado.

— Pára, pára! — gritou o marquês. — O homem está morto!

Bébert entreparou, o chicote ainda no ar desceu suavemente por sobre o corpo de Jacques e, Saint Cyr, indiferente, disse para o algoz a seu serviço:

— Procedimento de sempre, Bébert: o Sena é o melhor túmulo de Paris — e jogou uma sacola de dinheiro que caiu ao lado do corpo de Jacques.

O marquês, como se nada tivesse acontecido, saiu pouco depois de seu palacete, em direção da casa de Fabre d'Églantine, e dali os dois seguiram até onde se encontrava o deputado Danton.

Antoine não reparou que desde sua residência vinha sendo seguido por um homem de baixa estatura, pernas bastante curtas para o volume do ventre volumoso, que teimava em estufar a casaca apertada, e que com todo cuidado evitava ser visto. Quando o marquês e o Duque se reuniram a Danton, o homenzinho baixo, a curta distância dos três, disse para si mesmo: — Cuidado! Com toda discrição, toca a ouvir o que dizem esses velhacos! — e postou-se atrás de uma árvore, mais perto do que aconselhava a prudência.

— ... num lugar público... — o resto da frase chegou até o homenzinho. — Ele não deve demorar — era Danton quem falava.

— Não gosto disso — atalhou o marquês. — Por que não marcou em sua casa? Ou talvez na minha, ou quem sabe na do Duque.

— Porque não desejo que ninguém o veja entrar ou sair de minha casa. O senhor devia também ter esse cuidado, marquês. Hoje em dia, na França, todas as casas são vigiadas — disse Danton.

— Chegou o nosso homem! — exclamou d'Églantine, interrompendo o diálogo.

Um fiacre parou a poucos passos; um cavalheiro saltou, dirigindo-se a eles:

— Senhores, penso que não estou muito atrasado — disse num francês arrevezado.

— Nem um pouco, Mister Parker — começou Fabre d'Églantine, mas foi logo atropelado por Danton:

— Nada de nomes. Vamos! — e os quatro homens, sem mais uma palavra, entraram no café que ficava a poucos passos de onde se encontraram.

— Que bela caçada! — disse o homenzinho, agora sozinho na rua. — Dois aristocratas, um cidadão deputado e um banqueiro inglês! Estou quase reunindo as provas de que preciso. Ajudo assim a Assembléia, a República e, quem sabe, não posso ajudar meus amigos? Não quero me chamar Ambroise Binoche se não fizer logo, logo, a maior caçada de minha vida — e rápido se afastou da porta da casa de Danton.

Fabrice Joseph Saint-Girard, barão de Saint-Croix, já por uma hora se encontrava na casa de Binoche, conversando com Angéline.

— Bom dia, senhor barão! — disse o dono da casa, entrando na sala. — Que prazer e que honra tê-lo em minha humilde residência — e curvou-se de modo reverente.

— Olá, Bibot! Ou devo dizer cidadão Delegado Ambroise Binoche?

— Para o senhor sou apenas Bibot, conforme me conheceu.

— Muito bem, cidadão Bibot, estava agora mesmo falando com tua mulher para saber das novidades.

— São muitas, senhor barão! São muitas!

— Ótimo! Boas ou más notícias?

— Diria que são boas.

— Ótimo! — tornou a dizer Fabrice.

Angéline colocou na mesa duas canecas e serviu o vinho.

— Desculpe-me, senhor barão, não serem taças de cristal — disse Angéline.

— Muito cedo, talvez mais cedo do que pensais, tereis taças de cristal. Continua, Bibot, me servindo como tens feito esse tempo todo e eu te farei um homem rico.

— Disso tenho certeza, senhor barão. Mas voltando à época presente, já tenho algumas provas que cairão como uma luva para o senhor. Não quero me adiantar, mas quando chegar o momento exato, terá um relatório pormenorizado.

— Muito bem, cidadão Bibot, já podes te considerar como o republicano mais rico da França.

Então, Ambroise Binoche, ou melhor, cidadão Bibot, nosso velho conhecido do Café “Au Rat Mort”, pôs o barão a par dos movimentos do marquês de Saint-Cyr, do Duque Fabre d’Églantine e do cidadão deputado Danton.

26

O outro lado da revolução

O conde de Saint-Germain saiu em Astral e atravessou com velocidade os seis subplanos inferiores, atingindo o mais elevado, chamado por vezes de Astral Superior.

Lá reuniu, pelo poder da vontade, as vibrações emanadas pelos Nirmanakayas[1] para o Planeta Terra, enfeixando-as em sua própria vibração e endereçando-as, por intermédio dos Auxiliares Invisíveis, para todos aqueles que se debatiam nas trevas dos subplanos inferiores e em especial para os decapitados, vítimas da Revolução.

A meta principal de tal operação era conscientizar esses egos, depois de livres da perturbação em que se encontravam, de que aquilo que haviam sofrido, retirados da vida física abruptamente, era apenas consequência de uma vida passada, a existência vivida na colônia atlante da Terra das Araras Vermelhas, nas costas do Brasil.

Cada um desses seres, eliminados de forma violenta, foi colocado defronte de uma tela astralina criada pelo conde, e suas vidas projetadas em todos os detalhes, mostrando o que haviam feito e que agora estavam colhendo, salientando que carma não é uma punição, mas um ajustamento que serviria de aprendizado para crescimento futuro. À medida que essas vidas eram visualizadas pelos fidalgos ou burgueses inocentes, retirados do mundo físico prematuramente, todos puderam ver a relação que havia entre uma vida passada e sua última exis-

1 Nirmanakayas - seres de elevada evolução, que por opção permanecem no Mundo Astral para emitir correntes de vibrações benéficas para toda a humanidade.

tência — a causa e o efeito: a vida remota na colônia atlante, no Brasil, e a vida na França, em Paris, na época do Grande Terror. Podiam ainda compreender que essas duas épocas eram o que se chama de Períodos Gêmeos, e que faziam parte de um plano futuro dos Dirigentes do Planeta. Que nada acontece por acaso e que o aparente sacrifício que os havia tirado do mundo dos vivos tinha um propósito definido: uma seleção nos planos superiores e devida preparação daqueles que teriam um importante papel na civilização do Terceiro Milênio.

O conde de Saint-Germain deixou com seus auxiliares diretos esse trabalho, e descendo de subplano começou a atuar indiretamente na contraparte etérica da cidade de Paris. Convocou primeiro o Arcanjo Ariel, responsável pelo Planeta Terra, seu mediador para o plano físico, que ordenou e dirigiu uma classe enorme de devas que, industriados pelo conde, mentor e idealizador do trabalho a ser feito, estendeu essas vibrações positivas sobre todo o Plano Etérico da cidade. O efeito pôde ser notado de imediato. No sono físico, ou no estado de vigília, de maneira gradual em alguns, e de imediato em outros, idéias novas ou tendências começaram a germinar, modificando conceitos ou métodos arraigados em alguns espíritos intolerantes. Evidente que não produziu efeitos imediatos; esse não era o propósito do conde. Mas sim, um resultado futuro, resultado esse que a história da França nos mostrou posteriormente.

Os planos Etérico e Astral da cidade de Paris ficaram impregnados de vibrações positivas, que todos os sensitivos puderam captar e que, gradativamente, deram frutos, que se não foram os melhores, foram aqueles que esperavam os responsáveis por aquele trabalho. O conde de Saint-Germain, observando a mudança de cor dos planos Etérico e Astral de Paris, enviou sua poderosa energia, veiculada através de todas as correntes de pensamento, rituais de Magia Branca, reuniões espirituais, sessões de Cabala prática, reuniões mentalistas, budistas, de católicos sinceros, protestantes, enfim, todas as formas de religiosidade, para o Plano Mental. Com isso, preparou as contrapartes etérica, astral e mental da cidade para produzir futuramente mudanças evolutivas.

Um mestre de Sabedoria em geral não se envolve diretamente nos acontecimentos do mundo físico. Sua ação é sempre indireta. Porém, nesse caso específico, Saint-Germain precisava, atuando no carma coletivo, direcionar esses egos desencarnados para o fim planejado pelos Dirigentes do Planeta.

Laurent de Maubert, seu discípulo, que iria no futuro desempenhar importante papel na parte social e doutrinária da Igreja Católica[2] foi instruído nessa hora pelo conde e passou a colaborar com os mentores que detinham essa missão.

Foram feitas na Ordem da Cruz de Ouro várias sessões cabalísticas, visando a orientação e encaminhamento dos egos desencarnados de modo brusco e violento; e um trabalho especial indireto às vítimas do massacre do Campo de Marte, a fim de isolá-los dos outros egos trabalhados e mantê-los em sono profundo no Mundo Astral, para só voltarem à vida consciente nos séculos vindouros.

Depois de todas essas providências, o conde de Saint-Germain, pelo poder da vontade, trouxe até o subplano Astral em que se encontrava uma entidade que tinha preso em seu corpo espiritual o cordão prateado. Era o barão Fabrice de Saint-Croix em seu sono físico, mas enfocado em sua consciência astral.

— Barão, precisávamos ter uma conversa de grande importância. Como ainda não tens desenvolvimento necessário para compreender o mecanismo cármico, achei por bem, violentando tua vontade, pelo que peço desculpas, trazer-te à minha presença durante o sono físico. Ao acordar, terás lembranças daquilo que for necessário a teu progresso espiritual.

— Eu o escuto, senhor — e Fabrice, além de adotar uma postura reverente, ainda se dirigiu ao conde, sem mesmo saber porquê, num linguajar de deferência, daquele que se emprega com os seres superiores.

— Por que insistes numa vingança que não tem mais razão de ser?

— Por que sempre foi meu propósito nesta vida.

— Não vês que tomando essa atitude somente te prejudicas?

— Eles precisam pagar pelo que fizeram!

— A paga ou a recompensa não é ninguém que produz. Cada um é punido por si próprio.

— Mas posso ajudar nessa punição.

— Será conveniente?

— Acho que sim.

2 No Brasil contemporâneo, o padre Maubert foi um conhecido bispo católico, que se destacou pela luta contra a injustiça social.

— Mas punindo-os, serás punido também.

— Não importa.

— Creio que laboras em erro. Ninguém tem o direito de julgar, muito menos punir.

— Mas o marquês de Saint-Cyr, além de cruel, foi insensível ante os sofrimentos alheios.

— Esses acontecimentos estão muito distantes no tempo. Agora estamos em outra época. Para que trazer de volta fatos e atos que já ficaram no passado?

— Não desejo vingança, senhor, quero apenas que seja feita justiça — disse o barão, pensativo.

— Não vês que, além de te prejudicar muito, ainda prejudicas esse infeliz Binoche, que por dinheiro e ambição tornou-se um títere em tuas mãos? Dizes não querer vingança, mas justiça, porém não enxergas nem mesmo as injustiças que fazes com Ambroise Binoche. És responsável, barão, pelos atos dele, pois és o mentor intelectual daquilo que chamas de justiça.

Fabrice ficou calado e, pensativo, analisou as palavras do conde. Este, estendendo o braço, mostrou no espaço vazio uma cena que se desenrolou por si mesma à frente do barão. Eram acontecimentos do passado, que o conde revivia agora.

Fabrice era bem moço, assim como Antoine, marquês de Saint-Cyr, e Fabre d'Églantine, Duque de Montpellier. Os três fidalgos eram muito ligados e uma forte amizade se estabelecia entre eles, que eram inseparáveis.

Fabrice, nos arroubos da mocidade, apaixonara-se perdidamente por Arlette, filha única de um comerciante de doces finos, de uma beleza invulgar, dessas de chamar a atenção. Como não poderia deixar de ser, Fabrice não via nem ouvia mais ninguém, e só desejava casar-se e viver para sempre com moça tão bela. O velho barão de Saint-Croix desaprovou tais planos do filho, o que acirrou ainda mais o desejo de Fabrice de querer assumir seu amor. Fugir ou raptar o objeto de seu desejo. O barão Félix de Saint-Croix, seriamente preocupado com o rumo que tomava essa ligação, chamou à sua presença, depois de gastar todos os recursos da persuasão, ameaças ou punições, os dois amigos inseparáveis de seu filho. Pediu-lhes que interferissem no caso e, se preciso fosse chamassem a moça e, com dinheiro ou ameaças, a fizesse desistir de Fabrice. Seriam, disse

Félix, regiamente recompensados.

Antoine e Fabre atraíram Arlette até um pavilhão distante de suas residências, que servia aos três amigos para encontros amorosos, sob o pretexto de que Fabrice desejava vê-la com urgência para tratar de assunto referente ao futuro dos dois.

Todas essas cenas se desenrolaram à frente de Fabrice, nos seus mínimos detalhes. Os dois rapazes pressionaram Arlette de todo jeito, com promessas as mais variadas, depois partiram para as ameaças e, por fim, vendo que a moça estava firme em seu propósito de não abandonar Fabrice, adotaram a violência como a melhor maneira de fazê-la desistir.

A moça, então, foi estuprada pelos dois e após o covarde ato, quando ainda semiconsciente jazia deitada, pois havia sido brutalizada, Antoine aproximou-se e, rindo, fazendo chacotas, agarrou a pobre moça pelo pescoço, estrangulando-a. "Mortos não falam", disse.

Fabrice cobriu o rosto com ambas as mãos, mas mesmo assim continuou vendo o final dessas cenas terríveis. A voz do conde soou forte em seus ouvidos astrais:

— Tu também mataste alguns homens no passado. Embora fosse por causa nobre, perante a Lei é um ato condenável.[3]

A evocação dessas cenas do passado só fez aumentar o ódio que sentia dos dois antigos amigos e crescer dentro de si o desejo de vingança.

— Mostrei-te esse acontecimento de tua mocidade — disse o conde — para que te sirva de lição tudo que vivenciaste agora. Eles próprios, com esses atos criminosos, irão se condenar. Não é preciso que tu, barão, faças justiça pelas próprias mãos, pois eles já se condenaram a si mesmos, e terão que responder perante a Lei. Não sobrecarregues teu carma com mais vinganças sem propósito. Deixa que a Lei Maior aja e sê um observador apenas.

O conde calou-se, e Fabrice, com lágrimas nos olhos, sofreu novamente a dor que tivera quando tudo descobriu, depois de algum tempo.

— Esta é tua provação — disse Saint-Germain — viven-

---

3 Conforme se narra em *A Terra das Araras Vermelhas*, Roger Feraudy, **EDITORA DO CONHECIMENTO**, Fabrice ali foi Zyliar, montanhês que matou os guardas do Sumo-Sacerdote Azamor para defender o seu rei.

ciar toda a tragédia passada e sentir dentro da alma a dor e o sofrimento novamente.

O barão Fabrice de Saint-Croix não suportou a recordação monstruosa da remota mocidade.

Sentiu um baque surdo no coração e, com grande velocidade, foi projetado para seu corpo físico, despertando abruptamente, coberto de suor frio.

Precisamos recuar no tempo para entender a ligação de Cartouche com o marquês de Saint-Cyr.

Quando jovem, Henri François, marquês de Angoulême, hoje Cartouche, muito perdulário, meteu-se em sérias complicações e em dívidas enormes de jogo. Herdeiro de grande fortuna, em pouco tempo dissipou em bebida e mulheres o dinheiro que seu pai, o velho marquês, amealhara durante uma vida inteira. Prestes a ser preso, recorreu ao marquês de Saint-Cyr, amigo da família, que o socorreu à custa de alto preço. Ficou devedor de Antoine para o resto da vida.

Trocou de nome e, ainda com a ajuda do marquês, assumiu o posto de governador da Conciergerie, e como conseqüência dessa vida pregressa, Cartouche levou uma vida inteira de submissão, satisfazendo todos os desejos do seu perigoso benfeitor.

Triboullet foi introduzido no gabinete do Governador e, nem bem havia entrado, foi logo seguro por dois guardas, que já pareciam esperá-lo.

— Estás preso, em nome do Comitê de Salvação Pública! — exclamou Cartouche, elevando a voz.

— Com que acusação? — ainda conseguiu perguntar Triboullet, mais espantado que amedrontado.

— Como traidor da pátria — dignou-se a responder o governador, e não dando tempo para o outro dizer qualquer coisa, ordenou: — Leve-o para a cela doze e, se por acaso ele começar a gritar ou protestar, usem uma mordaça — e com um gesto, indicou a porta do seu gabinete aos dois guardas.

— Sou inocente! Sou inocente! — ainda pôde gritar, antes de sair arrastado, o antigo homem de confiança do marquês de Saint-Cyr.

27

Planos para o futuro

Jean Phillipe, Marie-Louise, Élise e Constance saíram, deixando Hipolyte, depois de muita relutância de sua mulher.

As mulheres, com um barrete tricolor e vestidos de algodão, que iam até os pés, fuligem no rosto para escurecê-lo, e procurando parecer com as "fúrias da guilhotina", esgueiraram-se, escoltadas à distância por Jean Phillipe, pela rua próxima, procurando encontrar, sem despertar atenção, um fiacre de aluguel. Em pouco tempo, chegavam às oficinas do jornal *O Povo*, sendo recebidos por Gérard e Dolores.

— Meu caro amigo — disse Jean Phillipe — tomei a liberdade de trazer para cá as senhoras Élise e Constance.

— Minha casa é tua casa — disse Gérard, enquanto Dolores abraçava Constance e Élise, com elas subindo a escada que dava para o andar superior.

— Não esperava outra coisa, Gérard. Mas crê, é por pouco tempo; logo elas irão para a sede da Ordem da Cruz de Ouro.

— Sabes, meu amigo, que aqui poderão ficar o tempo que for preciso.

— Sei disso, mas creio que em tua casa o perigo que correm é muito grande.

— É verdade — e dirigindo-se à marquesa: — Que falta a minha, senhora! Não lhe ofereci uma acomodação condigna, nem Dolores a convidou para subir. Lá em cima temos acomodações melhores.

— Muito obrigada, senhor, mas eu e Jean apenas viemos trazer nossas amigas. A permanência é breve.

— De qualquer maneira — disse Gérard — meus respeitos, marquesa; por um momento me descuidei do dever de educação para com uma grande dama como a senhora.

— Para meus amigos não sou marquesa, apenas Marie-Louise.

Gérard corou e de modo galante beijou a ponta dos dedos da marquesa. Foi Jean Phillipe quem deixou os dois completamente à vontade:

— Meu coração se enche de gratidão por um amigo como tu, Gérard. Enquanto vivermos, jamais esqueceremos de tua amizade e compreensão.

— Os amigos, nestes tempos turbulentos, são raros, e devemos agradecer a Deus quando os encontramos — disse Marie-Louise, sorrindo agradecida para Gérard.

— Obrigado, meu amigo, mas já vamos para minha casa — disse Jean Phillipe, dando um forte abraço em Gérard, antes de sair com Marie-Louise.

Gervaise, que se encontrava na casa de Jean Phillipe, recebeu a marquesa, colocando-a à vontade. Disse para os dois:

— Contratei esta menina — e indicou uma mocinha, que sorridente aguardava em um dos cantos da sala — para servi-la, marquesa.

Marie-Louise agradeceu, e dirigindo-se à nova criada:— Como te chamas?

— Geny, senhora.

— Leve a marquesa para seus aposentos, ela precisa se lavar e descansar antes da ceia — disse Gervaise.

— Pai, embora Marie-Louise tenha que ficar aqui por algum tempo, quero que fiques à vontade, pois esta casa é e sempre será tua — disse Jean Phillipe, depois que Marie-Louise subiu.

— Obrigado, filho; estou bem à vontade, podes acreditar. Mas, Jean Phillipe, não achas que a marquesa ficaria em mais segurança e melhor acomodada na casa de sua mãe, em Saint-Dénis?

— Muito em breve, pai, irá nascer nosso filho. Marie-Louise não tem condições, agora, de se deslocar aos solavancos por uma estrada mal cuidada, para a casa da condessa sua mãe, embora a viagem não seja tão longa.

— Aqui é muito perigoso, filho. O marquês de Saint-Cyr tem o braço comprido.

— Eu sei, pai. Tão logo meu filho nasça, eu prometo que a levarei para Saint-Dénis.

Gervaise pareceu conformado com os argumentos de seu filho e depois de alguns minutos de silêncio, perguntou:

— Não achas que devíamos chamar um médico para tua mulher? Afinal ela já está no nono mês de gravidez.

— Quem melhor que tu, pai, para fazer o parto do teu neto?

— Não sei... — Gervaise parecia indeciso.

— Farás tu este parto, pai, e não se discute mais — disse Jean Phillipe, estreitando com carinho nos braços Gervaise d'Orsay.

Hipolyte Durand recebeu na sala principal de sua residência o agente do Comitê de Salvação Pública, ladeado por dois guardas do Tribunal Revolucionário, portando uma "lettre de cachet".

Estava decretada oficialmente a prisão do cidadão deputado.

— Tenho um fiacre esperando na porta, cidadão Durand — disse o agente, omitindo a palavra deputado. — Se o senhor nos acompanhar sem resistência, não haverá necessidade de nenhum aparato que chame a atenção de curiosos na rua.

— É muita gentileza do Comitê e de Robespierre — disse Hipolyte, com um sorriso de sarcasmo. — Mas, cidadão agente do povo, satisfaça minha curiosidade. De que sou acusado?

— De traidor da República — respondeu o agente.

— Terei algum julgamento, ou melhor, terei alguma oportunidade de me defender?

— Isso, somente o Comitê de Salvação Pública ou o Tribunal poderá responder. Vamos, cidadão!

Hipolyte sacudiu os ombros, conformado, e se deixou conduzir pelos guardas e o agente do Comitê.

No dia seguinte, na parte da tarde, uma carreta conduzia pelas ruas de Paris, escoltada por guardas armados, quinze homens que seriam entregues à guilhotina. Entre eles, se encontrava o ex-deputado do partido dos Girondinos, Hipolyte Durand.

Ambroise Binoche ia viajar. Naquele tempo, uma ida até Amiens, por péssimas estradas e em carrugens tiradas por cavalos, era considerada uma longa viagem, quer pelo tempo despendido, ou pelo desconforto de horas intermináveis.

A rota Paris-Amiens era o caminho natural para Calais, trecho utilizado para evasão de aristocratas com destino à Inglaterra.

Binoche ia justamente fazer uma parte desse percurso, para se encontrar com um conhecido contato, que aliciara, comprado a peso de ouro — luíses, é claro, que não eram seus, mas do barão Fabrice de Saint-Croix.

Esse encontro era com um cidadão que atuava junto ao banco local, a que tinha livre acesso, embora não fosse funcionário; mas tinha dentro desse estabelecimento bancário grande influência e livre trânsito.

Era conhecido apenas como Monsieur Périgau — alcunha, certamente — que recebia os aristocratas e depois os distribuía por várias carruagens da Posta que seguiam para Calais, parada obrigatória da rota para a Inglaterra.

Monsieur Périgau fornecia aos fugitivos toda a sorte de facilidades para a continuação em segurança de sua viagem. Roupas, disfarces, carimbos em papéis necessários aos evadidos, inclusive contatos com intérpretes e importantes agiotas ingleses, que trabalhavam para respeitáveis banqueiros.

Ambroise Binoche ia justamente fazer essa incômoda viagem para encontrar-se pessoalmente com Monsieur Périgau, que tinha em seu poder alguns documentos do Duque Fabre d'Églantine, que seriam de grande utilidade para ele e principalmente para o barão de Saint-Croix.

— Precisavas te ausentar por tanto tempo, fazendo essa longa viagem? — perguntou Angéline, enquanto Binoche fechava a mala.

— Precisava, mulher.

— Esse... esse Périgau, como tu o chamas, não poderia mandar esses documentos?

— Poderia, mas também poderiam se extraviar ou cair em mãos indesejáveis. Além do mais, preciso ter uma conversa em particular com ele. Arre! Mulher! Que interrogatório!

— Interrogatório não, cuidados! Não é uma viagem perigosa?

— Que perigo posso correr? De mais a mais, vou em missão oficial do Comitê de Salvação Pública.

A outra não pareceu convencida, pois ainda argumentou com a lógica própria das mulheres:

— Ainda acho que não deverias ir tão longe, mas mandar que ele te enviasse tais papéis.

— Papéis que são importantes. Esqueces que são para fazer nossa fortuna; e podermos levar uma vida confortável, sem mais precisarmos contar moedas ou fazer os serviços sujos que aqueles que detêm o poder e o dinheiro não querem fazer. Pensa nisso, Angéline, é a grande oportunidade para podermos comprar aquele sitiozinho fora da cidade. Pensa nisso!

A mulher não disse mais nada e Ambroise Binoche, colocando o chapéu na cabeça e enrolando um cachecol de lã no pescoço, saiu porta afora.

Reunião do Comitê Revolucionário.

28

Uma noite de terror

As dores começaram ao entardecer. Marie-Louise, sentindo-se indisposta, não havia descido para o jantar, ficando para tomar um caldo em seu quarto.

Jean Phillipe e Gervaise haviam se retirado para o laboratório, junto com Gilbert, fazendo companhia à marquesa a nova criada, Geny.

Marie-Louise estoicamente suportou as primeiras dores, que vieram com regularidade, junto com as contrações. Quando estas aumentaram, pediu que Geny avisasse Jean Phillipe. Gervaise interrompeu uma operação cabalística que realizava junto com seu filho para atender às batidas insistentes na porta.

— Senhor, madame chama o senhor Jean Phillipe com urgência. As dores começaram! — disse a criada, bastante aflita.

Gervaise não perdeu a calma, e de modo incisivo, maneira daqueles que sabem o que fazem, se dirigiu a Gilbert:

— Leva para o quarto da marquesa bastante água quente e toalhas limpas — e dirigindo-se a Geny: — Ajuda Gilbert, que eu, depois de acalmar Jean Phillipe, já subo — e deparando com seu filho, que meio abobalhado com as notícias, havia se jogado em uma poltrona: — Calma, Jean Phillipe; quero que fiques aqui no laboratório, ou então na sala. Mas não subas para junto de tua mulher. Só irias atrapalhar — e ato contínuo, saiu da sala, deixando o futuro papai, que permaneceu estático, mudo de preocupação.

Gervaise fez uns passes sobre a barriga de Marie-Louise. Concentrado, derramou, agitando as mãos, energia vital na cor rosa em todo o baixo ventre da marquesa. A moça pareceu se acalmar e Gervaise pôde notar que o quarto estava cheio de médicos do Espaço, que logo rodearam Marie-Louise. Só então Gervaise pediu a Geny para estar pronta, a fim de ajudar no que fosse preciso.

— Calma, marquesa! Respira fundo e faz força! A criança está em boa posição e já vai nascer.

— Ai! — gemeu Marie-Louise, mas parece que sentiu o conforto e o amparo de mãos invisíveis, pois parou imediatamente de gemer.

— Sentes ainda muita dor, minha filha? — perguntou carinhosamente Gervaise, colocando a mão direita na testa da marquesa.

Todo e qualquer nascimento já é por si só um milagre da natureza. O ato sublime de dar à luz santifica a mulher perante a Lei Maior do Cosmo. É um ato de amor, um ato de magna importância, pois são as mães que têm o divino poder de transmutar o cósmico no telúrico. O milagre então, ali naquele quarto, aconteceu. Um facho de luz, veiculado pelos espíritos dos médicos benfeitores, invocados pelo astrólogo, envolveu o ventre da marquesa; as dores normais do parto desapareceram, e Marie-Louise abriu-se num grande sorriso; e logo, sem aparente esforço, trouxe ao mundo um menino que foi amparado por Gervaise. O choro alto e forte do nascituro invadiu todo o aposento, enquanto o astrólogo e Geny cuidavam respectivamente do recém-nascido e da mãe.

— Tudo está bem, minha filha, é um lindo menino, grande e forte — disse Gervaise, enquanto cortava o cordão umbilical. — Geny, chama Gilbert e pede a ele que avise meu filho de que já pode subir.

As horas que se seguiram foram de completa felicidade; mas estava escrito que essa noite seria de tribulações e que o braço comprido do diabólico marquês de Saint-Cyr iria desabar sobre a felicidade de Marie-Louise e Jean Phillipe.

Gilbert, que nos aposentos térreos da casa preparava uma refeição ligeira e, como fizesse calor naquela noite, havia deixado a janela da cozinha, que dava para os jardins da frente, aberta, pôde ver um movimento desusado na rua, àquela hora sempre muito calma, o que logo lhe chamou a atenção. Duas carruagens paradas quase na porta da frente, e uns quatro homens observando atentamente a casa. Ruído de vozes chegou até Gilbert, que rápido apagou as velas, e atento, no escuro, plantou-se em seu posto privilegiado de observação.

— A luz do andar térreo foi apagada, marquês — disse uma das vozes, que chegou até Gilbert. — Devemos invadir a casa? — perguntou outra voz, que chegou bem nítida aos ouvidos do fiel servidor de Gervaise.

Foi o bastante; Gilbert não perdeu mais tempo, subiu as escadas e deu o alarme:

— Senhor, vamos ser invadidos pelos homens do marquês de Saint-Cyr! Depressa, senhor Gervaise!

O outro entrou imediatamente em ação e no mesmo instante já estava no quarto do seu filho.

— Acorda, Jean Phillipe! Marquesa!

Os dois não estavam dormindo e meio sobressaltados ainda tiveram tempo de perguntar:

— O que foi?

— A casa está para ser invadida pelos homens do marquês de Saint-Cyr — disse atropeladamente — Gilbert! Gilbert! — gritou. — Sai pelos fundos, rápido e vê se arranjas um fiacre de aluguel.

— Meu Deus! — foi só o que conseguiu dizer a marquesa.

Ajudados por Gervaise, os dois jovens acabaram de se vestir e Marie-Louise, ainda fraca, amparada por Jean Phillipe, embrulhou seu filho numa manta.

— Sai pelos fundos, filho, Gilbert já deve estar esperando com um fiacre.

— Vamos, pai! — disse Jean Phillipe.

— Eu fico, meu filho, assim posso, quem sabe, atrasar um pouco a perseguição, caso eles invadam mesmo a casa.

— Não, pai!

— É perigoso, senhor! — disse Marie-Louise.

— Não percais tempo! Ide! Eu sei o que faço! Ide, meus filhos! — disse Gervaise obstinadamente, e quase empurrando os dois pela escada.

Jean Phillipe e Marie-Louise, vendo que seria inútil demover o astrólogo naquela hora, saíram em demanda da porta dos fundos, que ficava no quintal que dava para onde hoje é a Rua Réamur.

Gervaise desceu as escadas no momento exato em que a porta da sala era arrombada e três homens entraram atabalhoados, esbarrando nos móveis. Na escuridão que reinava, a voz calma de

Gervaise atingiu em cheio os invasores, que entrepararam:

— Que desejam, senhores?

Uma lanterna foi acesa e o astrólogo pôde ver o rosto contraído do marquês. Gervaise, em pé no meio da sala, espada nua nas mãos, tornou a perguntar:

— Que desejam, senhores?

Foi o marquês de Saint-Cyr quem respondeu:

— Minha mulher, a marquesa!

— Por que estaria aqui? — respondeu Gervaise com outra pergunta.

— Isso iremos ver, senhor adivinho! Pensei que já estava morto, ou sendo preparado para a senhora guilhotina!

— Como pode ver, marquês, nem guilhotinado nem morto!

— Revistai a casa! — comandou Saint-Cyr.

Seus homens tiveram outra indecisão, pois Gilbert acabara de entrar, espada nua nas mãos, colocando-se ao lado de Gervaise.

— Que esperais? Vasculhai a casa! Rápido! — e Saint-Cyr elevou a voz.

Neste exato momento, um apito longo seguido por três breves chegou até eles. Na rua que ficava nos fundos da casa, comandados pelo comissário Duval, do Comitê de Salvação Pública, mais três homens que ali se postavam vigiando, haviam descoberto os fugitivos, que num fiacre seguiam a toda velocidade.

— Rápido! Não vamos perder tempo! Eles fugiram pelos fundos! — disse o marquês, a voz alterada de ódio. — Tu, adivinho, não perdes por esperar! Iremos nos ver de novo, disso podes ter certeza! — e dando meia volta, saiu com seus homens.

— Dez luíses de ouro para seguir mais depressa — disse Jean Phillipe, abraçando Marie-Louise, que amedrontada, encolheu-se em seus braços.

O rapaz, enlevado, um sorriso nos lábios, olhava seu filho no colo da mãe, dormindo alheio àquela confusão toda. O fiacre corria o mais que podia pelas ruas desertas de Paris, mas já se ouvia um tropel de cavalos, que no silêncio da noite chegava até eles.

— Segue, meu amor, para a igreja de Saint-Eustache, e procura Père Lucien; eu salto e enfrento esses bandidos.

— Não, meu amor! Iremos juntos até o fim! — e Marie-

Louise abraçou mais forte Jean Phillipe.

O rapaz beijou com carinho os lábios de seu amor, olhou com ternura outra vez para seu filho, e aproveitando uma esquina em que o fiacre dobrou diminuindo a velocidade, pulou, caindo em pé no lajeado da rua, espada desembainhada na mão.

Durou apenas alguns segundos e as duas carrugens já estavam à sua frente. Os homens desceram de suas viaturas, e de modo cauteloso, espadas nas mãos, foram se aproximando vagarosamente.

— De preferência o quero vivo! — gritou o marquês, colocando a cabeça para fora de sua carruagem.

Antoine trazia em uma das mãos uma pistola carregada, mas seus homens cobriam o corpo de Jean Phillipe, o que o impediu de atirar.

— Vinde! — gritou Jean Phillipe, mesmo sabendo que não tinha a menor chance, mas com o firme propósito de atrasar o mais que pudesse a perseguição a Marie-Louise.

Constance, contrariando os conselhos de Gérard, Dolores e Élise, de que não devia sair à procura de seu marido, e esperar em segurança que ele aparecesse, não deu ouvidos aos seus amigos.

— Não agüento mais esperar sem notícias! — disse aflita.

— O que podes fazer saindo à sua procura? — perguntou Gérard.

— Nada, mas preciso vê-lo.

— Onde o irias procurar? — foi a vez de Élise perguntar. — Onde? — e abraçou Constance.

Dolores, que permanecera calada, dando vaza ao seu sangue espanhol explosivo, não se conteve e foi direto ao ponto:

— Saindo feito louca, sem direção, só irás pôr em perigo tua vida, e pior: não vai adiantar de nada!

O fato é que os três amigos de Constance temiam por ela, e tentavam por todos os meios impedi-la de cometer um ato impensado. De nada adiantaram palavras e argumentos; Constance, colocando um xale na cabeça, saiu às tontas, nem mesmo sabendo onde deveria começar a procura.

Tão logo a moça saiu, Gérard, vestindo uma longa capa

com capuz, que lhe cobria a metade do rosto, começou a seguir Constance, guardando discreta distância. A moça, andando sem direção definida, foi seguida até a Praça da Revolução, onde uma multidão já postada em torno do cadafalso esperava o carregamento da tarde, que viria para a execução. Lá, perdeu Constance de vista e, depois de procurar, tarefa impossível no meio de tanta gente que se acotovelava em busca de um lugar melhor, Gérard desistiu, quando a carreta assomou à esquina, e o povaréu agitou-se mais ainda. Aquele mar humano iria até impedi-lo de safar-se dali.

Do outro lado da praça, Constance, presa no meio da ululante vaga humana, sem poder se mexer, pouco pôde ver — e para ela foi o bastante. Por entre o rufar dos tambores e os gritos das mulheres, as "fúrias da guilhotina", viu Hipolyte subir os degraus do cadafalso e se ajoelhar na base da guilhotina. Tentou desesperada se desvencilhar dos corpos que a sufocavam, a esmagavam contra os outros. Gritou com quantas forças tinha o nome do marido e, num último esforço, jogou-se para a frente, chutando e empurrando o que encontrava ao seu redor. Depois, dando um grito enorme, desmaiou de encontro a um soldado que estava às suas costas, que para sua sorte, a golpes de espada abriu caminho com a moça em seus braços para fora daquele pandemônio.

Logo, meia dúzia de curiosos vieram atender Constance, que foi reanimada com um lenço embebido em água fresca na testa. A moça levantou-se aturdida e, cambaleando, procurou sair da praça, atravessando, passos trôpegos, o que hoje é a Ponte da Concorde.

A noite começava a cair sobre a cidade de Paris, e Constance, olhando o rio aos seus pés, olhos marejados de lágrimas, pronunciou desconexas palavras, quem sabe uma prece, intercalada por gemidos ora altos ora baixos, e sem a menor hesitação, jogou-se no rio Sena. Deixou-se levar pela correnteza, afundando levantamente, até que ficou flutuando na superfície o xale colorido, que usara para resguardar-se do vento da tarde.

Gérard, que conseguira a muito custo chegar até o cais para tomar fôlego e respirar o ar fresco de tarde-noite, ainda teve tempo, sem poder fazer um gesto, de ver Constance se atirando no rio.

29

O braço comprido da República

Madame d'Églantine, Duquesa de Montpellier, estava apavorada. Recebera a notícia trágica da morte de sua amiga, Marie Anne de Bracher. Levou um dia inteiro chorosa e com milhões de pensamentos, os mais terríveis, povoando sua mente. Madame Bracher era uma amiga muito querida, e sentia que sua falta deixaria um vazio profundo em sua vida. Madame d'Églantine analisou seus sentimentos e ficou pior ainda: tudo desmoronava à sua volta. As coisas mais caras de sua existência desapareciam na voragem tempestuosa de uma revolução que, segundo ela, só produzia violência, sangue e horror.

Temendo também pela sua segurança, resolveu, sem avisar sequer seu irmão Fabre d'Églantine, que sairia de Paris o mais depressa que pudesse. Não encontrando Jean Phillipe em casa, seguiu primeiro para a residência de sua modista, madame Henriette, na mesma rua. Queria encomendar um disfarce adequado para sua fuga, um traje completo de cavalheiro. Combinadas com madame Henriette as roupas que usaria e que estariam à sua disposição na tarde do dia seguinte, madame d'Églantine seguiu para a Ordem da Cruz de Ouro.

O novo diretor, Laurent de Maubert, não se encontrava, tampouco Gervaise, que tinha esperança de encontrar. Então, madame d'Églantine cometeu o primeiro erro. Em vez de esperar o diretor da Ordem ou Gervaise, que sempre aparecia por lá, a Duquesa, afobada e sem raciocinar direito, foi para seu palacete tomar as providências necessárias à sua saída de Paris.

Ao fim da tarde do dia seguinte, madame d'Églantine cometeu o segundo erro. Saiu na sua carruagem, que chamava a maior atenção, em direção à Rua dos Ursos, onde morava sua modista. A carruagem da Duquesa, além de grande, era adornada com seu brasão de cor dourada e, em pé, na parte de trás, um lacaio com libré vermelha e azul com galões prateados.

— Seu traje já está pronto, Duquesa. Deseja prová-lo agora?

— Sim, Henriette. Pretendo sair daqui vestindo meu novo traje masculino — e madame d'Églantine riu satisfeita.

— Como quiser, madame — disse a modista, indicando um cômodo contíguo à sala principal.

Depois de pensar por alguns instantes, madame d'Églantine resolveu falar, antes de provar sua roupa:

— Pretendo hoje mesmo sair de Paris. Esta cidade está ficando muito perigosa para nós, fidalgos; acho, Henriette, que devias fazer o mesmo, sair o quanto antes.

— Que motivos teria, Duquesa?

— Tua casa deve estar sendo vigiada. Não esqueças que a grande maioria dos aristocratas desta cidade entram e saem daqui.

— É verdade — disse madame Henriette, pensativa.

A Duquesa provou seu traje novo, que lhe caiu como uma luva.

— Como estou?

— Ótima, madame. Não podia ter-lhe caído melhor.

— Ouve meu conselho — disse a Duquesa, mirando-se em um grande espelho —, foge enquanto podes, Henriette — disse, antes de sair apressada.

A Duquesa de Montpellier, então, cometeu o terceiro e último erro: tentou sair da cidade naquela noite em sua carruagem, sem um salvo-conduto, confiando no suborno que seu dinheiro poderia comprar e nas roupas masculinas que usava como disfarce.

Na barreira de Saint-Dénis, foi detida e presa. Na semana seguinte, madame d'Églantine perdia a cabeça na Praça da Revolução.

No dia seguinte a esses acontecimentos, madame Henriette, modista afamada da Rua dos Ursos, procurava exílio na

Ordem da Cruz de Ouro. Nessa mesma tarde, sua residência foi invadida pelos homens do Comitê de Salvação Pública e, no início da noite, destruída pelas mulheres do povo, enfurecidas.

— Diabos, Danton! Afinal era minha irmã! — exclamou Fabre d'Églantine, confortavelmente sentado em uma poltrona.

— Irmã por quem não tinhas tão grande afeição — atalhou o outro.

— Não podias fazer nada?

— Não, não podia.

— Acho um desperdício toda aquela fortuna ir parar nas mãos da República — disse o Duque, agora dando a perceber sua indiferença pela morte da irmã.

— O pior é que nem sabemos em que mãos foi parar essa fortuna toda.

— O dinheiro, pelo menos, tu poderias salvar. És o criador do Comitê de Salvação Pública, ou não és?

— Sou, mas bem sabes que estou com as mãos amarradas. Depois da queda dos Girondinos, meu prestígio, em vez de aumentar, diminuiu, enquanto o de Robespierre cresce.

— O que significa...

— O que significa — interrompeu Danton — que eu também estou pensando em ir para a Inglaterra.

— Mas não podes ir agora!

— Por que não?

— Temos que concluir o negócio que fizemos com o banqueiro inglês.

Danton ficou calado, cabeça baixa, pensativo. Quando encarou d'Églantine, foi para perguntar:

— E o caso referente a Monsieur Périgau?

— São favas contadas. Mandei um emissário a Amiens, que já deve ter concluído o negócio com Périgau.

— E o marquês? — perguntou Danton, desviando o assunto.

— Continua por enquanto nosso aliado — disse o Duque, com um sorriso sinistro.

— Achei que o marquês está se expondo muito. Deves estar a par dos últimos acontecimentos.

— Estou, claro!

— Achas por acaso que não chamaram a maior atenção as prisões que ele próprio efetuou? Sua presença desnecessária no Tribunal Revolucionário e na própria Conciergerie?

— É verdade. O que faremos, Danton?

— O ideal seria nos livrarmos dele — disse com toda calma o deputado, olhando bem dentro dos olhos de Fabre d'Églantine.

Ambroise Binoche, logo que chegou a Amiens, procurou Monsieur Périgau no local combinado. O outro já o esperava e recebeu-o alegremente.

— Salve, cidadão Bibot! — e já antevendo seu lucro. — Estou de posse de todos os documentos. Trouxe o combinado?

— Trouxe, Monsieur Périgau. O senhor não terá motivo para reclamar.

— Sei disso, como sei também que o barão sempre foi pródigo com seus amigos e colaboradores.

— Ótimo! — exclamou Bibot. — E foi tirando do bolso da sobrecasaca um maço de notas amarradas por uma tira. — Pode contar, Monsieur Périgau, verá que não falta nada!

O outro, sem mesmo contar o dinheiro, enfiou-o no bolso.

— Confio no barão e muito mais no senhor, cidadão Bibot. — E tirou de dentro da pasta que carregava alguns papéis, que entregou para Ambroise. — Está tudo aí!

Binoche assobiou, satisfeito, enquanto examinava de relance os documentos. Eram recibos nominais do Banco de Londres, notas de operações junto a diversos banqueiros, nomes de fidalgos com o valor ao lado de quanto custara sua transferência para a Inglaterra, e finalmente o mais importante: alguns registros comprobatórios de verbas da Nova República desviadas para as contas bancárias de Danton, Fabre d'Églantine e do marquês de Saint-Cyr.

Bibot dobrou cuidadosamente os documentos, e guardou-os no bolso interno da sobrecasaca.

— Foi um excelente trabalho, Monsieur Périgau. O barão jamais se esquecerá do senhor.

— Eu também não me esquecerei, pois com este dinheiro me aposento de vez e vou terminar o resto dos meus dias na província.

— Quer dizer que não podemos mais contar com seus prestimosos serviços? — perguntou Bibot.

— Exatamente! Saio de cena levando o produto de meu honesto labor — e deu uma risada curta, no que foi acompanhado por Ambroise Binoche.

— Está muito certo, Monsieur Périgau. Eu também, assim que puder, abandono esta carreira cansativa de delegado do povo. Tal qual o senhor, cidadão, com o produto de meu honesto labor — disse Binoche.

— A propósito, cidadão Bibot, veio me procurar antes do senhor chegar um emissário de Fabre d'Églantine.

— Emissário do Duque? O que ele queria?

— Como pretendo me aposentar e não mais fazer esse trabalho, vou contar-lhe à guisa de colaboração, digamos... por bons serviços prestados, o que esse homem do Duque desejava. Vinha justamente, cidadão Bibot, apanhar os documentos que estavam em meu poder.

— E agora no meu. E que o senhor não entregou.

— Aleguei que estavam em minha casa. Pedi que voltasse mais tarde. O que sugere que faça?

— Sem os documentos comprometedores, não pode fazer nada.

— É verdade, cidadão Bibot. Mas posso lhe entregar o homem para ser interrogado depois, se este for o seu desejo.

— Não estou muito interessado em peixes pequenos, mas de qualquer maneira agradeço por seu interesse.

Ambroise Binoche, de posse dos documentos, o que queria realmente era sair de Amiens o mais depressa possível, voltar para Paris e receber a recompensa do barão de Saint-Croix e, quem sabe, o reconhecimento da República Revolucionária, pelos bons serviços prestados: incriminar como traidor um cidadão deputado e entregar com provas suficientes dois aristocratas para madame guilhotina.

30

O terror

Marie-Anne Charlotte de Corday apunhalou Marat e acabou na guilhotina.

O braço de Andrè Louis, o jovem Nicot, como era agora conhecido em Paris,[1] tornara-se bastante comprido e, atingiu a cidade de Nantes, começando pelo seu tio, Auguste Lemonard.

O deputado Louis Saint-Just, homem de confiança de Robespierre, em seu relatório prestado à Convenção, dizia: "É preciso governar com a espada os que não podem ser governados com a justiça; é preciso oprimir os tiranos".

Foi o bastante para o jovem Nicot, que alimentando seu ódio aos aristocratas e aproveitando o afastamento total de Père Nicot e seu prestígio, que crescia a cada dia junto do Comitê de Salvação Pública, pôde se aproximar de Saint-Just, começando uma série de delações que logo eram executadas pelos comissários, membros da Convenção que eram enviados aos departamentos e às frentes revolucionárias das províncias. É enviado a Nantes Jean Baptiste Carrier, membro da Convenção, com o propósito de combater a contra-revolução. Carrier organiza represálias terríveis. Estima-se que morreram

1 Essa alcunha faz supor que Andrè Louis fosse tido como filho e continuador de Père Nicot e da tradição de família.

afogados no Rio Loire em torno de três mil pessoas, entre elas padres refratários, suspeitos, aristocratas, salteadores e condenados comuns.

O baronete de Nantes foi enforcado. Ainda não chegara por lá a guilhotina. Delatado por Andrè Louis, que assim cumpria sua vingança. Sua tia Margueritte conseguiu fugir para a casa de uns parentes fora da cidade. Essa liberdade durou pouco, e Margot, como era chamada pelo finado marido, enlouqueceu, morrendo logo em seguida.

Todas essas notícias Andrè Louis recebeu através de um emissário de Nantes, que lhe trouxe uma carta de seu amigo Hubert. O jovem Nicot, agradecido, mandou outro portador até seu antigo camarada, que agora morava, depois da invasão do castelo de Nantes, com uma prima, convidando-o a vir para Paris, trabalhar e morar com ele.

Andrè Louis era agora um jovem bem diferente daquele que conhecemos no castelo arruinado de Nantes. O ódio tomara conta de todo seu ser, não perdoava ninguém, e sua proposta e prazer eram fazer funcionar a faca da guilhotina e decepar cabeças aristocráticas. O velho Père Nicot não conhecia mais seu protegido e interiormente lamentava tê-lo feito seu substituto. De coração bondoso, embora carrasco de profissão, Père Nicot não se conformava com a ferocidade de seu antigo protegido. Por duas vezes tentou chamá-lo à razão, fazendo-o ver que o ódio que o consumia acabaria por destruí-lo também. Tentou mostrar que a profissão de carrasco devia ser exercida de forma impessoal, como um dever imposto àqueles que faziam um trabalho que ninguém desejava fazer. Tudo em vão; Andrè Louis estava decidido a levar avante sua vingança. Père Nicot, amargurado e triste com o rumo que as coisas haviam tomado, não falou mais no assunto e passou a viver totalmente à parte dos acontecimentos; não queria mais se envolver com assuntos referentes à sua antiga profissão. Já velho e sentindo-se doente, seu único prazer, agora, era aquecer-se ao sol, fumando seu cachimbo de barro e bebendo a pequenos goles seu vinho preferido.

No plano geral dos acontecimentos, o povo francês estava em luta: seus exércitos enfrentavam a Inglaterra, a Prússia, a Holanda, a Espanha, Nápoles, a Sardenha, a Rússia e outras nações menores; todos estes governos eram seus inimigos, mas os povos de todas as nações eram seus aliados. A guerra com a Inglaterra prejudicou um pouco o envio de aristocratas para Londres, mas nessa época a ajuda do povo inglês foi fundamental.

Internamente, a revolta que eclodira na Vendéia, seguida de vários movimentos contra-revolucionários em Bordeaux, propagara-se por todo o Oeste, o Sul e o Sudeste da França. No dia 13 de julho de 1793, quando tomava seu costumeiro banho de banheira, Jean Paul Marat foi assassinado por Marie-Anne Charlotte de Corday, que viera a Paris com a finalidade de matá-lo por considerar o deputado grande responsável pela queda de seu partido, os Girondinos.

Há um detalhe que a História ignora, mas que dá uma certa coerência ao fato de que Marat foi morto quando se banhava. No início da Revolução, Marat foi perseguido pela justiça e teve que se ocultar nos esgotos de Paris. Em conseqüência, adquiriu uma doença de pele que lhe provocava coceiras e muitas dores, somente aliviadas com vários banhos diários. Por conseguinte, a probabilidade de Charlotte o ter encontrado tomando banho era alta, condição que facilitaria seu assassinato.

O líder dos Jacobinos em Lyon, Charriet, foi encontrado morto e a contra-revolução, então, foi devidamente reprimida. Ao terrorismo contra-revolucionário o governo da Nova República respondeu com o terrorismo revolucionário. Estava implantado o "Grande Terror"; a guilhotina começava a devorar os filhos da Revolução.

Estamos em 5 de setembro de 1793 e foi decidido colocar o Terror na ordem do dia. O Tribunal Revolucionário foi reorganizado e em 17 do mesmo mês foi publicado o "Decreto dos Suspeitos". Os julgamentos tornam-se sumários e a descristianização, que objetivava acabar com o clero e a Igreja, conquistava muitos adeptos. A igreja de Notre Dame de Paris foi transformada no "Templo da Sabedoria". Robespierre, "o incorruptível", agora centralizava todo o poder. Começava a ditadura do Terror.

Jean Phillipe, espada na mão, enfrentou os homens do

marquês, que, três de cada lado, aproximaram-se vagarosos do astrólogo, que rodando com rapidez descreveu um círculo com sua arma. As espadas se chocaram e Jean Phillipe, atirando fundo um golpe com a ponta da espada, atingiu o ombro do homem que havia se adiantado mais pela direita. Mas o número de seus oponentes era maior e Jean Phillipe, atingido no braço direito, largou a espada e caiu no lajeado da rua. Num segundo estava cercado e desarmado, foi cercado por vários braços que o imobilizaram.

— Prenda este homem! — disse o marquês, dirigindo-se ao Comissário Duval, que estava ao lado de sua carruagem. — Eu, Antoine Émile Dupret, marquês de Saint-Cyr, o acuso de traidor, contra-revolucionário, adivinho, bruxo e íntimo amigo de monarquistas. Eu o acuso de inimigo do povo!

Jean Phillipe, dominado, ante essas rídiculas acusações, embora se encontrasse em difícil posição, não pôde conter-se, e dando uma risada, exclamou:

— Bandido! Celerado! Tua vez não tarda!

O marquês, apressado, depois de dar suas ordens, seguiu com três homens a interrompida perseguição ao fiacre de sua mulher, que nessa altura já se encontrava longe.

Enquanto Jean Phillipe era arrastado para dentro de uma carruagem e levado pelo Comissário Duval, Marie-Louise, com o filho no colo, descia do fiacre no portão da igreja de Saint-Eustache.

Àquela hora, o templo estava escuro e silencioso, mas a marquesa não perdeu tempo e dirigindo-se para os fundos da igreja, bateu na porta do quartinho de Gorete:

— Abre, pelo amor de Deus! — e Marie-Louise não parava de esmurrar a porta.

Gorete, sobressaltada, acordou tonta de sono.

— Quem é? Quem é? — repetiu.

— Sou eu, Marie-Louise, pelo amor de Deus abre a porta!

— Quem?

— A marquesa de Saint-Cyr, Marie-Louise!

A porta foi aberta e ela entrou de roldão, colocando seu filho na cama de Gorete.

— O que foi? O que aconteceu? — conseguiu perguntar.

— Meu marido! Tentou me prender! Quer matar meu filho

— disse atropeladamente.

— Meu Deus! — foi só o que conseguiu dizer a pobre Gorete, visivelmente espantada.

— Preciso de abrigo!

— Calma, marquesa! Fique aqui em meu quarto, enquanto vou acordar Père Lucien. Fique em silêncio, senhora, que eu já volto — e colocando um grosso robe por cima da roupa de dormir, saiu, deixando a amedrontada marquesa encolhida com seu filho na cama.

Père Lucien, estremunhado de sono, entrou no quartinho de Gorete.

— O que houve, minha filha — e reparando na criança —, aconteceu alguma coisa?

— Jean Phillipe, padre! Pode estar preso ou morto!

— Como assim, filha?

— O marquês, meu marido, veio nos perseguindo. Jean ficou para trás para enfrentá-los. São muitos, padre, são muitos! — e começou a chorar.

— Calma, minha filha! — disse Père Lucien, sentando-se na cama ao lado da marquesa. — Calma! — repetiu, e talvez para desanuviar a situação tensa, perguntou: — Qual o nome da criança?

— Georges. Quero que seu nome seja Georges, igual ao de seu bisavô. — E voltando a se agitar: — E Jean, meu Deus! A esta hora pode estar morto!

Père Lucien e Gorete, que até este momento permanecia calada, procuraram consolá-la.

— Não deve ter acontecido nada, senhora. Não é, Père Lucien?

O padre balançou a cabeça, afirmativamente. Colocou a mão direita sobre a cabeça da marquesa, e com o dedo indicador fez o sinal da cruz.

— O que pretendes fazer, minha filha?

— Não sei, padre, não sei — respondeu a marquesa, por entre soluços.

Nesse momento, ruídos e gritos altos chegaram até eles.

— Deve ser o marquês que chegou com seus homens! — disse Père Lucien. — Fica aqui com Gorete, que vou atendê-los. Talvez possa acalmá-los e assim ganharás algum tempo.

— Ai! — gemeu Marie-Louise. — Não, padre, vou me entregar àquele monstro. Ele não sabe ainda da existência do meu filho e concordando em voltar com ele para casa, talvez meu filho fique em segurança.

— Acho muito arriscado teu plano, podes pôr tudo a perder.

As batidas na porta da nave central aumentaram e os gritos e vozes desencontradas chegaram bem audíveis.

— Não temos mais um minuto a perder, padre! Esta solução é a melhor no momento — disse Marie-Louise, que começava a raciocinar.

— Vou tentar ganhar tempo falando com o marquês.

— Vou com o senhor.

— Escuta, minha filha: Georges fica aqui contigo e Gorete, enquanto parlamento com o marquês. Depois, se conseguir o que pretendo, vou procurar o Diretor da Ordem da Cruz de Ouro, que levará teu filho em segurança para Neully, à casa de Pascoal e Eugénie. Hoje em dia, as igrejas estão sendo assaltadas e destruídas.

Père Lucien então saiu do quartinho de Gorete, que, muda, abraçava com carinho a marquesa.

A porta principal foi aberta e o prelado se viu cara a cara com um irascível marquês e seus homens, que pela postura apresentada já se preparavam para arrombar a porta e invadir a igreja.

— Senhor marquês, a que devo a honra de nesta hora... — foi interrompido de modo brusco pelo outro:

— Minha mulher! Sei que está escondida aqui!

— Senhor...

A interrupção agora veio do fundo da nave central e a marquesa, muito pálida, andando com algum dificuldade, chegou até eles:

— Estou pronta, senhor, para acompanhá-lo.[2]

Quando Ambroise Binoche chegou à hospedaria de Amiens, depois da entrevista com Monsieur Périgau, encon-

2 Nesse momento, a Lei Cármica ofereceu a Marie-Louise a oportunidade de confrontar uma situação idêntica à vivida outrora, na Terra das Araras Vermelhas, quando ela e Jean Phillipe, perseguidos pelos guardas do Sacerdote do Som, seu pretendente, foram encurralados — e ela preferiu jogar-se de um penhasco a se entregar, onerando gravemente seu espírito com o suicídio. Nesta ocasião, ela pôde novamente optar — e por misericórdia da Lei, já que o fizera outrora por amor, veio o amor guiá-la para a decisão certa, que quitou sua consciência.

trou esperando-o seu contato de Aix-en-Provence.

— Vim, senhor Binoche, para Amiens, a fim de entregar alguns documentos sobre o senhor Fabre d'Églantine a Monsieur Périgau. Soube por ele que o senhor se encontrava na cidade e, assim, vim logo que pude ao seu encontro.

— No que fez muito bem, cidadão Louis Leclerc.

O outro, assim chamado, tirou de dentro de uma maleta algumas folhas de papel enroladas numa fita e entregou-as ao cidadão Bibot.

Binoche examinou rapidamente os documentos e, parecendo muito satisfeito, cumprimentou Leclerc com palavras elogiosas, passando para suas mãos um bolo de notas.

— Cidadão Leclerc, além da fama de grande mago e astrólogo em Aix-en-Provence, ainda é um meticuloso investigador da vida alheia. Meus parabéns! Um serviço perfeito!

Louis Leclerc escutou calado as palavras elogiosas.

— Cidadão Binoche, tomei a mim este encargo por duas razões: primeiro, Fabre d'Églantine é bastante conhecido na Provence como um farsante e canalha, assim sendo não tive o menor escrúpulo em devassar toda sua vida; segundo, este dinheiro pago pela investigação tem destino certo: vai para as obras beneficentes que minha Ordem mantém junto às crianças órfãs e abandonadas.

— Uma causa muito justa.

— Quando tomei conhecimento de que o senhor desejava uma investigação completa sobre Fabre d'Églantine, através de Monsieur Périgau, imediatamente comecei a trabalhar.

— Ótimo, cidadão Leclerc! Fico-lhe devendo esse grande favor; mas satisfaça minha curiosidade. Sua Ordem tem alguma coisa a ver com essa outra que em Paris se chama Ordem da Cruz de Ouro?

O outro espantou-se um pouco com a pergunta. Não julgava que uma ordem secreta fosse do conhecimento de pessoas leigas. Mesmo assim, respondeu:

— Sim, cidadão Binoche: minha Ordem, a Ordem da Flor de Lys, não é subordinada, mas tem tudo a ver, em sua parte filosófica, com a Ordem de Paris.

31

Prisioneiros

Fabrice Joseph Saint-Girard, barão de Saint-Croix, bastante impressionado com o sonho — ele assim pensava — que tivera com o conde de Saint-Germain, e que produzira uma mudança radical de atitude contra Fabre d'Églantine e o marquês de Saint-Cyr, estava decidido a não mais prosseguir em sua vingança.

Procurou, alguns dias depois do sonho, que fora bem nítido, por Ambroise Binoche e, sabendo por Angéline que seu marido estava viajando, voltou pelo menos umas quatro vezes com inúteis resultados. O cidadão Bibot ainda estava fora da cidade e na sua casa ninguém sabia quando voltaria.

O barão já tinha reunido seus inúmeros emissários e, através de Gaston, seu homem de confiança, havia gratificado generosamente todos eles. Reuniu toda sua fortuna em títulos ao portador na Inglaterra, jóias e outros objetos de valor e, pronto para deixar o país, aguardou o salvo-conduto que a Ordem lhe forneceria para que pudesse, com sua mulher, sair com toda segurança de Paris.

Heliodora havia lhe pedido que intercedesse junto ao padre Laurent, novo diretor da Ordem, para emitir um salvo-conduto para a marquesa Marie-Louise, quando foi avisado de que Gervaise d'Orsay se encontrava em seu palacete, querendo falar-lhe.

— Boa-tarde, barão; desculpe-me vir incomodá-lo, aparecendo sem avisar previamente.

— Os amigos não necessitam seguir as etiquetas, amigo

d'Orsay. Mas vejo que está aflito. O que posso fazer?

— Meu filho foi preso! Está incomunicável, na Conciergerie. Temo pela sua vida, barão. Como o senhor não ignora, hoje os julgamentos, quando são realizados, são sumários e a guilhotina ceifa quase que de imediato aqueles que foram condenados.

— É uma situação bastante difícil.

— Marie-Louise já teve meu neto, que felizmente está em segurança na casa de Paschoal e Eugénie, mas a marquesa se encontra prisioneira de seu próprio marido, em um castelo de sua propriedade em Nanterre.

— Ele sabe da existência de seu neto?

— Não, barão, felizmente não sabe.

— Ainda bem! Mas diga-me, o que posso fazer pelo amigo?

— A Ordem da Cruz de Ouro já vem fazendo o possível e o impossível pelo meu filho; quanto à marquesa, pensei que, sendo amigo da família do marquês, poderia obter algumas informações que seriam de grande conforto para Jean Phillipe — disse Gervaise, aceitando um cálice de conhaque que o barão lhe ofereceu, querendo na certa amenizar um pouco sua aflição.

— Não somos tão amigos assim. Eu diria conhecidos formais! Mas o que dizem os astros? — perguntou o barão, depois de alguns instantes de silêncio, enquanto Gervaise sorvia a pequenos goles o conhaque.

— Não tive cabeça para consultá-los.

— E o conde René de Vincennes? Segundo minha mulher me contou, ele deu algumas informações valiosas, quando da experiência feita por seu filho. Quem sabe o conde, aparecendo, não indicaria que caminho ou atitude tomar?

— Bem que tentei, junto com Gilbert, mas tudo em vão. Acho que pelo meu estado, fiquei pouco receptivo.

— Vou ver o que posso fazer, d'Orsay; estou meio sem ação, pois meu elemento de ligação com os revolucionários está fora de Paris.

— Quem é, barão?

— Um tal de Ambroise Binoche, conhecido como cidadão Bibot.

— Binoche, Bibot? Penso que não conheço.

— É, não deve conhecer. Mas prometo-lhe, vou falar com a baronesa e nós dois iremos à residência do marquês e tentaremos ter um contato com a marquesa. Pelo menos saberemos notícias, o que aliviará por certo a aflição de seu filho.

Marie-Louise havia agido com presteza e seu estratagema dera resultado. Entregando-se voluntariamente ao marido, evitou que seu filho pudesse ser descoberto e morto, certamente, por Saint-Cyr que, como ela sabia, não tinha a menor piedade no coração.

O marquês deu-se por satisfeito e, com a marquesa, retirara-se da igreja, não ordenando a seus homens que revistassem o templo.

Père Lucien, depois que Marie-Louise, de modo inopinado, aparecera, conservara-se calado e tão logo eles se retiraram, depois de avisar Gorete, se arriscou a sair de Saint-Eustache àquela hora da noite, seguindo para a Ordem da Cruz de Ouro, quando, por pura sorte ou ajuda do destino, conseguiu um fiacre de aluguel que passava casualmente em frente à igreja. Ia à procura de Laurent de Maubert, para que este levasse o filho de Marie-Louise para a casa de Paschoal, em Neully.

Achava Père Lucien que o diretor da Ordem não despertaria suspeitas levando a criança, pois tinha medo de que ele próprio fosse ainda vigiado pelos homens do marquês. Laurent de Maubert, que já há muito havia sido avisado por seu mestre de que seria entregue a seus cuidados uma criança, não demonstrou a menor surpresa ante o pedido de Père Lucien e foi com indisfarçável alegria que concordou em levar logo pela manhã para Neully o filho da marquesa de Saint-Cyr.

— Que criança linda, padre Laurent! — disse Eugénie, segurando o menino no colo.

Paschoal, enlevado, fez festinhas na cabeça do filho de Marie-Louise.

— Fique sossegado, padre, aqui conosco o menino estará

em completa segurança...

— E tratado como nosso filho, com todo o carinho — interrompeu Eugénie.[1]

— Assim que puder, Père Lucien virá até aqui, junto com Gorete, madrinha do menino, para batizá-lo com o nome de Georges d'Orsay.

Enquanto a criança brincava com o colar de Eugénie, padre Laurent viu uma luz de coloração violeta que se irradiava por todo o peito da criança. Laurent de Maubert elevou o pensamento para o mestre, o conde de Saint-Germain, e agradeceu por ter tido oportunidade de cumprir com sua promessa.

Jean Phillipe foi levado pelo Comissário Duval, depois de passar a noite em um calabouço do Tribunal Revolucionário, à presença de Cartouche, para interrogatório. O Comissário Duval cumpria ordens do marquês, que lhe dissera: "Condena sem julgamento à guilhotina esse adivinho" e completara: "Vamos ver se ele adivinha sua própria morte". O comissário, seguindo ao pé da letra a vontade de quem lhe pagava, muito bem paga, uma gratificação mensal, levara o astrólogo à presença do governador da Conciergerie, logo pela manhã.

— Nome completo? — perguntou Cartouche ao prisioneiro, acorrentado nas mãos e pés, à sua frente.

Jean Phillipe, embora tivesse perdido muito sangue do ferimento no braço, estava pálido, mas não abatido. Sem curvar a cabeça, olhou bem nos olhos de Cartouche, antes de responder:

— Jean Phillipe d'Orsay.

— Profissão?

1 Paschoal não sabia que estava vivendo um momento cármico. No passado, ele fora o Sumo-Sacerdote Juranan (depois, quando proscrito, Dezan) da Terra das Araras Vermelhas, que atraiçoado pelo sacerdote Azamor, vingou-se raptando a mulher e o filho pequeno deste; a mulher, Jaciara, que ele levou a viver numa província distante, veio a ser Eugénie, a quem reparou oferecendo agora seu nome e um lar. O menino pequeno, que criara como filho, afeiçoando-se a ele, tinha sido, no entanto, despojado de sua verdadeira família. A perfeição da Lei operou oferecendo a Paschoal a oportunidade de fechar esse débito cármico, agindo de forma amorosa, simétrica e contrária ao gesto do passado: preservando um bebê para seus pais. Não poderia saber, também, que por "coincidência", essa criança, Georges, era filho daquele que, no passado, raptara — Turano, o filho de Jaciara, agora Jean Phillipe, a quem assim compensava carmicamente. Na última existência, no Brasil, Dezan/Paschoal foi extremado amigo de "Jean Phillipe".

— Astrólogo e alquimista.

— Queres dizer, bruxo?

— Astrólogo e alquimista — repetiu Jean Phillipe.

— Naturalmente, contra-revolucionário!

— O senhor é quem diz.

— Insolente! Estás com sorte de eu não te fazer torturar para obter a informação que quero.

— Sob tortura, até confirmo que matei o rei e estrangulei a rainha — disse o astrólogo, em tom de voz firme.

— Para onde mandaste a marquesa de Saint-Cyr? — perguntou Cartouche, depois de alguns minutos analisando o prisioneiro.

— Penso que o marquês é quem devia saber.

— Responde direito ou te mando agora mesmo para a sala de tortura.

— Não sei, senhor — afinal respondeu Jean Phillipe, vendo que era inútil sustentar sua posição obstinada.

— Vou fingir que acredito.

— É a pura verdade.

— Não adianta negar, mais cedo ou mais tarde irás me contar tudo que sabes. Todos falam!

— Não posso dar-lhe uma informação que ignoro.

Jean Phillipe estoicamente mantinha esse diálogo, pois com a perda de sangue produzida pela estocada que levara no braço e a noite mal dormida, povoada de inúmeras ansiedades e preocupações, estava quase desmaiando. Cartouche, indiferente ao estado lastimável do astrólogo, prosseguiu no seu interrogatório:

— Não acredito no que me dizes!

— Para mim é indiferente que acredite ou não!

— Insolente! Vou já te mostrar... — não terminou a frase. Um guarda postou-se na porta que estava aberta e aguardou perfilado que o governador notasse sua presença.

— Que desejas? — perguntou Cartouche, visivelmente aborrecido com a interrupção.

— Desejam sua presença com urgência no Tribunal, senhor.

— Quem deseja? — ainda perguntou o governador.

— O senhor Robespierre!

— Mais tarde falaremos. Tenho que sair agora, para sorte tua, mas logo voltarei a te interrogar e juro que me contarás tudo que sabes. Guarda — disse para o outro policial —, leva o prisioneiro para a cela onde estão os privilegiados viajantes da guilhotina — e encarando o astrólogo, depois desta ameaça, saiu da sala.

Jean Phillipe foi jogado em uma cela apinhada, onde havia mais de trinta prisioneiros em um espaço em que caberiam apenas dez, no máximo. O jovem astrólogo, cabeça repleta de preocupações, sem saber o destino tomado por Marie-Louise e seu filho, sentou-se no chão, de costas para a parede, e, colocando as mãos no rosto, procurou ocultar dos outros as lágrimas que teimavam em descer pelos seus olhos.

Gervaise, arriscando-se a ser preso novamente, foi até a Conciergerie em busca de notícias de seu fiho.

Consultou um guarda, que de maneira displicente para quem trata com o público, estava encostado no balcão ao lado da porta de entrada.

— Gostaria de ter informações sobre um prisioneiro.

— Quem é o senhor? — perguntou o guarda, com maus modos.

— Sou o pai desse prisioneiro.

— E por que pensas, cidadão, que sendo seu pai tens direito de chegar aqui e pedir sem mais nem menos informações?

— Senhor — disse Gervaise com toda calma — um pouco mais de civilidade. Fiz apenas uma pergunta.

O guarda era realmente mal-humorado. Ficou olhando, sem dizer nada para Gervaise, que insistiu:

— Senhor, será que custa tanto dar-me uma simples informação? — e não alterou seu tom de voz, querendo mostrar ao guarda que não estava impaciente, tampouco irritado. Gervaise sabia que se arriscava, se desse um passo em falso. Sua própria presença ali era perigosa.

O guarda parecia estudar a fisionomia do perguntador matinal. Àquela hora, depois de uma noite inteira de plantão, não era o melhor momento para ser importunado. Talvez para se ver livre de mais perguntas, o guarda resolveu abreviar o importuno diálogo.

— Vou tentar dar-te a informação que queres, cidadão — disse afinal o guarda.

— Eu fico muito agradecido.

— Nome completo do prisioneiro.

— Jean Phillipe d'Orsay.

O guarda, movimentos lentos, procurou ao lado do balcão, em uma lista enorme, o nome mencionado. Depois de um tempo que pareceu interminável para Gervaise, o guardião da lei encontrou o que procurava.

— Ainda não foi julgado, cidadão.

— Será que podia vê-lo?

— Sem um salvo-conduto, não é permitido! O senhor tem um? — e não esperando resposta. — O preso está incomunicável. Não é possível.

— Obrigado, cidadão! — disse Gervaise, vendo que de modo nenhum seria permitida sua entrada.

Dali Gervaise seguiu para a Ordem da Cruz de Ouro e não encontrando Laurent de Maubert, sem saber o que fazer, e com os piores pressentimentos, seguiu em direção às oficinas do jornal de seus amigos Gérard e Honoré. "Quem sabe", pensava Gervaise, "os dois não poderiam ter uma idéia ou fazer alguma coisa em favor de seu filho?" O desorientado astrólogo, morto de cuidados e apreensões, caminhou como um autômato até a rua do jornal *O Povo*.

Gérard e Honoré despediam-se de um senhor, quando Gervaise adentrou a redação.

— Olá, Gervaise! — disse Gérard, sem reparar no estado lastimável do outro.

— Hoje é um dia memorável para nós — disse Honoré, aproximando-se dos dois.

— Qual o motivo da alegria? — conseguiu perguntar Gervaise, a muito custo.

— Fizemos uma grande sociedade — disse Gérard. — O senhor Babeuf, que acabou de sair, nos fez uma proposta irrecusável.

— Nosso jornal agora — disse Honoré — vai se chamar "A Tribuna do Povo". Vamos alugar outra sala, maior, pois teremos máquinas melhores e mais modernas para imprimir o jornal.

— Ele entrará com mais dinheiro e assim faremos um jornal com mais páginas e também notícias mais atualizadas — disse Gérard.[2] — O cidadão Graco, como gosta de ser chamado, François Noel Babeuf, além de ser jornalista, também é membro da Assembléia.

— É um revolucionário dos primeiros dias — completou Honoré, cheio de entusiasmo.

— Fico muito satisfeito com essas novidades.

Só então Gérard notou o estado lastimável do amigo; e ele e Honoré se deram pressa em ver o que se passava.

A viagem da marquesa Marie-Louise para o castelo de Antoine de Saint-Cyr, em Nanterre, vilarejo próximo de Paris, se fez em silêncio.

O marquês não deu uma palavra, até chegar ao destino. Tampouco Marie-Louise.

— Já providenciei para a senhora ter aqui todas as comodidades e todos os seus servos particulares, mas já dei ordens expressas de que não poderá ultrapassar os muros ou o portão principal do castelo — disse Saint-Cyr, voz entre colérica e ríspida, e como sua mulher nada dissesse, enfureceu-se e alterado perguntou:

— Não tem nada para me dizer?

— Não, senhor, ou melhor, apenas uma pergunta.

— Pois faça!

— Posso receber visitas?

— Apenas de sua mãe, a condessa de Vincennes.

— E dos meus amigos?

— Estes, senhora, foram altamente perniciosos. Se está, madame, nesta situação, agradeça a eles. Não serão permitidas

2 Gérard, tal como naquela época, continua hoje apaixonado pela palavra impressa e com o mesmo idealismo e coragem com que propagou os ideais revolucionários, edita textos instigantes voltados para a preparação da consciência coletiva para a Nova Era, agora no Brasil. É hoje, novamente, grande amigo de "Jean Phillipe" (de quem foi tio, na Terra das Araras) e "Marie-Louise" (que já fora sua irmã outrora, na Pérsia) e nas lides editoriais também veio a reencontrar, como colaborador, Babeuf.

visitas dos seus... seus amigos — disse afinal o marquês.

— Mas é injusto... — mas foi interrompida de modo brusco por seu marido:

— Quer receber a visita de seu amante? — perguntou com toda brutalidade, bufando de ódio, Antoine de Saint-Cyr.

Marie-Louise não respondeu às palavras grosseiras do marquês. Embora amedrontada, não se abateu e com altivez enfrentou-o.

Antoine, acostumado a ser obedecido pela marquesa, ficou por alguns instantes perplexo, não sabendo o que dizer e, quando o fez, foi com o intuito de ofender ou fazer com que sua mulher recuasse da atitude desafiadora.

— Seu amante, senhora, está com os dias contados. Vai ser interrogado, se preciso torturado e, covarde como ele é, vai contar tudo que preciso saber.

— Covarde é o senhor! Quem se prevalece de sua posição superior para subjugar pela força é que se chama de covarde.

— Silêncio, infeliz! Adúltera!

— Não me calo e nunca me calarei diante de uma injustiça.

— Calada! Eu podia, usando minha prerrogativa de marido enganado, mandar marcá-la a ferro no ombro com um sinal infamante com que se marca aquelas mulheres infiéis e criminosas.

— Não ousaria!

— Ousaria muito mais!

— Bruto, insensível! — e Marie-Louise não conseguiu prender as lágrimas, que agora lhe desciam pelo rosto.

O marquês, indiferente, continuou de forma sarcástica:

— Seu amante, senhora, breve, muito breve estará seguindo para a guilhotina.

— Não seguirá, não! — exclamou Marie-Louise, engolindo as lágrimas. — Deus é bom e justo, senhor marquês, não permitirá uma injustiça dessas.

— Ainda o defende e me afronta, mulher adúltera, eu, seu legítimo marido!

— Não tenho mais marido — e Marie-Louise, para desespero de Saint-Cyr, continuou a enfrentá-lo.

— Cale-se, ou perco a pouca paciência que me resta e mando meus empregados atirá-la em um dos bordéis da cidade.

Marie-Louise, ante essas palavras ditas com toda fúria, ficou com muito medo e achou melhor calar-se. O marquês, completamente fora de si, gritou:

— Tenha pelo menos pudor! Comporte-se como uma marquesa! Uma dama que sei que não é mais!

Marie-Louise viu que não adiantava se opor ao marquês; seria uma insensatez. E como era uma mulher inteligente, adotou uma postura submissa e, de cabeça baixa, não disse mais nada. O marquês esbravejou, insultou e descontrolou-se por um bom espaço de tempo. Vendo que Marie-Louise não tinha nenhuma reação, afinal calou-se.

A marquesa, depois de um longo tempo, em que o marquês calado parecia observá-la, dispôs-se a perguntar, simulando timidez na voz e na postura:

— Meu cocheiro Jacques, queria tê-lo aqui a meu serviço.

— Se não pode sair, não precisa de cocheiro — e resmungando invectivas pouco agradáveis de se ouvir, saiu do quarto da marquesa, deixando-a sozinha com sua dor e seus temores.

O povo invade a Assembléia, no quadro de Gérard Dessin.

32

O cidadão deputado Louis Saint-Just

Haviam se passado quinze dias desses acontecimentos e já por duas vezes os prisioneiros que se encontravam na cela de Jean Phillipe haviam sido entregues ao carrasco, e o jovem astrólogo continuava incólume. Quando perguntava ao carcereiro se seria julgado, não recebia resposta, e entravam e saíam presos, mas Jean Phillipe continuava ocupando sua cela. Só podia ser guerra de nervos. Só podia ser ordem do marquês que, pelo que entendera, era muito amigo do governador Cartouche. Fosse o que fosse, seu desespero aumentava, sem notícias de seus entes queridos.

Por sua vez, Ambroise Binoche chegara de Amiens e, munido de seus papéis reveladores, ou melhor, acusadores, tão logo descansou da longa viagem procurou o cidadão deputado Saint-Just.

Entrementes, a baronesa de Saint-Croix procurou, com seu marido, o marquês de Saint-Cyr e este, depois de receber com toda amabilidade forçada os dois, declarou, mentindo descaradamente, que sua mulher havia ido para Saint-Dénis em visita à condessa sua mãe.

Ambroise Binoche chegou cedo ao Comitê de Salvação Pública, onde se encontrava o deputado Saint-Just. Esperou quase uma hora, antes de ser atendido, mas paciente, achou que valeria a pena a espera.

— Cidadão deputado Louis Saint-Just — disse, fazendo profunda mesura —, trago provas incontestáveis contra três importantes cidadãos — foi logo falando, junto com o cumprimento.

— Ah! Cidadão comissário Bibot! — fez Saint-Just, levantando os olhos dos papéis que examinava em sua mesa e encarando o empertigado Binoche. — Mas sente-se, cidadão.

— Aqui estão as provas, senhor deputado — disse Bibot, entregando ao outro os documentos.

— Acusações contra quem?

— Antoine Émile Dupret, marquês de Saint-Cyr, Phillipe François Nazaire Fabre d'Églantine e Georges Jacques Danton, disse, declinando o nome completo dos acusados.

Ao pronunciar o último nome, Saint-Just quase pulou da cadeira.

— O deputado Danton?

— Sim, o deputado Danton — aí estão as provas contra Danton, d'Églantine e Saint-Cyr. Provas concretas de que desviavam dinheiro do povo, dinheiro da Revolução, para suas contas particulares na Inglaterra.

— E esse desvio do dinheiro público, já vem acontecendo há muito tempo?

— Leia o senhor mesmo, deputado Saint-Just; são provas de que também extorquiam dinheiro de alguns nobres para encaminhá-los a Londres, e detalhes da vida pregressa de Fabre d'Églantine.

O outro correu os olhos pelas inúmeras folhas e lendo o principal, disse:

— Vou examinar esses documentos com toda atenção antes de tomar qualquer providência, mas de qualquer forma, eu agradeço seu zelo patriótico. Afinal, a acusação é contra um deputado da Assembléia e dois fidalgos, sendo que um, o cidadão Fabre d'Églantine, no ano passado assumiu o cargo de secretário de Danton no Ministério da Justiça. Como não ignora, cidadão Bibot, foi ele quem elaborou o Calendário Revolucionário. É incrível, logo Danton e Fabre d'Églantine!

— Mas tem mais, cidadão deputado Saint-Just. Por este documento anexo, este de capa vermelha — disse Bibot, apontando a pasta debaixo dos papéis que o deputado examinava —, Fabre d'Églantine é um falso duque, como poderá constatar lendo o documento.

Saint-Just abriu a pasta e começou a ler, arregalando os olhos por entre exclamações de surpresa, à medida que examinava o conteúdo do documento.

— Mas é inacreditável! — e tomando fôlego: — Cidadão Bibot, prestou um serviço inestimável à República! Não será esquecido por mim, nem pelo incorruptível Robespierre. Cidadão, merece um lugar de destaque na Assembléia — disse Saint Just,[1] para alegria completa de Ambroise Binoche.

Fabrice esperou o cidadão Bibot refestelado em uma das poltronas novas, que agora ornamentavam a sala de visitas, ao mesmo tempo de jantar, orgulho de madame Binoche.

Ambroise pouco depois chegava e demonstrou grande satisfação com a presença do barão.

— É um prazer, barão!

— Como vais, Binoche?

— Muito bem, senhor. Acabo de chegar de Amiens e trago excelentes novidades.

— A propósito dessas novidades é que queria te falar. Vou cumprir tudo aquilo que prometi, mas tomei uma decisão importante. Não quero mais que investigues, ou ponhas em risco, a vida dos meus dois inimigos do passado — disse o barão, ante o espantado Bibot.

— Então desiste da vingança? — perguntou, depois de livrar-se da incredulidade.

— Desisto. É uma decisão definitiva.

— Impossível, barão!

— Como, impossível?

— Seus antigos inimigos, como o senhor os define, já foram acusados. A prisão deles é coisa que não deve demorar.

— É lamentável! — conseguiu dizer o barão, tapando o rosto com as mãos.

Bibot conservou-se em silêncio, respeitando a reação do barão. Sem compreender muito bem essa mudança de atitude, arriscou:

— Eles tiveram o que mereciam, senhor!

1 Saint-Just foi mais uma das figuras exponenciais da Revolução que veio renascer no Brasil do século XX, e teve relevante participação na cena política nacional, não deixando de repetir a mesma conivência com um movimento ditatorial, que tivera com o de Robespierre, na época do Terror.

— Embora sabendo que esses dois praticaram muitos crimes, não desejava que fossem punidos por meu intermédio — e o barão suspirou.

— A história desse Fabre d'Églantine é bastante sórdida. Deseja conhecê-la, barão? — e o cidadão Bibot, que era vaidoso de seus dotes policialescos e, vendo que o barão conservava-se calado, contou tudo que havia descoberto.

O barão, à medida que Bibot narrava em detalhes os lances da vida do falso duque, mudo de espanto, apenas balançava a cabeça de um lado para o outro. Quando Bibot terminou, tanto Angéline como ele viram à sua frente um homem aturdido, sem saber o que dizer de tanto assombro.

— Angéline, traz uma jarra de vinho para o barão — foi o que conseguiu dizer Bibot.

Saint-Croix bebeu devagar e, quando se recompôs:

— O que está feito, está feito! Paciência! Nem tudo pode sair como nós desejamos. Não queria mais que por minha causa os dois pagassem por seus crimes. Paciência! — tornou a repetir.

— Mas o senhor não teve a menor ingerência no caso; seus próprios atos os condenaram.

— Antes de passar às tuas mãos a gratificação extra por teus serviços, gostaria de te perguntar se terias uma maneira de me ajudar.

— Pergunte, barão.

— Meu bom amigo Jean Phillipe — tu deves conhecer, pelo menos de nome — é um grande astrólogo, filho de Gervaise d'Orsay, também astrólogo. Ambos trabalham no ofício na Rua dos Ursos.

— Vagamente — disse Bibot.

— Este amigo foi preso e se encontra na Conciergerie; está incomunicável, sem a menor notícia de sua mulher e seu filho. Temo pela sua vida.

— Não posso nesse caso fazer nada. Soltá-lo é impossível, senhor.

— Tenho muita pena.

— Posso conseguir que receba visitas — disse Bibot, vendo a decepção nos olhos do barão.

— Conseguirias isso para mim?

— Claro, barão. Será uma honra servi-lo mais uma vez.

Quando Fabrice saiu daquela casa, deixou na sala de visitas e jantar de madame Angéline um novo homem rico.

Jean Phillipe havia perdido a noção do tempo. Dias e noites se sucediam, quase de forma ininterrupta, e as horas se arrastavam em sucessões de períodos que para ele eram iguais, com a única diferença que se encontrava dormindo ou acordado.

Já por dez vezes sua cela fora esvaziada e novamente cheia de prisioneiros amedrontados, que se acotovelavam, encolhidos, quase uns sobre os outros.

Naquele fim de tarde, sua cela ficou de novo vazia. A noite já ia alta, quando Jean Phillipe foi acordado pelo barulho da porta gradeada se abrindo, e um homem foi atirado dentro da cela.

Na semi-obscuridade, o jovem astrólogo não conseguiu ver direito o prisioneiro caído quase a seus pés. Procurou levantá-lo do chão e, quando o homem virou o rosto para ele, não pôde conter uma exclamação de assombro.

O homem que havia sido atirado dentro da cela era Cartouche, o governador da Conciergerie.

33

A história de Gabrielle Bonot

Precisamos voltar no tempo em quarenta anos, para que se possa entender a História cujos detalhes encontram-se nos documentos entregues por Bibot ao deputado Saint-Just.

O mago Leclerc, depois de levantar a vida pregressa de Fabre d'Églantine e sua amante, Gabrielle Bonot, colocou tudo que coligira em um relato completo, que entregou ao cidadão Bibot, síntese da verdadeira história.

A companhia de atores ambulantes, chefiada pelo diretor, ator e autor das peças, o Grande Marchiari, chegou à cidade de Aix-en-Provence com grande espalhafato. Um desfile atravessou a rua principal, com todos os atores e atrizes devidamente caracterizados. O Grande Marchiari, vestido com um camisolão branco, rosto empoado, um grande chapelão vermelho cobrindo quase metade do rosto, anunciava com voz de trovão o espetáculo da noite, que seria no mercado, onde haviam improvisado um palco, com bancos emprestados de uma loja de móveis usados, ao mesmo tempo patrocinadora da peça teatral.

— Vinde todos vós, vinde! Logo mais à noite, às oito horas, a grande peça de teatro "A viúva inocente" — gritava Marchiari —, com a Divina Bonot, diretamente dos palcos de Paris! O ator romântico Fabre d'Églantine, a coquete Madelaine e o intrigante e farsante Piccolo! Vinde! Vinde todos! Por uns poucos sous,[1] assistireis ao maior espetáculo encenado nos palcos de vários países!

1 N. A.: Moeda de mínimo valor existente na época.

Alguns meninos corriam ao lado da carruagem, entregando volantes impressos onde se lia o nome da companhia — "Grande Teatro de Improvisadores Franceses", um desenho da atriz Gabrielle Bonot e do ator Fabre d'Églantine, um texto curto e elogioso à companhia e, na parte inferior, um desenho de corpo inteiro de Marchiari.

Era muito comum, nessa época, as companhias de teatro ambulante fazerem uma entrada triunfal nas cidades, com desfile e, às vezes, com uma charanga desafinada e estridente, para chamar atenção, anunciando o espetáculo. Era também comum as peças não terem um texto decorado pelos atores; eram apresentadas com as falas todas de improviso, havendo apenas a idéia do enredo.

Passava nessa hora, em sua carruagem, o Duque de Montpellier, Jules Auguste Pierre de Poissy, que vendo a Divina Bonot em destaque na sua carruagem, vestida de renda bordô, um chapéu pequeno do mesmo tom, cachos louros, ondulados, enfeitados com travessas douradas, ficou fascinado. Realmente, a Divina Bonot era linda, de uma beleza que chamava a atenção.

O Duque não perdeu tempo; e descendo de sua posição, procurou aproximar-se da bela atriz. Após o espetáculo, com um público ruidoso, embora pequeno, o Duque, tendo um buquê de rosas vermelhas nas mãos, mandou um de seus servos procurar a atriz com um convite para a ceia.

O Duque de Montpellier já era entrado em anos, devia ter seus bem vividos setenta, viúvo, sem família; haviam morrido todos depois de uma epidemia de varíola. Ainda estava forte e desempenado para a idade.

O servo tinha ordens precisas. Aproximou-se de Marchiari, que guardava a entrada de onde os artistas se trocavam.

— O senhor Duque de Montpellier mandou que entregasse este convite para a ceia à divina senhorita Bonot — e o lacaio entregou o cartão de seu senhor e o buquê de rosas vermelhas.

Marchiari examinou o cartão de linho bordado a ouro, e o título parece que o impressionou. Astuto, vendo uma oportunidade de amealhar alguns luízes, que avaliava não seriam poucos, se deu pressa em avisar sua atriz.

Gabrielle conversava com Fabre, os dois ainda trajando as roupas de seus personagens, quando Marchiari se dirigiu a ela:

— Caríssima Gabrielle Bonot! — o diretor do teatro era sempre muito gentil. — Um convite irrecusável do Duque de Montpellier — e entregou o cartão e as rosas para a atriz.

Gabrielle examinou o cartão e, cheirando o buquê de rosas, perguntou:

— Quem é esse Duque de Montpellier?

Foi Fabre d'Églantine quem respondeu:

— Um fidalgo muito rico e muito importante. Um convite que honraria qualquer dama.

— Mas... e nossa noite após a estréia? Já por muito tempo comemoramos juntos esse momento. Ou te esqueces disso?

— Não, não me esqueço, mas teremos muitos anos para cear juntos. Agora, um convite dessa natureza, uma oportunidade dessas, não aparece todo dia.

— Fabre tem razão — aparteou Marchiari —, isso pode ser importante para tua carreira.

— Achas mesmo? — Gabrielle estava indecisa.

Tanto Fabre d'Églantine como Marchiari, de natureza oportunista e ambiciosa, viram nessa aproximação do Duque a ocasião propícia para tirar o maior proveito possível. Prestígio e dinheiro, dois excelentes degraus para subir na vida.

Fabre d'Églantine continuou insistindo:

— É uma grande oportunidade, querida. Pensa no que um homem de respeitabilidade e dinheiro, como um Duque, não poderá fazer por ti! Pensa nisso!

— Tu não te importas? Não tens ciúme de mim?

— Confio em ti. Sei que subindo na vida, eu também subirei contigo. Tenho certeza de que farias por mim aquilo que também faria por ti.

— Aproveita, Divina Bonot! A vida é curta e as oportunidades só aparecem uma vez, apenas — disse Marchiari, usando de sua experiência e dando um tom tentador à voz.

— Não penses duas vezes, meu amor — disse Fabre, beijando as mãos de Gabrielle.

A moça decidiu-se. Às dez horas em ponto a carruagem do Duque veio buscá-la.

A ceia aconteceu no castelo, nos aposentos íntimos do Duque que, galanteador, depois de ele próprio servi-la das finas iguarias, em meio a palavras carinhosas, falou-lhe de sua solidão, de como gostaria de ter uma companhia, e que seu intuito, se ela não o julgasse atrevido ou precipitado, era pedi-la em casamento. Isso tudo foi dito com toda a gentileza, culminando por oferecer-lhe um belíssimo colar de esmeraldas, que ele colocou em seu pescoço.

De volta à hospedaria, Gabrielle encontrou Fabre acordado, esperando-a no seu quarto. O diálogo entre os dois foi extremamente difícil e durou a noite inteira.

Depois de muito choro, Gabrielle afinal cedeu diante dos argumentos de Fabre, ficando assentado que aceitava a corte do Duque. O plano era engenhoso. Ele, Fabre, seria apresentado como seu irmão inseparável; a atriz se casaria com o Duque e, na primeira oportunidade, liquidariam o fidalgo.

Tudo saiu como esperavam, exceto por Marchiari, que vendo que perderia seus dois atores sem tirar o mínimo proveito, começou a fazer chantagem. Fabre d'Églantine, vendo que todo seu plano poderia vir abaixo, caso o diretor do teatro falasse, arranjou rápido uma doença grave da mãe deles, que o Duque solícito amenizou com grande soma de dinheiro, que passou depressa para as mãos do esperto Marchiari.

A corte do fidalgo durou um mês, tempo necessário para o Duque de Montpellier estar perdidamente apaixonado e se casar com a atriz. Fabre d'Églantine, como irmão afetuoso e muito ligado à irmã, foi morar no castelo do Duque, passando a levar vida de fidalgo, pois agora o marido de Gabrielle o cobria de presentes e não deixava que lhe faltasse nada, quer no sentido de comodidade, quer no financeiro.

— Para que levarmos avante o plano que elaboramos, querida irmã? — perguntou Fabre, rindo.

Já se haviam passado quase dois meses e o ator, gozando de todas as facilidades, achava que a situação estava cômoda demais. Vivia nababescamente, às custas do Duque, e ainda tinha a cama da Duquesa à sua disposição.

— Não agüento mais essa situação! — disse Gabrielle.

— Será muito arriscado para nós matá-lo. E diz, por que arriscaríamos agora nossas cabeças?

— Eu sei, mas... — foi interrompida pelo outro.

— Não estamos tendo o maior proveito com essa situação?

— Não se trata disso.

— Então, minha querida?

— Sinto que te afastas de mim.

— Que bobagem!

— É verdade. Cada dia que passa, estás mais distante.

— É impressão! Sou o mesmo Fabre de sempre.

— Essas coisas não precisam ser ditas. Uma mulher sente no ar quando o desinteresse chega.

— Meu amor, não digas uma coisa dessas!

— Dize-me, Fabre, ainda me amas?

— Amo, querida.

— Do mesmo jeito antigo, de quando nos conhecemos?

Fabre d'Églantine não respondeu. Abraçou Gabrielle, que agarrando-se nele começou a chorar.

Fabre procurou acalmá-la e, aos poucos, com muito jeito e carinho, conseguiu.

O casamento já durava cerca de quatro anos e meio, quando o inevitável aconteceu. O Duque de Montpellier, combalido em sua saúde pelos excessos prodigalizados por Gabrielle, veio a falecer, ficando a Duquesa de posse do título e de grande fortuna.

Depois de liquidarem os negócios em Aix-en-Provence, os dois amantes, agora respeitáveis aristocratas, foram residir em Paris.

Na capital, rapidamente conseguiram se infiltrar na melhor sociedade. Nada como um título verdadeiro, embora conseguido de forma pouco regular. Mas, título este que resistiria a qualquer investigação.

Do seu falso irmão, não poderíamos dizer a mesma coisa, porém, bom ator e poeta cheio de imaginação, deu para impressionar os aristocratas repletos de dinheiro mas vazios de cultura, em sua grande maioria. E o novo Duque pôde fazer belíssima figura nas rodas dos privilegiados.

Em pouco tempo os irmãos d'Églantine passaram a ser figuras obrigatórias em qualquer reunião da nobreza e salões lítero-musicais de Paris. Gabrielle passou a usar pouco seu título, apenas em ocasiões especiais, preferindo ser chamada de madame d'Églantine, que é como a vamos encontrar no período da revolução.

Fabre e Gabrielle d'Églantine enterraram, com o poder do dinheiro e um sonoro título de Duque, um passado duvidoso e algo obscuro.

34

Um trágico amanhecer

O marquês de Saint-Cyr amanheceu coberto de suor. Tivera um sonho horrível. Sonhou que seu palacete havia sido invadido e ele, impotente, tinha sido despojado de suas roupas, vestido de andrajos malcheirosos e cercado por uma turba enfurecida, e foi obrigado a fazer a pé o caminho até a Praça da Revolução, onde subiu no cadafalso. Nesta parte do sonho, o marquês despertou, tremendo de medo.

Sentou-se estremunhado e chamou em altos brados seu criado de quarto. Não obteve resposta; o casarão estava completamente silencioso. Estranhou a falta de qualquer ruído e, levantando-se, vestiu um robe de seda; quando, furioso, preparava-se para chamar a atenção de seus lacaios, a porta do quarto foi aberta de repente.

Dois homens estranhos, acompanhados por três guardas da Comuna, adentraram sem cerimônia o aposento.

— Mas o que é isto? Como ousam... — não terminou a frase.

— Cidadão Antoine Émile Dupret — anunciou o mais idoso, dando o nome completo do marquês, omitindo seu título —, está preso, em nome do Comitê de Salvação Pública, sob acusação de traição.

— Preso? — havia estupor na pergunta e na atitude do marquês.

— Tem dois minutos para se vestir — respondeu o Comissário do Povo, ignorando a pergunta.

— Sou amigo íntimo do deputado Danton. Isso é uma arbitrariedade, irei queixar-me ao deputado agora mesmo.

— Danton não é mais um deputado.

— Não é mais?

— Não, Danton está preso, acusado de traidor da República.

— Não pode... não pode... — e o marquês não terminou a frase.

— Vamos, cidadão! Não temos todo o tempo do mundo — disse o outro comissário, que havia permanecido calado.

O marquês ainda tentou esbravejar, soltando várias pragas; tentou intimidar, com sua postura autoritária, os funcionários do Comitê. Tudo em vão.

— Guardas! — gritou o comissário mais falante. — Prendei este homem; se resistir, usai as correntes e amarrai pés e mãos!

Fabre d'Églantine já cruzava a porta de sua casa, quando foi intimado e preso pelos comissários e guardas do Comitê.

Não houve tempo para protestos ou troca de palavras, tampouco insultos; Fabre d'Églantine foi arremessado para dentro de uma carruagem que já há bastante tempo estava estacionada em frente à sua residência.

Nesse mesmo dia, um pouco mais tarde, Danton foi preso enquanto ainda dormia.

O Tribunal Revolucionário fervilhava; acusações eram trocadas, discursos inflamados dos deputados, e o ambiente conturbado aquietou-se um pouco quando entraram no plenário para serem julgados aqueles que haviam caído em desgraça junto ao Comitê de Salvação Pública. Dois importantes figurões iam agora ser julgados: Danton e Desmoulins; os outros quinze já haviam sido condenados à guilhotina. Entre eles Fabre d'Églantine e o marquês de Saint-Cyr.

Omitiremos os detalhes dessa tarde do início de 1794, no Tribunal, relatando apenas as célebres palavras proferidas por Danton e Desmoulins, que a História registrou.

Camille Desmoulins, ao ser inquirido sobre sua idade, respondeu: "Trinta e três anos, a idade do sans-cullote Jesus, a idade crítica para os patriotas". Já Georges Jacques Danton foi mais contundente: "Chamo-me Danton, revolucionário, representante do povo. Minha residência? Dentro em breve o nada! Depois, o panteão da História".

No dia seguinte, quando a carreta seguia para a Praça da Revolução, cercada por vários magistrados municipais, membros do Conselho Geral da Comuna e guardas fortemente armados, pois o povaréu cada vez mais se agitava à passagem dos condenados, Danton, em frente à casa de Robespierre, na Rua Saint Honoré, defronte à Rua Saint Florentin, ergueu-se do banco e, na sua voz possante, gritou: "Tu me seguirás em breve! A tua casa será arrasada e sobre os escombros se espalhará sal!"

Quando Danton subiu as escadas do cadafalso, morreu o último idealista da Revolução, que embora tivesse tido um deslize, desviando dinheiro que não era seu, sempre lutara ombro a ombro com o povo, trabalhando de maneira árdua e eficiente pela pátria que tanto amara.[1]

O cidadão Bibot era um homem de palavra. Tão logo tomou conhecimento da execução de Danton e seus dois aliados, procurou o barão Fabrice.

— Que bons ventos te trazem? — perguntou o barão.

— Trago algumas novidades, senhor.

— Boas novidades?

— Para o senhor, acho que não são lá muito boas.

— Novidades são novidades! — disse filosoficamente o barão.

— Seus amigos, o marquês de Saint-Cyr e Fabre d'Églantine, foram guilhotinados.

— Não era o que eu queria — e o barão deu um profundo suspiro, balançando a cabeça em sinal de desaprovação.

— Danton teve o mesmo destino — disse Bibot, sem se abalar e mudando de assunto. — Mas barão, falemos em coisas

1 Danton, que no passado, na Terra das Araras Vermelhas, fora o Grande Conselheiro do rei Ay-Mhoré VII, Turyassú, no Brasil atual é um político destacado de partido progressista, e continua expressando os mesmos valores idealistas — e agora, de inatacável honestidade.

mais agradáveis.

— Nesses tempos, coisas agradáveis estão muito difíceis.

— É verdade, mas como o senhor me fez um pedido, eu vim atendê-lo. Não sou ingrato, barão, gosto de servir àqueles que me serviram, que me ajudaram.

— Do que se trata?

— Prometi que conseguiria que houvesse visitas ao prisioneiro Jean Phillipe.

— Conseguiste?

— Sim, barão; peça ao seu amigo Gervaise d'Orsay que procure nas segundas-feiras o guarda Gustave Leduc, que está de serviço nesses dias. Diga-lhe que foi Ambroise Binoche quem mandou procurá-lo e mostre este salvo-conduto — e entregou ao barão um papel amarelo, onde se via bem no centro o sinete impresso do Comitê de Salvação Pública.

— Obrigado, Binoche, tu és um bom homem! Um homem de palavra!

— Infelizmente não tenho meios de tirá-lo de lá.

— Eu sei perfeitamente que, se pudesses, Jean Phillipe não estaria mais na Conciergerie.

— Tenha certeza disso, barão.

— Mas a propósito, Binoche, é apenas curiosidade: o que vais fazer com todo esse dinheiro que te dei?

— Vou poder satisfazer, afinal, o desejo de Angéline.

— Desejo?

— Ela sempre quis sair de Paris. Vou comprar uma pequena fazenda em Saint-Dénis e viver da terra. Já entabulei a negociação com o dono de uma propriedade no campo, bem pertinho da cidade; tão logo feche o negócio, mudo-me para lá imediatamente.

— Fico muito feliz, Binoche.

— Desculpe-me a impertinência, barão, mas acho que deveria, junto com a baronesa, deixar logo esta casa.

— Por que? Achas perigosa nossa permanência aqui?

— Acho.

— Para onde iríamos?

— Para a Ordem da Cruz de Ouro.

— Como sabes da existência dessa Ordem? — perguntou o barão, admirado por Bibot saber de algo que julgava secreto.

— O que é que eu não sei? — perguntou com orgulho o cidadão Bibot.

O barão ficou calado e, quando se despediu, desejou felicidades ao novo proprietário de terras, homem que o servira tão bem.

Nesse mesmo dia, Fabrice entrou em contato com o padre Laurent de Maubert, que imediatamente tirou a marquesa Marie-Louise do cativeiro, em Nanterre, e a conduziu para a casa do barão.

Gérard, deixando de lado a euforia de que estava possuído, com o bom negócio feito com Babeuf, dirigiu toda a atenção para seu amigo Gervaise.

— O que tens, meu amigo? Nunca te vi assim...

— É meu filho, Gérard. É Jean Phillipe — e o astrólogo não pôde esconder uma lágrima, única, pequena, que teimava em escorrer pelo seu rosto. — Já estive com alguns membros da Ordem e, como não ignoras, eles estão fazendo o possível e o impossível para tirá-lo de lá.

— É verdade — aparteou Honoré — eu mesmo já rondei por várias vezes a Conciergerie e até suborno tentei junto a alguns guardas, sem resultado.

— Infelizmente não temos mais ninguém para recorrer. Danton está morto e este seria, talvez, a pessoa mais influente com que poderíamos contar — disse Gérard.

— E Saint-Just? — perguntou Honoré.

— Esse tornou-se muito amigo de Robespierre.

— Eu sei perfeitamente, meus amigos, que não estão indiferentes ao meu sofrimento, e sei também da amizade fraterna que têm por meu filho. Mas estou seriamente preocupado, pois Jean Phillipe já está preso há mais de vinte dias e a qualquer momento poderá parar na guilhotina.

— Isso não vai acontecer — disse Gérard, mas intimamente uma sombra escura de mau pressentimento passou por sua cabeça.

Foi Honoré que, de repente, batendo com a palma da mão na testa, exclamou:

— Mas é isso! Como ainda não havia me lembrado!

— Lembrado de quê? — perguntaram quase ao mesmo tempo os dois amigos.

— Nicolau Blanchard — disse Honoré.

— Quem é Nicolau Blanchard? — perguntou Gervaise.

— Père Nicot, o velho carrasco de Paris — e Honoré agora sorria de satisfação por ter tido tão boa lembrança.

— O que pode Père Nicot fazer por meu filho? — perguntou desolado Gervaise.

— Père Nicot é nosso amigo — disse Gérard, colocando a mão afetuosamente no ombro do astrólogo —, quem sabe ele não poderá nos ajudar?

— Tenho certeza. Ele deve conhecer a pessoa certa para ajudar Jean Phillipe. E Honoré, animado, virou-se para Gervaise: — Não temos tempo a perder! Vamos procurar agora mesmo Père Nicot![2]

---

2 Na última existência, Honoré, reencarnado no Brasil, novamente escolheu ser jornalista, e veio tornar-se pessoa muito próxima e amigo de "Jean Phillipe". Casou-se novamente com "Élise", sua namorada nesta história. Enquanto ela estava sendo escrita, sua ex-esposa (pois ele já desencarnou), ao saber pelo autor de *A Flor de Lys* que ele tinha sido Honoré, redator do revolucionário jornal *O Povo*, à época da Revolução Francesa, revelou um fato que encerra incrível sintonia de passado, e que o autor, embora convivendo com esse amigo, desconhecia totalmente: o jovem jornalista, nesta vida, também havia fundado, na pequena cidade onde viveram, um jornal, que se chamou... *O Povo*!

35

Os préstimos do cidadão Bibot

Laurent de Maubert recebeu a comunicação na Ordem da Cruz de Ouro. Danton, Fabre d'Églantine e o marquês de Saint-Cyr, junto com outros importantes revolucionários, haviam sido guilhotinados.

Antes de se dirigir ao palacete do barão de Saint Croix, com as novidades, resolveu seguir para Nanterre, onde se encontrava prisioneira a marquesa de Saint-Cyr.

Depois de dar ordens expressas aos membros da Ordem, que se encontravam reunidos, analisando as próximas providências a serem tomadas em relação a alguns fidalgos que ainda se encontravam em suas dependências, Laurent, quando se encaminhava para a porta de saída, foi surpreendido pela chegada do barão Fabrice e sua mulher Heliodora. Laurent olhou surpreso para as inúmeras malas que os dois traziam, depositadas no saguão.

— Viemos pedir asilo na Ordem — foi logo dizendo Fabrice, à guisa de cumprimento.

— No que fizestes muito bem! Eu mesmo ia propor que viésseis para cá. O palacete, nestes tempos terríveis, está muito vulnerável. Mas entrai, meus amigos, vou pedir para Hervé, meu secretário, acomodar-vos nos melhores aposentos que temos.

— Sou duplamente grata, meu amigo — e a baronesa estendeu a mão ao prelado, que a beijou com respeito.

— Nada tens que agradecer. Mas ia buscar a marquesa, e depois seu filho, em Neully, neste momento, trazendo-os para nossa Ordem.

— Gostaria de ir com o senhor a Neully — e Heliodora

olhou para o marido, esperando sua aprovação.

— Vamos todos juntos — disse Fabrice — se padre Laurent não se importa.

— Vamos, então! — limitou-se a responder o diretor da Ordem.

Paschoal Barthés podia ter uns sessenta anos; robusto, rosto corado, cabelos brancos e fartos, encaracolados, cobrindo as orelhas. Olhos muito claros e sorriso encantador davam ao conjunto um ar de bondade que transparecia em seus gestos calmos e na fala mansa.

Estava regando os canteiros de rosas quando seus amigos chegaram.

— Bom dia, senhor barão! Baronesa! Padre Laurent! — disse, tirando o chapelão de palha e recebendo com uma mesura seus inesperados visitantes.

Eugénie veio correndo ao encontro das visitas matinais. A senhora Barthés era gorducha, baixinha, rosto redondo, simpático, olhos muito azuis, cabelo grisalho, preso num coque. Vestia-se com sobriedade, de escuro, e muito embora fosse de origem humilde, tinha o porte de uma fidalga.

— Entrem, senhores! — e virando-se para Paschoal: — Como é que deixas teus amigos neste sol, sem convidá-los para entrar e tomar alguma bebida refrescante? — ralhou de modo suave com seu marido.

— Já ia fazer isso! — exclamou Paschoal.

— Nossa permanência é breve — disse Laurent.

— Como está a criança? — perguntou a baronesa.

Foi Eugénie quem respondeu:

— Muito bem! Arranjamos uma ama-de-leite e ele está forte e saudável, graças a Deus!

— Viemos buscá-lo para entregá-lo a sua mãe. O marquês, seu marido, foi condenado e morto, agora ela não tem mais nada a temer — disse Laurent de Maubert, caminhando em direção à casinha branca, de aspecto agradável, situada no meio de uma vegetação florida.

Jean Phillipe acordou depois de uma noite coberta de sobressaltos, sonhos estranhos, entrecortados, sem muito sentido, e todos terminando do mesmo jeito. Segurava as duas mãos de Marie-Louise e, de repente, era arrancado dali por vários homens sem rosto e levado direto para uma carreta cheia de homens e mulheres, a caminho da guilhotina.

Começava a subir os degraus do cadafalso, quando acordava, ainda ouvindo os gritos da multidão ululante.

Jean Phillipe passou a mão pelo rosto barbado e alisou com as mãos os cabelos despenteados e a casaca amassada, com a manga coberta de sangue coagulado, da estocada que levara no confronto com os homens do marquês.

"Como estaria Marie-Louise? Conseguira escapar do marquês? E seu filho? Será que estaria bem? E seu pai? Por que não recebia notícias de ninguém?" Essas interrogações levaram o astrólogo a um estado de desespero mudo, que só foi acalmado com o barulho das ferragens da porta se escancarando.

A cela cheia, que devia conter uns dezoito a vinte prisioneiros, entre homens e mulheres, foi esvaziada. Jean Phillipe, que se levantara, julgando que também ia ser levado para a execução, ouviu de um dos guardas a ordem:

— Tu ficas! Podes sentar, que não é hoje tua vez de visitar madame guilhotina — e riu divertido.

Na cela vazia, Jean Phillipe custou a se acalmar. Podia sentir as batidas descompassadas do coração. Um suor frio percorreu seu corpo inteiro. Medo? O jovem astrólogo era um homem corajoso, mas só de pensar que não iria ver mais seu filho e seu grande amor, essas idéias abalaram bastante suas reservas de coragem e esperança.

O dia se arrastou, como todos os dias na Conciergerie, enquanto ele dormitava sentado no chão, com as costas apoiadas na parede de sua cela, agora vazia.

Seria sonho? Ou seria uma feliz realidade? Aquela voz doce e musical soou como uma melodia suave aos seus ouvidos.

— Jean! Oh, Jean! Meu amor!

O astrólogo abriu os olhos e viu encostada à grade Marie-Louise e, um pouco mais atrás, o barão de Saint-Croix. O barão trajava-se como qualquer burguês abastado, e Marie-Louise como uma mulher do povo, sem qualquer pintura, e os belos cabelos louros ocultos por um chapéu desabado dos lados, tendo na parte superior o laço tricolor.

Jean Phillipe esfregou os olhos para ter certeza de que não era uma miragem; só então levantou-se de seu canto e correu para as grades, sufocando um soluço, que mesmo assim soou alto na cela vazia.

— Meu amor! Meu amor! Será possível? Não é um sonho? Um sonho que quando acordar se desvanecerá como os outros que todo dia, toda noite, desaparecem no ar, deixando apenas o vazio e o nada da saudade? — e Jean Phillipe beijou por entre as grades os lábios de Marie-Louise.

— Meu querido, é real, estou aqui juntinho de ti. Muito, mas muito em breve, eu sei, tenho certeza, estaremos juntos para sempre, junto com nosso filhinho Georges.

— Georges é seu nome?

— Sim, amor, o nome de meu avô. Aprovas?

— Claro, é um nome lindo.

— Ele está grande e forte.

— E o marquês? Tenho medo que ele possa fazer qualquer maldade com ele.

— O marquês está morto! Foi guilhotinado, junto com esse Fabre d'Églantine — disse o barão, que até então estivera calado.

— Deus é justo, amor! Estás livre para fazer de tua vida o que quiseres.

— E só quero viver contigo e nosso filho.

— Estamos trabalhando para tirar-te daí — disse Fabrice. — Por ora, estamos aproveitando os bons préstimos de Ambroise Binoche.

— Ambroise Binoche?

— Um bom camarada, que esteve por muito tempo aos meus serviços — limitou-se a dizer o barão, não revelando ao outro quais serviços o cidadão prestara.

— Que esse Binoche seja abençoado! — disse Marie-Louise, rosto encostado na grade, enquanto com a mão afagava os cabelos sujos e desgrenhados do seu amor.

— Estamos todos asilados na Ordem da Cruz de Ouro. Seu filho está muito bem cuidado e alimentado por uma ama-de-leite que o casal Barthés, Paschoal e Eugénie, arranjaram.

— Já foi batizado, Marie-Louise? — perguntou Jean Phillipe.

— Père Lucien o batizou, meu amor. Lembras de Gorete, a empregada da igreja de Saint-Eustache?

— Lembro bem.

— Ela foi a madrinha e Laurent de Maubert o padrinho.

Aquele momento de enlevo e relativa felicidade foi interrompido pela voz do guarda Gustave.

— Está na hora, senhores. Na próxima vez, talvez eu consiga que fiquem mais tempo.

Despedidas sempre foram dolorosas e com abundantes lágrimas. Aquela não foi diferente.

— Volto na próxima segunda-feira — disse Marie-Louise, chorando. — Tem fé, meu amor, havemos de te tirar daí! — conseguiu a custo dizer.

Seria esta a última vez em que Marie-Louise veria Jean Phillipe nessa vida?

O conde de Saint-Germain olhou para seu discípulo Roger, que fazia as vezes de seu valete.

— É claro que não irei te deixar em Paris. Irás comigo aonde eu for.

— Obrigado, mestre! — e Roger ajudou o conde a colocar a sobrecasaca, vestindo-o com um robe azul-marinho bordado com fios de ouro.

— Já estás comigo há longo tempo, não é verdade, Roger?

— Quatrocentos anos, mestre!

Com respeito a esse largo tempo, podemos relatar um episódio ocorrido no passado entre o mestre e seu valete Roger.

O mestre relatava um acontecimento bastante remoto, quando entreparou e perguntou ao discípulo:

— Lembras desse fato, não, Roger?

— Conde, esquece que eu só estou há quatrocentos anos em sua companhia. Esse episódio deve ter acontecido nos tempos de meu predecessor.

Os mestres não têm necessidade alguma de encarnar para poder circular por entre os homens. Quando precisam entrar no mundo físico, por um curto espaço de tempo, tornam denso o corpo etérico, logo visível aos nossos olhos terrenos. Quando necessitam cumprir uma missão por um longo período, no plano físico, durante meses, anos ou até mesmo séculos, ocupam um corpo emprestado, o que requer pouco dispêndio de energia, e também torna-se desnecessário renascer de um ventre materno, com a consciência sem memória, tendo de esperar vários anos até atingir a idade adulta. A transmigração ou ocupação de um corpo emprestado é sempre feita por um mestre para o corpo de um iniciado ou um discípulo adiantado, que voluntariamente cede seus veículos em estado de consciência. Tal procedimento entre mestre e discípulo é denominado entre os ocultistas orientais de a'ves'a (pronuncia-se avesha) e não oferece a menor dificuldade, quer para o mestre de Sabedoria, quer para um discípulo bem treinado ou um iniciado.

Este largo tempo, para nós ocidentais, de espírito científico-racional, inimaginável ou incompreensível, é para os mestres um procedimento comum, demonstrando claramente que tanto o mestre Saint-Germain como seu discípulo Roger ocupavam corpos emprestados. O próprio conde admitiu em uma conversa informal, num círculo privado, que havia ocupado cerca de quarenta corpos emprestados, nas mais diferentes ocasiões, a fim de executar diferentes missões específicas.

Chegaram até nós, provenientes de diversas fontes dignas de crédito, as inúmeras passagens do conde de Saint-Germain pelo planeta: santo Albano, primeiro mártir inglês, morreu em 503 d.C.; sua data de nascimento é ignorada. Próculos, o neoplatônico, nasceu em 410 d.C. e morreu em 485. Roberto, o monge: a data de sua encarnação não é precisa. Roger Bacon, o monge-médico, nasceu em 1214 e morreu em 1294. Christian Rosenkreutz, o fundador da Ordem Rosacruz, nasceu em 1378 e morreu em 1484. Francis Bacon, nasceu em 1561, última encarnação antes de aparecer como príncipe Rakoczy. Francis Bacon foi político, filósofo e escritor inglês.

Não resta a menor dúvida de que o príncipe Rakoczy e o conde Saint-Germain são uma e a mesma pessoa. Reafirma essa opinião, aliás de várias fontes, a revelação do mestre O Tibetano, da Grande Confraria Branca, quase um século após a "morte" do conde.

O príncipe Rakoczy nasceu, segundo os historiadores, na Hungria, em 26 de maio de 1696, filho do último soberano da Transilvânia, Ferenczy II, e da princesa Carlota Amadea de Hessen Rheinfeis, no castelo Rakoczy, nos Montes Cárpatos. Em 1735, ano da morte de seu pai, morre também historicamente o príncipe Rakoczy, muito embora seu sepulcro, quando anos mais tarde foi aberto, estivesse completamente vazio. De 1736 até 1758, aparece em vários pontos da Europa, com vários nomes: marquês de Montferrat, conde de Dellamare, Cavalheiro Weldon, Cavalheiro Schoenig, Monsenhor de Suront e conde Soitikoff.

Depois de uns minutos de silêncio, em que o mestre parecia concentrado, Roger perguntou:

— Mestre, qual a missão que agora nos espera? Ou é prematura esta pergunta?

— Não, Roger. Quando cheguei a Paris, em 1758, estava com 62 anos...

Foi interrompido por seu discípulo:

— Mas aparentava trinta anos, aliás o que ninguém pode entender, pois até hoje conserva essa mesma aparência.

— Bobagens, Roger! Quando Charles Fouquet, Duque de Belle-Isle, me apresentou a madame Pompadour, que por sua vez me apresentou ao rei Louis XV, eu fiz desaparecer o príncipe Rakoczy, e iniciei a missão de que estava encarregado: o progresso futuro da Europa.

— Esperamos ter começado a conseguir.

— Sem a menor dúvida, Roger. A Revolução ora em curso, tendendo para o final, embora não tivesse acontecido nos moldes que planejamos, serviu e servirá para modificar o modelo antiquado em que estavam baseadas as relações humanas. Haverá um impulso muito grande em toda a Europa e o progresso se fará sentir em todos os quadrantes do globo.

— Não aconteceu nos moldes que planejou, senhor, porque tanto a rainha Maria Antonieta como o rei Louis XVI não ouviram os seus conselhos e não quiseram fazer tudo aquilo que, exaustivamente, lhes aconselhou — observou Roger.

— Esta Revolução, com tudo de mau que ocorreu, com todo o derramamento de sangue, ainda assim conduzirá os povos ao fim do absolutismo, dos privilégios odiosos e, no futuro, o que agora é o germe da liberdade e da igualdade renascerá nas Américas, no Brasil, berço da nova raça, mais liberta e mais espiritual. Quase todos que participaram, de uma maneira ou de outra, desta Revolução, irão encarnar mais ou menos na mesma época; aqueles que foram líderes, continuarão liderando, e todos sem exceção trabalharão coletivamente para fins sociais, políticos e espirituais. De novo o carma coletivo atuará: e o grupo de egos encarnados na França, nesta Revolução, marco de profundas modificações, irá — não mais de forma violenta, mas pacificamente — ser dos arautos e precursores do Terceiro Milênio.

Com relação à Europa, irá renascer no século vindouro, em Lyon, um homem que propagará aquilo que será chamado de Terceira Revelação.[1] De novo será mostrado aos homens que existe vida após a morte, bem como a reencarnação, verdade antiquíssima e esquecida atualmente. Esse novo movimento será levado para a América e, em especial para o Brasil, que desenvolverá a comunicação entre o plano dos chamados mortos e dos vivos. Este movimento será o precursor, para que eu mais tarde possa transmitir toda a cultura esotérica do Oriente para o Ocidente.

— É uma missão gigantesca e importantíssima, mestre.

— Sem dúvida, Roger. Agora saímos do cenário conturbado, em aparência é claro, da França, para começarmos a trabalhar do outro plano.

— Quer dizer, mestre, que nossa missão aqui em Paris está terminada?

— Sim, Roger. Chegou a hora de deixarmos com aqueles que entenderam nossa mensagem o trabalho de prosseguir transformando mau carma em bom carma. Como podes ver, Roger, o carma coletivo do povo francês está sendo transformado, à custa de muita dor e sofrimento. Esperamos que possam, no futuro, melhores e mais experientes, conseguir ser colaboradores dos Dirigentes Planetários. Aprende, Roger, esta nova lição: quando a parte oculta da história desta Revolução for contada, um grupo de almas, presas nos subplanos inferiores do mundo astral, será libertada, e irão encarnar para executar o serviço de intermediação entre os dois planos. Principalmente aqueles que tombaram no massacre do Campo de Marte e alguns outros que desencarnaram na guilhotina.

O mestre calou-se e Roger, que bebia seus ensinamentos, fez uma última pergunta.

— Vamos entregar finalmente estes corpos emprestados aos seus respectivos donos?

— Quem sabe? — disse o conde. — Talvez...

Na cidade de Paris, ninguém viu mais o conde de Saint-Germain e seu valete Roger.

1 O mestre se referia a Hippolyte Léon Dénizard Rivail, ou Allan Kardec, nascido em 1804.

36

Uma dívida antiga

Père Nicot, sentado comodamente à frente de sua casa, tomava sol, bebendo a pequenos goles seu vinho borgonha preferido e fumando um cachimbo de barro, quando Gervaise e Honoré chegaram.

— Olá! Velho patusco! — saudou Honoré.

O antigo carrasco se abriu num sorriso franco e levantou-se da cadeira.

— Olá! Escrevinhador em papéis ordinários! — assim devolveu o cumprimento, abraçando com carinho o jovem jornalista.

— Este é meu amigo Gervaise d'Orsay.

— Honoré fala muito no senhor — disse Gervaise à guisa de cumprimento.

— Ele sempre foi muito tagarela — e Nicot convidou-os para entrar.

— Mas falando sério... — começou Honoré, no que foi interrompido por Père Nicot.

— Desde quando tu falas sério?

— O assunto é muito grave — respondeu Honoré.

Père Nicot, notando as fisionomias sérias e percebendo mesmo que havia um ar de preocupação nos semblantes de suas visitas, tomou um ar grave, perguntando:

— Afinal, de que se trata?

— É meu filho, senhor Nicot.

— Chama-me de Père Nicot, senhor... senhor...

— D'Orsay. Gervaise d'Orsay.

— Senhor d'Orsay.

— Nada de senhor, Gervaise, apenas.

— Mas como perguntava há pouco, que tem seu filho?

— Meu filho, Jean Phillipe, está preso na Conciergerie há mais de vinte dias. Foi acusado de bruxo e contra-revolucionário — disse Honoré.

— Delatado pelo marquês de Saint-Cyr, que inclusive é íntimo amigo do governador Cartouche — e Gervaise contou para Père Nicot o envolvimento de Jean Phillipe com a marquesa, o nascimento do seu neto e as peripécias de sua prisão.

— É lamentável — disse Père Nicot, depois de ouvir a história de Gervaise —, não poder fazer quase nada pelo amigo. Honoré sabe que estou totalmente afastado de minhas antigas atividades

— Ainda não restou algum conhecido? Alguma pessoa influente que possa se interessar e tentar ajudar de alguma maneira? — perguntou Gervaise, no auge da aflição.

— Sou simpático e solidário com sua dor, mas sabe muito bem que quando nos afastamos das atividades que exercíamos, perdemos contato com quase todos.

— Meu filho está perdido — e Gervaise cobriu o rosto com as mãos. — Era, senhor, minha última esperança — disse o astrólogo, voz embargada pela tristeza.

Père Nicot, visivelmente preocupado, solidário com a dor de um pai, ainda por cima amigo daquele por quem tinha uma grande amizade, e porque era um homem bom, ficou nessa hora bastante contrariado, sentindo-se impotente. Isto podia-se ver pelo seu ar tristonho, cabeça baixa, sem saber o que dizer a Honoré e seu amigo.

O constrangimento foi quebrado pela porta que se abriu subitamente e o jovem Nicot adentrou a sala, entreparando ao ver os dois visitantes do seu mestre.

— Père Nicot! O que está acontecendo? — e Andrè Louis ficou parado, olhando fixo para o rosto de Gervaise. — Mas é o senhor Gervaise! — exclamou com espanto.

Foi a vez de Père Nicot e Honoré se espantarem.

— Conheces este senhor? — perguntaram quase ao mesmo tempo Père Nicot e Honoré.

— Lembras da história que te contei, na estalagem perto

de Nantes? — disse Andrè Louis, dirigindo-se ao antigo carrasco. — Este senhor salvou minha vida, tenho para com ele uma dívida enorme de gratidão. E dirigindo-se a Gervaise, o abraçou como fazem velhos amigos.

Honoré e Père Nicot, ainda surpresos, ficaram observando sem dizer nada aquela inusitada cena.

Andrè Louis, depois que passara a exercer as funções de carrasco de Paris, havia se tornado um homem de ar sombrio, reservado e pouquíssimo comunicativo. Naquela hora, deu vazão a um sentimento enorme de alegria e foi efusivamente loquaz e ruidoso nas apresentações.

— Este, Père Nicot, Honoré, foi o anjo salvador que encontrei em meu caminho. Se estou aqui hoje, tenho que agradecer a este cavalheiro, que no momento certo apareceu na minha vida.

Gervaise, calado por algum tempo, ficou olhando para Andrè Louis, também surpreso com aquele encontro inesperado. Foi tirado de dentro de seus pensamentos pela voz de Père Nicot:

— Este é meu protegido, d'Orsay. Hoje ele é conhecido em toda Paris como o Jovem Nicot, o carrasco.

De surpresa em surpresa, Gervaise se dirigiu a Andrè Louis:

— O novo carrasco de Paris? — perguntou. — Então devo ter vindo ao lugar certo — e um brilho de esperança passou muito rápido pelos olhos do astrólogo.

— Deseja alguma coisa, senhor Gervaise? O que posso fazer pelo senhor?

— Tudo, meu amigo, tudo!

— Repito, senhor Gervaise, sou e serei seu devedor pela vida inteira. Torno a perguntar: o que posso fazer pelo senhor? Noto que está aflito; será que terei oportunidade de saldar uma dívida antiga? Será que terei esta felicidade? — e o Jovem Nicot estava emocionado.

Gervaise então contou em detalhes para Andrè Louis os últimos acontecimentos envolvendo seu filho Jean Phillipe.

Quando o astrólogo terminou seu emocionado relato, Andrè Louis, que escutara sério, sem mover um músculo do rosto, toda a história de Gervaise, ficou calado por alguns momentos. Parecia meditar, profunda ruga a lhe sulcar a testa. Foram momentos tensos para Gervaise e, porque não dizer, para os outros dois naquela sala. Essa expectativa durou pouco e já Andrè Louis, parecendo ter achado uma solução, encarou o astrólogo e pouco a pouco um sorriso desenhou-se em seus lábios.

— Senhor Gervaise, não posso prometer que irei tirar teu filho neste momento da prisão, mas tenho lá dentro da Conciergerie alguns bons amigos. Talvez sejam amigos apenas porque me temem; não importa, posso contar com eles. Pelo menos poderei, de momento, colocá-lo em um lugar melhor e propiciar que possas visitá-lo, juntamente com sua mulher; depois veremos o que se pode fazer.

— Andrè Louis, nova esperança, com tuas palavras, renasce dentro de mim.

O Jovem Nicot, ao ouvir seu nome verdadeiro, que não escutava há muito tempo, estremeceu.

— Não se desespere, senhor Gervaise! Vou agora mesmo à Conciergerie, começar a trabalhar pela liberdade de seu filho.

— Como posso te agradecer? Agora sou eu que sou devedor eterno de tua generosidade.

— Ainda não fiz nada. Quando seu filho for solto, aí sim! Iremos tomar alguns copos de vinho juntos.

— É uma promessa, Andrè Louis.

— Na Conciergerie, procure o Comissário da Comuna, Joseph Louis Berthier, para qualquer coisa que precise, inclusive um passe para poder transitar à vontade — e despediu-se dos mais que surpresos Honoré e Père Nicot.

Depois de um longo silêncio, em que cada um devia estar pensando no inesperado encontro que trouxera ecos do passado, Père Nicot disse, dirigindo-se a Gervaise:

— D'Orsay, meu novo e bom amigo, acaba de devolver um novo coração a meu pupilo, que há muito havia perdido completamente o seu.

Cartouche já há algum tempo estava com estranhos pressentimentos. Quando o marquês de Saint-Cyr foi guilhotinado, o cidadão deputado Saint-Just fez um levantamento completo das atividades de Antoine Émile Dupret e suas ligações com Fabre d'Églantine; então apareceram também os negócios excusos de Cartouche com o finado marquês. Aí, o deputado Saint-Just fez uma devassa completa e o governador da Conciergerie foi desmascarado, vindo à tona todo o seu passado e seu título aristocrático, que ficara por esses anos todos oculto. Cartouche tomou conhecimento de que sua vida estava por pouco; começou então a tomar algumas medidas práticas para escapar do braço comprido do Terror.

Em sua residência, Cartouche arrumava em uma maleta algumas roupas e uma massaroca de notas valiosas, dinheiro necessário para sua evasão de Paris, quando foi interrompido por dois guardas e o Comissário Bérthier:

— Cidadão Cartouche, ou melhor, marquês de Angoulême, o senhor está preso em nome do Comitê de Salvação Pública!

Ao ouvir o título de marquês, Cartouche estremeceu. Tentou ainda permanecer calmo e ostentando uma pose de homem admirado, retrucou:

— Acho que labora em erro, não sou esse marquês que afirma, senhor.

— Cartouche, nós já sabemos tudo a seu respeito.

— Eu sou o governador da Conciergerie!

— Era, Cartouche; acompanhe-nos, ou prefere ser conduzido acorrentado?

— Isto é uma violência! Isto é um verdadeiro absurdo!

O comissário Bérthier perdeu a calma. Irritado, dirigiu-se aos guardas em voz de comando:

— Acorrentem o homem! Vamos! Não percam mais tempo!

Os guardas se mexeram e Cartouche, amedrontado, decidiu-se.

— Não posso me opor à arbitrariedade, cidadão comissário — e dirigindo-se aos guardas, exclamou: — Podem me levar! Eu me entrego submisso à lei e à ordem! — e adotou uma postura dramática.

Cartouche foi levado dali direto para a Conciergerie. A porta da cela foi aberta e o antigo governador, todo-poderoso, foi atirado, caindo e tropeçando no chão.

Um homem que estava sentado em um canto da cela, com

as costas apoiadas na parede, ajudou-o a levantar-se.

— Ah! Mas se não é o governador Cartouche! — e Jean Phillipe ficou olhando espantado para o antigo governador da Conciergerie.

Joseph Louis Bérthier foi de grande utilidade para Jean Phillipe e seu pai Gervaise. O jovem prisioneiro foi transferido da cela e alojado num quarto do andar superior, ocupado apenas por ele e com acomodações bem melhores. Gervaise pôde afinal visitá-lo, assim dando maior alento e confiança no futuro a Jean Phillipe.

O comissário Bérthier, que devia alguns favores ao Jovem Nicot, fez mais. Tirou seu nome da lista que havia na portaria e em conversa informal com o novo governador falou de maneira casual que o prisioneiro Jean Phillipe d'Orsay havia sido decapitado. Sem registro, o jovem astrólogo passou a não existir e, dessa forma, tornou-se mais fácil, no futuro, libertá-lo.

Robespierre agora governava absoluto na Nova República. Com mão-de-ferro, o "incorruptível" ia ceifando na guilhotina seus inimigos e um banho de sangue escorria pelo país inteiro. Tornava-se cada vez mais difícil viver na França. Gervaise abandonou a casa de Jean Phillipe na Rua dos Ursos e com Gilbert, seu fiel aliado e auxiliar, mudou-se para a sede da Ordem da Cruz de Ouro, que também sob suspeita, estava para mudar de local.

O padre Laurent de Maubert, naquela manhã do mês de julho de 1793, chegou com a novidade que botou em polvorosa toda a comunidade da Ordem:

— Temos menos de uma semana para providenciar a evasão de todos os aristocratas ocultos aqui e talvez mais outra para mudarmos nossa sede de lugar — disse o diretor, marcando uma reunião urgente com o barão e a baronesa de Saint-Croix e as marquesas de Saint-Cyr e de Maines.

— A pergunta é, padre Laurent: poderemos sair com toda segurança de Paris? — indagou o barão, dando início à reunião.

— Creio que sim; já tenho todos os salvo-condutos. A questão agora é combinar os detalhes.

— Como posso sair de Paris com Jean Phillipe preso? — perguntou Marie-Louise.

Mas ficou sem resposta, pois a porta foi aberta de repente e Gervaise, sem cerimônia, entrou na sala.

37

A caminho de Londres

Gorete jamais podia imaginar que aquela visita de Père Lucien à Ordem da Cruz de Ouro para ver o afilhado de batismo dela, Georges, fosse a última de sua vida.

Père Lucien e Gorete, toda semana, invariavelmente, iam ver o filho de Marie-Louise e Jean Phillipe. Os dois haviam se afeiçoado à criança e não podiam mais passar nem que fosse uma semana sem vê-lo. Gorete, então, executava suas funções de madrinha orgulhosa dessa prerrogativa.

Naquele dia, contrariando seus hábitos, Père Lucien passou com Gorete praticamente o dia inteiro na Ordem. Era o dia em que seus amigos iriam para Calais e dali para Londres.

Quando Père Lucien ia ver novamente Georges? Uma tristeza profunda invadiu o peito do bondoso prelado. Não se cansou de afagar a cabecinha do menino. Gorete, sem arredar pé, ao seu lado, volta e meia rezando, chorosa, pronunciando várias vezes: "Que Deus te acompanhe, meu filho", seguido do amém e do sinal da cruz, feito com o dedo indicador do padre na testa de Georges.

A despedida de Père Lucien e de Marie-Louise foi cercada de grande emoção. A marquesa, com lágrimas nos olhos, ajoelhou-se em frente ao prelado, que se deu pressa em levantá-la.

— Sua bênção, Père Lucien!

— Deus já deu, minha filha! — e o padre, tirando do bolso de seu hábito uma medalha, entregou-a à marquesa. — É uma medalhinha de Nossa Senhora, Notre Dame de Paris, e já está benta. Usa sempre contigo; ela irá te proteger.

Marie-Louise beijou a mão de Père Lucien, que colocando a mão direita em sua cabeça, lhe deu a bênção. As lágrimas corriam agora abundantes pelo rosto da marquesa. Père Lucien começou a rezar o pai-nosso, na sua voz pausada e mansa.

— Que Deus te abençoe!

Podia ser, no máximo, cinco horas da tarde, quando Gorete e Père Lucien chegaram em Saint-Eustache. A porta da frente estava arrombada e quando surpresos entraram na nave, os bancos semidestruidos, tombados desordenadamente no chão e uma meia dúzia de guardas revirando tudo deixou-os estáticos, sem compreender direito o que estava acontecendo.

Começava o saque do altar-mor. Gorete, saindo do seu estado de estupor, correu em direção do guarda mais próximo, aos gritos:

— Isto é um sacrilégio! Contenham-se!

Foi segura por dois braços fortes e o terceiro guarda, com a copa da espada, deu forte pancada em sua cabeça. Gorete caiu desmaiada.

— Sou o comissário Jean-Jacques, do Comitê de Salvação Pública — disse a autoridade da Nova República, dirigindo-se a Père Lucien, que rezava seu terço, agora ao lado de Gorete. — Esta igreja será ocupada pela República e transformada no Templo da Razão.

— Calma, senhores! Esta é a casa de Deus! — disse Père Lucien, agora ajoelhado, com a cabeça ferida de Gorete em seu colo.

— Deus está morto, cidadão Lucien! — e virando-se para seus homens: — Vasculhai toda a igreja e deixai o altar-mor limpo! Se Deus existisse, não necessitaria de tantos tesouros! Esvaziai o altar! — gritou suas ordens Jean-Jacques.

Père Lucien levantou a cabeça e implorou na sua voz mansa:

— Por favor, senhores! Por favor! — e fez menção de se levantar.

— Obstrução da justiça! — urrou Jean-Jacques e sem vacilar, de um só golpe da espada atingiu no pescoço o padre, que sem dar um gemido caiu para trás.

Père Lucien morreu na posição que havia adotado em quase toda sua vida, de joelhos, braços abertos como o Salvador, olhos fixos no altar, onde ainda se encontrava a imagem d'Aquele que sempre procurara imitar.

Gervaise interrompeu a reunião e sem nenhum preâmbulo:

— Tendes que sair imediatamente de Paris! — E virando-se para Marie-Louise:

— Minha filha, não sei ainda quando Jean Phillipe sai da prisão.

— Mas tenho que esperá-lo, senhor. Não posso me ausentar sem ele!

— Escute, marquesa. Já tenho um salvo-conduto para visitá-lo; consegui com um amigo que auxiliei no passado que ele fosse transferido de sua cela para um quarto, com melhores acomodações, nos andares superiores.

— Como posso deixá-lo preso?

— Eu vou ficar. Irei visitá-lo com frequência e ele terá notícias de todos.

— É loucura ficar aqui; pensa no teu filho, Marie-Louise — disse a baronesa.

— Vou à Conciergerie, preciso me despedir. Não irei embora sem vê-lo. Por favor! Ao menos me despedir! — e a marquesa, desesperada, olhava de um para outro, como se pedisse licença para ir se despedir de Jean Phillipe.

— É uma insensatez, madame — disse Gervaise, enfatizando: — Será presa!

— Quem vai me impedir? — e Marie-Louise tomou uma atitude desafiadora.

Foi Heliodora, conciliadora, quem pôs fim àquele desespero todo.

— Minha filha, raciocina um pouco. Gervaise já pode visitá-lo; tomará na certa providências para que ele possa ter notícias de todos e mais cedo ou mais tarde conseguirá, com a ajuda desse amigo lá de dentro, soltá-lo. Pensa no teu filho, Marie-Louise — e a baronesa abraçou-a, colocando-lhe a cabeça no ombro.

A marquesa chorava copiosamente e, entre soluços, voz

entrecortada de dor, conseguiu dizer:

— Meu pobre amor...

Élise também procurou confortar Marie-Louise.

— Pensa em Georges! Jean Phillipe não iria querer que ele corresse perigo.

Gervaise, olhando desconsolado, condoído pela dor de Marie-Louise, disse, dirigindo-se a todos:

— Meu amigo comissário me informou que existe uma "lettre de cachet" contra a marquesa de Saint-Cyr e outra contra o barão e a baronesa de Saint-Croix. Ocultei até agora esse fato para não preocupar-vos, já que estão de partida para a Inglaterra.

— Vê, madame, como será perigoso agora despedir-se de Jean Phillipe? — e Fabrice nem esperou qualquer comentário da marquesa.

— Com esse amigo interessando-se por ele, aumenta minha fé de que muito cedo Jean Phillipe será solto — e Gervaise, com essas palavras, procurou incutir um pouco de esperança em Marie-Louise.

— Não temos outra saída — disse Élise, dirigindo um olhar de carinho para a marquesa.

Marie-Louise, desesperada, e acariciada por Heliodora, ficou calada, aconchegando-se nos braços de sua amiga.

— Bem — disse Laurent de Maubert, que se conservara calado desde a entrada de Gervaise na sala de reuniões —, já tenho tudo esquematizado; quero submeter à consideração dos senhores aquilo que planejei. Quanto à senhora, marquesa, fique tranqüila; eu e Gervaise faremos tudo que for possível para libertar Jean Phillipe no menor prazo possível.

— Pelo menos terei notícias? — perguntou a marquesa.

— Claro, madame, será informada por mim e por Gervaise. Logo, tenho certeza, ele estará junto da senhora e de seu filho — disse Laurent de modo confiante.

A marquesa pareceu se acalmar um pouco, e o diretor da Ordem prosseguiu em suas explanações:

— Tirei quatro salvo-condutos, mais uma declaração para o pequeno Georges. São agora cidadãos ingleses, ou melhor, um padre inglês e três freiras.

— Mas logo freira? — perguntou entre divertida e sarcástica Élise de Montfort.

Laurent de Maubert não pôde deixar de dar um risinho maroto.

— Era o melhor que podia fazer, marquesa de Maines. Em Calais, há o nosso membro da Ordem esperando pelos senhores. Lá, com estes disfarces e estes papéis, não tereis a menor dificuldade para embarcar. Na Inglaterra, como já sabeis, sir Étienne Dubois já vos estará esperando. Preparai-vos, que a viagem é longa e a carruagem alugada por nós sai esta noite. Ide em paz e que Deus vos acompanhe — finalizou o diretor da Ordem da Cruz de Ouro.

Gervaise, enquanto Laurent terminava sua exposição, apanhou os salvo-condutos e começou a entregá-los aos seus respectivos donos.

— Marquesa de Maines... — a outra o interrompeu com um sorriso nos lábios:

— Élise, Gervaise, apenas Élise.

— Somente uma pergunta, pois não estive ainda com ele. E Honoré? Vais deixá-lo aqui em Paris?

— Ele irá me encontrar em Londres, logo que puder.

— Ah! — fez Gervaise, de maneira cômica — e prosseguiu: — Agora, és a irmã Jane, a marquesa de Saint-Cyr é a irmã Mary, a baronesa de Saint-Croix, a irmã Shirley, e finalmente o barão de Saint-Croix é o padre William Pickerman, diretor do orfanato "Mãe de Deus", em Londres.

— E meu filho? — quis saber a marquesa.

— Seu filho, madame — disse Laurent — é agora um órfão, Deus me perdoe, que está sendo levado pelo padre para seu orfanato.

Quinze dias depois, todos desembarcaram em Calais, e dois dias após estavam sãos e salvos na Inglaterra, recebidos por sir Étienne Dubois.

O fidalgo inglês era alto, magro, cabelos grisalhos e costeletas em um rosto fino e austero, de olhos acinzentados, monóculo que lhe dava um aspecto aristocrático, típico de um inglês conservador. A voz era baixa, grave, com inflexões que denotavam uma pessoa culta. Circunspecto, sem ser formal, recebeu os aristocratas franceses com cordialidade, deixando transparecer sua alegria em recebê-los.

— Espero que tenham feito excelente travessia. Neste mês, o mar é sempre muito calmo — e depois dessa judiciosa observação, chamou seu valete, Jack, e mandou que acomodasse seus convidados na carruagem que os estava esperando.

E foi só. Sir Étienne era avaro em palavras, mas pródigo em gentilezas, querendo deixar seus convidados evadidos bem à vontade.

A carruagem, tirada por oito excelentes cavalos, rumou a toda brida para a cidade de Londres.

Uma semana depois desses acontecimentos, a Ordem da Cruz de Ouro foi invadida. Todas as suas dependências estavam vazias: Laurent de Maubert havia transferido a sede da sociedade secreta outra vez para Nantes.

38

9 de Thermidor

As restrições então impostas pela ditadura jacobina eram plenamente aceitas pela burguesia e proprietários rurais, porém, quando os exércitos franceses começaram a expulsar os invasores estrangeiros, o comportamento dessas camadas da população passou a ser de oposição.

Durante algum tempo, a ditadura de Robespierre suportou o ataque de seus inimigos. Parecia que os opositores dos jacobinos estavam vencidos, e Robespierre governava com mão-de-ferro, apoiado por seus correligionários reais. No final do mês de maio de 1794, a situação política era tensa, pois a ditadura jacobina apresentava uma grande contradição: sua política econômica e social, necessária para uma aliança com a plebe, impunha restrições aos interesses da burguesia. Começam a ocorrer cisões por entre o partido de Robespierre, que vai lentamente sendo enfraquecido, e a conspiração política, visando a derrubada do "incorruptível" e seus partidários, vai ganhando adeptos na Convenção.

Era este o panorama em Paris, quando Joseph Louis Bérthier mandou um recado para Gervaise. O astrólogo, depois da ida de seus amigos para a Inglaterra e a mudança da Ordem da Cruz de Ouro para Nantes, havia ocupado novamente a casa da Rua dos Ursos. Naquela manhã, recebeu um bilhete do comissário, pedindo que o procurasse sem falta naquela tarde. Gervaise chegou pontualmente ao Comitê de Salvação Pública, que àquela hora tinha grande movimento.

— Cidadão deputado Bérthier! — saudou.

O outro quase não deu tempo para os cumprimentos usuais.

— Vamos tomar um copo de vinho ali em frente, na loja de Tio Bernard. Aqui, todas as paredes não sofrem de surdez — e pegando Gervaise pelo braço, saíram.

— Do que se trata, cidadão comissário Bérthier?

— Chegou o momento certo de tirarmos seu filho daqui — e o comissário bebeu um grande gole de vinho.

— Nem acredito, comissário! — havia a maior alegria no rosto de Gervaise, que ele mal podia conter.

— Calma, senhor d'Orsay! Temos que agir com a máxima cautela. Esse trabalho de remoção deve ser feito junto com meu amigo Jovem Nicot, percebe?

Gervaise percebia. Eufórico, tomou quase de uma golada seu copo de vinho.

— O que preciso fazer? — perguntou, visivelmente ansioso.

— Quero que, por volta das sete horas da noite, fique atento e a postos, nas imediações da Conciergerie, com um fiacre de aluguel à espera.

— Só isso, cidadão comissário Bérthier?

— É importante que o cocheiro seja de sua confiança. Hoje, essa classe odiosa de gente delata qualquer um em troca de uns sous ou até mesmo um copo de vinho.

— Tomarei muita cautela.

O comissário bebeu o resto de vinho e despediu-se de Gervaise.

O plano de Bérthier era muito simples, assim ele achava. No momento, a população carcerária da Conciergerie era de 4525 presos. O movimento nos corredores era intenso e por vezes bastante tumultuado. Naquela noite, precisamente às sete horas, haveria uma transferência de grande número de prisioneiros que iam ser separados dos que, no dia seguinte, seriam guilhotinados. Era o momento certo para o Jovem Nicot, que tinha trânsito livre por todas as dependências, agir, incluindo Jean Phillipe na leva que seria separada. Ele, Bérthier, estaria numa esquina do comprido corredor e abordaria o jovem astrólogo, o último da fila dos prisioneiros, e o conduziria para o lugar combinado com Gervaise.

Andrè Louis entrou no quarto de Jean Phillipe, aberto por um guarda. Tal procedimento era comum no Jovem Nicot, que costumava antes das execuções visitar os presos, sempre com o intuito de ver de perto os aristocratas que ele executaria.

Por essa razão, o guarda não estranhou, quando o carrasco lhe pediu que abrisse a porta do quarto do prisioneiro. A intenção real de Andrè Louis era retirá-lo de lá, juntando-o aos outros condenados que já começavam a se deslocar para outro local da Conciergerie.

— Jean Phillipe! — chamou da porta escancarada — Vem!

O outro estremeceu ao ouvir seu nome pronunciado por um estranho. Mesmo assim, maquinalmente obedeceu.

— Não temas, sou amigo de teu pai, Gervaise d'Orsay — e dirigindo-se ao guarda: — Vou levar o prisioneiro ao comissário de plantão.

O guarda deve ter achado, quando muito, irregular um carrasco vir pessoalmente conduzir um prisioneiro. Mas não teve tempo de pensar muito, pois dois luízes de ouro passaram rápido da mão de Andrè Louis para o seu bolso. Se por acaso havia ainda qualquer desconfiança, foi de pronto dissipada por um cortejo de prisioneiros vindo pelo corredor, vigiados por quatro guardas armados. Um dos carcereiros chamou o guarda que estava atendendo o carrasco, que no mesmo instante juntou-se a eles. O primeiro e pior obstáculo estava superado.

Andrè Louis, misturando-se com o movimento intenso de guardas e prisioneiros, levou Jean Phillipe até os presos que iriam ser removidos para outras celas. Ao passar pelo final do corredor, Bérthier o esperava e os dois, um de cada lado, de braços dados com Jean Phillipe, saíram calmamente em direção à porta da Conciergerie.

Na saída não houve maiores problemas. Ali o movimento ainda era maior e Jean Phillipe, que agora vestia uma comprida capa que lhe ocultava as vestes sujas e rasgadas, pôde facilmente sair, como se fosse amigo do carrasco de Paris e do comissário de plantão.

No final do mês de maio, remanescentes dantonistas e hébertistas, inimigos de Robespierre, organizaram uma conspiração e, com o apoio do partido da Planície, que sempre votava com a maioria, conseguiu pleno êxito e a derrubada do ditador, ganhando adeptos na Convenção.

Finalmente, no dia 27 de julho de 1794, pelo Calendário Revolucionário o dia 9 de Thermidor, no segundo ano da Nova República, Robespierre é acusado de tirania, depois de diversos discursos inflamados. Os montanheses vacilam, os contra-revolucionários agem com presteza, e o "incorruptível" e seus partidários são presos e conduzidos à Prefeitura.

Na madrugada do dia 10, uma multidão invade a Prefeitura e a custo são contidos pela Guarda Nacional. Robespierre, deprimido, tenta o suicídio, dando um tiro de pistola contra o próprio rosto. A bala atinge seu maxilar inferior.

No dia 10 de julho, o dia seguinte à tumultuada sessão na Assembléia, às cinco horas da tarde, a carreta segue para a Praça da Revolução, trazendo vinte e dois acusados, entre eles Robespierre e Saint-Just, que no dia anterior cavalgava alegremente pelo Bois de Boulogne. O povo ululante descarrega todo seu ódio contra aquele que o tiranizou por tanto tempo.

As palavras ditas na Assembléia, na noite de sua queda do poder, ainda ressoam na cabeça do ex-ditador: "É o sangue de Danton que te sufoca". Robespierre é o último a subir ao cadafalso. Antes de ser guilhotinado, o Jovem Nicot tirou o aparelho que sustentava sua mandíbula. Robespierre deu um verdadeiro urro de dor. Foi o derradeiro grito do Terror.

O Jovem Nicot fez seu trabalho com o pensamento longe dali. Desde que assumira o posto de carrasco principal de Paris, nunca fizera um serviço passando tão mal e querendo que aquilo tudo acabasse de vez. Quando a última cabeça, a do "incorruptível" Robespierre, rolou no cesto, Andrè Louis desceu apressado do patíbulo, por entre os gritos da multidão que berrava seu nome.

E dando o braço a Hubert, que agora morava com ele:
— Vamos sair logo daqui! — disse — e quase arrastando seu amigo, procurou varar a barreira humana que entupia a Praça da Revolução. A custo, conseguiu seu intento, e entrando com o amigo em uma hospedaria, pediu uma jarra de vinho.

— Estás muito estranho, amigo — disse Hubert, levando a caneca de vinho aos lábios.

— Sinto-me como um sonâmbulo; parecia que não estava ali. Não sei o que está me acontecendo, mas não sinto mais o mesmo prazer em cortar cabeças.

— Deve ser cansaço.

— Não, Hubert. Não é cansaço, é qualquer coisa que está dentro de mim, não sei o que é.

— Tu estás é cansado, meu amigo.

— Sabes, Hubert, aquele rapaz, filho de meu amigo Gervaise d'Orsay, que consegui libertar da prisão — aquele caso que te contei? Pois bem, depois que o vi livre, nos braços de seu pai, não sabes a alegria que se apoderou de toda minha alma. Exatamente o contrário do que aconteceu comigo hoje. Não sei, Hubert, mas acho que não posso mais continuar neste ofício.

O outro o escutou calado, bebendo seu vinho. Teria Andrè Louis sido tocado pelo remorso? O Jovem Nicot teria desaparecido para dar lugar àquele Andrè Louis cheio de sonhos e esperanças, que amava sua Suzette?

Uma única lágrima, grossa, insistente, brotou em um de seus olhos.

A Revolução viveu o seu último dia em 9 do Thermidor, 27 de julho de 1794, com o golpe de estado dos contra-revolucionários.

Com a morte de Robespierre, estava definitivamente encerrado o período de dominação do povo e dos jacobinos.

Aquilo que alguns chamam de destino e, alguns outros, fatalidade, mas que nada mais é do que intrincados e infinitos conjuntos de causas e efeitos, que preferimos chamar de carma, caiu como se fora um golpe violento sobre a cabeça de Jean Phillipe.

O rapaz, encostado na amurada do pequeno navio que cruzava o Canal da Mancha, olhava o mar, àquela hora levemente encapelado e, em cada dobra das ondas, que prateadas refletiam os raios do sol, via o semblante de sua amada Marie-Louise, que parecia lhe sorrir. O tempo para Jean Phillipe se arrastava; queria vencer rápido essa espera, queria que o tempo corresse célere e quando abrisse os olhos de seu sonho acordado de amor, já estivesse nos braços de sua amada.

Gervaise, sentado em uma cadeira do tombadilho, disse qualquer coisa que interrompeu a cadeia de pensamentos de

Jean Phillipe. O rapaz virou-se e foi nessa hora que uma dor fina correu pelo seu braço direito, subindo pela garganta até atingir a boca, onde um gosto amargo de fel o obrigou a fazer uma careta.

— Que foi? — perguntou Gervaise, olhando para o filho, pois notara sua fisionomia contraída.

— Nada, pai — conseguiu dizer Jean Phillipe.

A dor aumentou, desceu pelo seu peito como uma faca cortando os tecidos e tornou-se insuportável. Jean Phillipe, levando a mão ao peito, curvou-se como se atingido por uma estocada de florete. O peito parecia que ia rasgar-se e então o jovem astrólogo, em meio a grande sofrimento, conseguiu dizer apenas três palavras:

— Marie... Marie-Louise — e deu um grande grito, caindo fulminado pelo enfarte, no tombadilho.

Eram precisamente seis horas da tarde do dia 27 de julho de 1794, ou 9 de Thermidor, hora exata em que outro grito se ouviu em Paris, no cadafalso da Praça da Revolução.

— Meu filho! Meu filho! Ah, meu Deus! — e um terceiro grito de dor veio se juntar aos dois, que ecoaram nos planos superiores, registrando-se no eterno presente, o Arquivo Akáshico da Natureza.

Gervaise sacudiu o corpo inanimado de seu filho, depois o abraçou, afagando com carinho seus cabelos empapados de suor e ali ficou, deixando que as lágrimas lhe rolassem abundantes pelo rosto.

Justo nesse momento, Marie-Louise, sentada em um banco, nos lindos jardins do palacete de sir Étienne Dubois, em Londres, pousou em Georges, que brincava na relva ao seu lado, o olhar triste e distante.

De repente, sentiu uma aflição no peito; instintivamente, levou a mão ao coração, segurando a medalhinha de Nossa Senhora, que Père Lucien lhe dera. Sentiu-a quente, quase lhe queimando a palma da mão. A sensação estranha aumentou e quando Marie-Louise examinou a medalha, ela estava partida ao meio.

No dia seguinte, em Paris, as portas da Conciergerie foram abertas. O castelo-prisão ficou completamente vazio, sem sequer um prisioneiro.

39

Uma visita em Nantes

A noite caía sobre a cidade de Nantes. Devia ser sete horas e as sombras já tinham envolto o casarão que abrigava a sede principal da Ordem da Cruz de Ouro.

O padre Laurent de Maubert trabalhava no seu escritório, fazendo um balanço das atividades cerimoniais, práticas cabalísticas, estudos alquímicos e astrológicos e um levantamento comparativo das evasões de aristocratas, quando as velas que iluminavam a mesa estremeceram, quase se apagando, e a figura do mestre conde de Saint-Germain apareceu à sua frente.

Sereno como sempre, deu um largo sorriso, que iluminou todo seu semblante, olhos banhados de luz e juntando as palmas das mãos em frente ao peito, pronunciou:

— Paz em teu coração, meu filho!

— Paz a todos os seres!

— Vim pela última vez; tenho algumas revelações que servirão, por certo, para teu aprimoramento e evolução espiritual.

— Sou seu humilde servidor.

— Fizeste um bom trabalho, meu filho, principalmente com o filho da marquesa de Saint-Cyr. Conforme te disse, essa criança seria de suma importância para meus planos. Na Europa, depois de um movimento preparatório, que será imprescindível para meu trabalho futuro, essa criança, ao atingir a idade adulta, será um elo de ligação entre o Oriente e o Ocidente.

— Penso que não entendi bem: que ligação será essa? — perguntou Laurent.

— Toda a tradição esotérica do Oriente terá, no seu devido tempo, que ser transferida para o Ocidente — respondeu o conde.

— Ah! Compreendi, mestre!

— Porém, meu filho, essa transferência terá que ser feita lentamente. Depois que ficar bem compreendido e assimilado pelos homens que se vive mais de uma vez, que este planeta é uma escola de redenção para seu aprimoramento, aí então as verdade eternas, ocultas pelos povos antigos, nas escolas de iniciação do Oriente, serão reveladas. Essa criança que tu protegeste, junto com outros, lançará a semente da teosofia na Inglaterra, ajudando a criar a primeira Loja da Doutrina Secreta em Londres.

— O que é teosofia, mestre? Jamais ouvi esse nome!

— A teosofia é a Sabedoria de Deus, como o nome está indicando. Será uma doutrina que esclarecerá, junto com outras, as verdades eternas que estavam ocultas, veladas no recesso dos templos e sociedades iniciáticas.

— Quanto à Revolução propriamente dita — continuou o conde —, dolorosa, cruenta, cheia de contradições, barbarismos, crimes violentos e vinganças insanas, além de historicamente influenciar a Europa inteira e outros continentes, pondo fim ao absolutismo e principalmente reafirmando os princípios de liberdade, igualdade e fraternidade, pôde mostrar aos povos oprimidos do mundo que os despotismos podem desaparecer, em um conflito que conquistou, com sua importância, outras nações.

— Sem dúvida, mestre, foi de importância fundamental para todas as nações, que se conscientizaram de que os tempos estão mudados.

— Eu diria que estão chegados! Grande número de espíritos, que viveram esta época na França revolucionária, será encaminhado a renascer além-mar, entre o povo predestinado da Terra da Cruz de Estrelas — Brasil; muitos deles, que tiveram uma atuação destacada nos eventos da Revolução e em seus bastidores receberão naquele país, no século futuro, ao ocaso do milênio, a oportunidade de exercerem novamente a liderança, no cenário político, buscando a realização mais aperfeiçoada dos ideais de liberdade e igualdade pelos quais viveram e morreram aqui; outros, na área da espiritualidade;

mas todos, seja no campo político, social ou espiritual, como trabalhadores da Nova Era de Fraternidade Universal.

Isso tudo, meu filho, é uma preparação para depois da verticalização do eixo terráqueo, quando um novo sol brilhará sobre a Comunidade Universal dos homens libertos e de boa vontade.

No final do século XX, início do XXI, começará a nascer a humanidade da Sexta sub-raça (a penúltima da atual Quinta Raça-Raiz, a Raça Ária) a chamada Raça Azul, pelos sacerdotes dos templos iniciáticos e pela Grande Confraria Branca. Não que sua coloração de pele seja azul, mas pelo seu Arquétipo. Como não ignoras, todos possuem uma cor específica. Esta sub-raça de arquétipo azul, que vibra na nota tonal fá — a nota-chave do planeta Terra — por essa razão irá entrar com ele em completa sintonia vibratória, será uma raça que viverá em completa harmonia com o planeta e propiciará o desenvolvimento do corpo mental concreto do Espírito Planetário. Isso resultará na independência da Terra da supervisão do planeta Vênus, seu Irmão Maior, para que nas futuras Sexta e Sétima Raças-Raízes, o Espírito Planetário terreno, com todos os seus veículos desenvolvidos, possa chegar a ser um dos Logos Planetários integrado com seu irmão maior, o Logos Solar.[1]

A cortina se fecha sobre o palco da Revolução. Agora, a Ordem da Cruz de Ouro, até sua extinção, no final deste século, fará um trabalho assistencial junto às crianças órfãs, abandonadas, os velhos carentes e todos aqueles que vivem à margem da sociedade. Retiro-me para os mundos invisíveis e minha presença será somente perceptível através da luz violeta, que usarei como veículo para alguns rituais, combate à magia negra e ascencionameno de cada átomo do Planeta Terra.

No momento certo da evolução planetária e dos homens em geral, ensinarei a todos como usar essa chama renovadora. A iniciação do planeta depende das ascensões humanas — o homem precisa começar a aprender a se libertar de si mesmo — o homem salvando o próprio homem, encontrando dentro de seu ser o divino que sempre existiu. Diz o axioma oculto da Eterna Sabedoria: "Fostes deuses e tendes esquecido".

Que a Chama Violeta, fluindo através de meu amor, envol-

1 Para maiores detalhes, vide a obra do mesmo autor, *Umbanda, essa Desconhecida*, **EDITORA DO CONHECIMENTO**.

va e ascencione cada partícula atômica que estrutura o corpo físico do Planeta Terra, todos os seus habitantes, encarnados e desencarnados, até que tudo seja purificado no amor do Pai e na Luz Violeta, veiculada pelos meus agentes dévicos e espíritos da Natureza.

Paz a todos os seres! Paz em teu coração! — e abençoando seu discípulo, desapareceu da Ordem da Cruz de Ouro e do solo francês.

Posfácio

Emerge desta história uma realidade de que ainda pouco se costuma tratar: o fato de que os espíritos evoluem e renascem, não aleatoriamente, mas em grandes grupos ou famílias espirituais. Ligados por afinidades e relações que se perdem na noite dos tempos, essas comunidades de espíritos reencarnam periodicamente em todas as civilizações, como correntes marinhas com certa identidade própria, dentro do oceano da história humana. Isso dá origem ao que se costuma chamar de carma coletivo.

E que não é negativo, apenas: tem a ver também com grandes aquisições feitas para a consciência coletiva planetária, por certos povos ou épocas. Assim, por exemplo — já noticiaram alguns autores espirituais — um grande grupo de espíritos de ex-atenienses reencarnou na França, obedecendo a um planejamento coletivo, trazendo o legado da democracia ateniense para a alma do povo francês, o que pôde fermentar a Revolução Francesa. Seu destino reencarnatório seguinte foi o Brasil.

Mas esta obra vai além.

Vai buscar, muito longe, a história cármica do grande grupo de espíritos que há quarenta mil anos emigrou da Atlântida para o Brasil, para a colônia chamada de Terra das Araras Vermelhas. Depois de inúmeros renascimentos, em muitas latitudes, passaram pela Grécia antiga, e ali consolidaram o aprendizado da liberdade e das bases da democracia. Muitos séculos após, trazendo no fundo da consciência o ideal de cidadania e liberdade, estavam prontos para fazê-lo reviver, aperfeiçoado, na Revolução Francesa.

Foi parte de seu compromisso com o planeta, uma etapa de um extenso plano que começou a desenrolar-se quando os mestres do povo atlante programaram, com os Dirigentes Planetários, as várias migrações daquele povo que iriam originar ou fertilizar inúmeras civilizações.

E afinal, o ciclo — um longo ciclo de quarenta mil anos — se fecha, e essa comunidade de espíritos retorna à Terra da Cruz de Estrelas, com as sementes do grande ideal de liberdade, igualdade e fraternidade.

Durante a caminhada multimilenar, grande parte desses egos despertou sua consciência para a Lei Maior, a fraternidade e o idealismo que sonha o bem comum.

Aquela existência na França revolucionária foi sem dúvida um reajuste crítico, uma "prova final" que passou a limpo as pendências cármicas que haviam restado da Terra das Araras Vermelhas, para imenso número de seres.

Nessas chamadas "épocas gêmeas", parece que os fios cármicos se recompõem numa estranha e delicada analogia com as anteriores — um pouco como se fossem "provas de recuperação" de lições mal aprendidas. De forma notável, a sabedoria da Lei, dos Mestres Cármicos, ofereceu a todos os integrantes desta história, e a todo um povo, a oportunidade de refazer as lições em que haviam se saído mal naquela época gêmea anterior.

Foi uma intensa "queima de carma" a que se processou na França.

Hoje, reencarnados (e alguns já desencarnados) no Brasil, os que já despertaram a consciência vieram, com tarefas específicas, participar da construção da Nova Consciência Aquariana.

Uma parte deles — a priori, aqueles que atuaram nos bastidores da Revolução — se dedica ao chamado campo espiritual. E outra — de modo geral, as figuras proeminentes da Revolução Francesa — retornou à cena pública, encarnando figuras bem conhecidas no panorama político brasileiro das últimas três décadas, mais ou menos.

Infelizmente, uma parte daqueles velhos líderes, retardatários da consciência, e vítimas da compulsão à repetição, ainda voltou a reeditar os perfis autoritários e cruéis, oportunistas e tirânicos, dos que mancharam o solo francês com os absurdos do Terror. E vieram, numa época de chumbo, reencenar uma repetição desse Terror, aquela época em que a tortura e a morte brincavam de forma terrível com a liberdade e a vida dos cidadãos. Fazendo-lhes frente, estiveram antigos revolucionários idealistas e os tarefeiros dos bastidores, da França. Passou o momento deles, como passaram Robespierre e seus afins.

Outros se deixaram ficar entre e idealismo e a acomodação de consciência. Alguns repetiram de forma incrível sua atuação nefasta à época da França. E outros ainda continuam aí, repetindo o oportunismo político, a improbidade e o personalismo doentio.

Uma grande tarefa foi proposta aos já conscientes: lutar pelo início da concretização dos ideais de liberdade, igualdade e fraternidade pelos quais um dia deram a vida — mas agora sem violência, depurados dos mesquinhos interesses pessoais, e trabalhando verdadeiramente com a vontade e as necessidades do povo, da forma mais democrática possível, com dedicação e lisura (no que alguns ainda falharam, à época da Revolução). Construindo finalmente essa "cidadania de todos", sem excluídos e sem privilegiados, que viveu no âmago dos mais nobres corações da Revolução. Podemos ler nos seus olhos e atitudes esse sincero idealismo que trouxeram no inconsciente, como força propulsora.

Oxalá esta história possa chegar às mãos de alguns deles, e de alguma forma sutil conectá-los com a consciência do que foram, do que são e do que se propuseram ser. Compreenderiam então que fazem parte de um plano muito, muito maior do que parece, e que não estão sozinhos: além dos companheiros de ideal, disseminados na vida pública, têm à retaguarda, silenciosos e ignorados, os filhos de seu povo, o antigo povo atlante, que além de os apoiarem coletivamente, são trabalhadores espirituais que oferecem outros subsídios à construção da Nova Consciência Planetária.

É o mesmo povo francês daquela época, de que grandes levas reencarnaram no Brasil: aquele que aí está, afinado com os ideais igualitários que novamente são propostos por seus antigos líderes. (As "fúrias da guilhotina" talvez estejam por aí, sublimando os ímpetos na militância, brandindo paus agora apenas para agitar bandeiras).

Como disse mestre Saint-Germain: "Esperamos que possam, no futuro, melhores e mais experientes, conseguir ser colaboradores dos Dirigentes Planetários". Se possível, colaboradores conscientes. Eis para o que esta história, entre outras razões, foi escrita: para eles e para todos os filhos de seu povo.

Porque esse futuro já chegou!

Mariléa de Castro

Lista de personagens[1]

• Na Terra das Araras * ***Na França da Revolução:***[1]

•Jacyendy (rainha, mulher de Ay-Mhoré VI)
Marie Anne de Bracher

•Princesa Irinia (sacerdotiza do Templo do Som)
Marie-Louise, marquesa de Saint-Cyr

•Turano (Bardo nômade)
Jean Phillipe d'Orsay

•Nayma (montanhesa, filha de Tupyassú)
Heliodora, baronesa de Saint-Croix

---

1 Além dos personagens principais da lista acima, também viveram na Terra das Araras e participaram daquela história os seguintes personagens da "Flor de Lys": Madame Henriette, o Comissário Joseph Louis Bérthier, Gaston (emissário do barão de Saint-Croix), Jacques (cocheiro de Marie-Louise), Hubert (amigo de Andrè Louis), Gilbert (auxiliar de Gervaise), Monsieur Périgau, Comissário Duval, Léonard (servo do castelo de Nantes), Christian, Jacques e Henri, filhos do barão de Saint-Croix, Auguste (Baronete de Nantes) e Margueritte (sua esposa), Maurice Bagnolle, Gorete, a madre superiora do Convento das Carmelitas, Irmã Marie, Andrè Limonge (padre de Nantes), Jean Baptiste Carrier e o deputado François. Todos foram identificados pelo autor nas personalidades que viveram na Terra de Zac, há 40.000 anos, e nas da vida atual no Brasil. Cada um deles foi/é familiar, amigo, colega, ou companheiro de trabalho espiritual de "Jean Phillipe" ou de "Marie-Louise".

Além de Danton, ainda Brissot, Robespierre, Marat, Saint Just, Desmoulins, Jacques Hébert, Necker (Ministro das Finanças), Georges Couthon (deputado, amigo íntimo de Robespierre), Emanuel Joseph Sieyes (líder da Planície), Jean-Marie Coullot (Secretário do Clube dos Jacobinos), o general Charles François Dumoriez, Visconde de Barras (que teve papel decisivo da queda de Robespierre), Fabre d'Églantine e o Duque de Montpellier são conhecidas figuras políticas brasileiras contemporâneas, sendo três deles já desencarnados. Alguns já foram identificados pelo autor na Terra das Araras.

•Zyliar (Montanhês, irmão de Nayma)
Fabrice, barão de Saint-Croix

•Príncipe Arary (conspirador contra Ay-Mhoré VII)
Antoine, marquês de Saint-Cyr

•Jaguarassú (servo leal de Ay-Mhoré VII)
Gervaise d'Orsay

•Ussay (lugar-tenente de Zac, fundador da colônia atlante da Terra das Araras Vermelhas)
Georges d'Orsay

•Tabajara (Sumo-Sacerdote nas Terras Altas)
Padre Laurent de Maubert

•Príncipe Aratimbó (conspirador contra o rei)
Fabre d'Églantine, Duque de Montpellier

•Cap. Arassagy (guarda de Azamor)
Cartouche

•Azamor (Sumo-Sacerdote dos Templos)
Andrè Louis

•Dezan (antes Juranan, Sumo-Sacerdote deposto)
Paschoal

•Azy-Mhalá (antes Jaciara, esposa de Azamor)
Eugénie

•Adhy-Naran (grande conselheiro de Ay-Mhoré VI)
Gérard Lemaire

•Narajana (bailarina do Templo do Vento)
Dolores Garcez

•Príncipe Jurana (conspirador)
Père Nicot

•Tenente Paraty (da guarda de Azamor)
Auguste Lemonard, baronete de Nantes

•Janyara (serva de Tupyassú)
Suzette, filha de Auguste

•Narayama (bailarina do Templo do Vento)
Élise de Montfort

•Naradhana (bailarina do Templo do Vento)
Angéline Binoche

•Potengy (espia de Azamor)
**Cidadão Bibot*
•Narayela (bailarina do Templo do Vento)
**Gabrielle d'Églantine, Duquesa de Montpellier*
•Aleutar (servo de Siamor)
**Triboullet*
•Turyassú (grande conselheiro de Ay-Mhoré VII)
**Danton*
•Poty (servo que criou Ararype)
**Gorete*
•Tibiriçá (mago, nas Terras Altas)
**Père Lucien*

A FLOR DE LYS
foi confeccionado em impressão digital, em maio de 2010,
com arquivos fornecidos pelo editor.
Books & Bits
(19) 3038-5161 — contato@booksebits.com
Impresso em Amabulk Off Set Creme 75g